台北上河图

上册

姚任祥 ——— 编著
叶子 ——— 绘图

特别说明：编者姚任祥女士主动放弃《台北上河图》简体中文版的版权收入，以降低全书定价，惠及读者。特此鸣谢。

新星出版社

图书在版编目（CIP）数据

台北上河图 / 姚任祥编著；叶子绘图 . — 北京：新星出版社，2024.8
ISBN 978-7-5133-5322-9

Ⅰ．①台… Ⅱ．①姚… ②叶… Ⅲ．①台北 - 地方史 - 图集 Ⅳ．① K295.81-64

中国国家版本馆 CIP 数据核字 (2023) 第 182477 号

台北上河图（上下）

姚任祥 编著；叶子 绘图

责任编辑 汪　欣
责任校对 刘　义
装帧设计 冷暖儿
责任印制 李珊珊

出 版 人 马汝军
出版发行 新星出版社
　　　　　（北京市西城区车公庄大街丙 3 号楼 8001　100044）
网　　址 www.newstarpress.com
法律顾问 北京市岳成律师事务所
印　　刷 河北尚唐印刷包装有限公司
开　　本 880mm×700mm　1/8
印　　张 56.25
字　　数 328 千字
版　　次 2024 年 8 月第 1 版　2024 年 8 月第 1 次印刷
书　　号 ISBN 978-7-5133-5322-9
定　　价 288.00 元（全 2 册）

版权专有，侵权必究。如有印装错误，请与出版社联系。
总机：010-88310888　传真：010-65270449　销售中心：010-88310811

声明：
本作整理出版的动机，纯属善意的分享，并以趣味性的组合呈现。若读者大众在编制的图文及时间等信息上发现错误，请留言给我们
（alongthetaipeiriver@gmail.com）。

本书中有 📍图示之建筑物，为姚仁喜｜大元建筑工场之作品

台北上河图网站
www.alongthetaipeiriver.com

上河图

台北

蒋　勋

任祥多年前就告诉我要编绘一套"台北上河图"。她想图绘一条河流贯穿半个世纪以来的城市历史吧。

"上河图"的概念或许来自近千年前北宋徽宗宣和年间张择端著名的画卷——《清明上河图》。

《清明上河图》是中国美术史上少有的一件以"城市"为主题的绘画。

范宽《溪山行旅图》，郭熙《早春图》，李唐《万壑松风图》，北宋三件划时代的巨作，都在台北故宫博物院，三件都是山水主题。

唯独现藏北京故宫的《清明上河图》整卷五百多厘米长，完全以"城市"为主题。

我曾经在上海博物馆挤在人群中细看《清明上河图》，从近郊送炭入城的驴队，城外菜畦三家村，出城归来的官方人马，大呼小叫的随扈，冲出家门护卫幼儿的村妇，浩浩荡荡从南方来的漕运大船，卸货码头的搬运工，洗了衣裤晾晒船篷的小渔民，城墙脚边剃头师傅，大桥边的地摊，卖凉饮的担子，送货的人力车，十字路口修车铺，小吃店旁停下来的小花轿，路边围观听说书的市井小民——

是的，我是挤在市井小民中间看一张近千年前的城市绘画，画中八百多人也是市井小民。

任祥以台北图绘的"上河图"也是今天的市井小民吧……

近千年前的北宋首都"汴京"，人口一百五十万，漕运大船运来江南鱼米，骆驼队伍交通北方贸易，将近一世纪没有巨大战争的汴京，是十二世纪地球上最繁华也最文明的城市。

《东京梦华录》孟元老说那个时代，很感慨地说："斑白之人，不识干戈"，头发花白的老人都不知道战争了。

将近一百年没有战争，老年人也没经历过战争，徽宗宣和，何等繁华安逸的时代啊，以为这样的安逸可以天长地久……

然而战争来了，《清明上河图》画完，也许不到十年，北宋灭亡，汴京土崩瓦解，繁华像一场春梦。

"上河图"有不同解释，大多数人认为指流贯京城带来繁华的汴河，也有人认为"上"是动词，有"去河边"的意思。

城市依赖河流有七八千年的历史吧，美索布达米亚，是在"两河间"建立文明，尼罗河孕育古埃及，黄河、长江文明，罗马与台伯河，巴黎与塞纳-马恩省河，上海与黄浦江，台北与淡水河、基隆河——

河流是城市的母亲。

我有幸从小在河流边长大，二十五岁以前都在大龙峒，正好是基隆河淡水河的交汇处，生活的记忆都与河流有关。五十岁后长住八里，过了关渡，大河就要入海，推窗眺望，风景浩浩荡荡。

任祥的"台北上河图"是数百万人的"上河图"，不会只有少数几个主角，如同张择端的《清明上河图》，是一百五十万人在一个时代共同缔造的繁华。

山水鼓励人背对城市，走向自然。"上河图"恰好相反，他要人面对城市，观察城市，思考城市，反省城市，也许有一天，可以有能力创造城市。

"斑白之人，不识干戈"，我已是斑白之人，庆幸看过一甲子城市繁华，知道我来前大河浩荡。当然，我走了，大河依然浩荡。

应该有永续不断的"上河图"。

"斑白之人"有"斑白"的回忆，任祥的"台北上河图"或许不只是过去台北这个城市的记忆，一定也期待这个城市的后来者，如何再创造城市与河流的繁华吧！

2019年5月16日蒋勋于八里淡水河畔

台北上河图

缘起

姚任祥

　　《传家》2010年问世后，北京的出版社看到书中许多图绘教材，希望我能继续做些给儿童的教材。对于这一邀请，我当然很乐意。回想早年的成长过程，我天生注重视觉，却没有生动的图文教材，上了中学又不善死背，无法得到好成绩，在老师眼中永远是"不用功的坏学生"。我读的中学是名校，注重升学率，初中毕业要考高中的前一个月，学校因我的成绩会拉低整班的升学率，居然找个理由让我退学，要我以"同等学力"自己"出去"考试，以免坏了他们的"升学率"美名。我只好抱着单打独斗的心理，勉强考上五年制的世界新闻专科学校（今之世新大学）。

　　有点反讽的是，当年让我退学的中学，多年后竟然颁赠我"荣誉校友"勋章。我回到那个学校，站在偌大礼堂的讲台前面对全校师生时，眼睛一直上下左右在寻找：这台下是否有看到图示教材就能心领神会的学生？

　　是否有跟我一样，因为不善背诵而被老师视为"不用功念书的坏学生"？——我希望他们不要被这个缺乏想象力的八股学习环境给击败。同时我也在想：台下是否有几个愿意为这些学生做教材的老师？

　　我由衷地认为，我们的教育体系，缺少精美的图绘，缺少想象力。后来我做了母亲，深恐孩子遗传了我的"背诵障碍"，自他们幼时就常帮他们做图绘教材，一步步地以图示加以解释，让他们了解之后再去应付学校里那些对他们来说可能莫测高深的考题。

　　所以，要我继续做教材，为这个教育环节再尽力，我确实是很乐意的。

　　于是，我与几位同事在业余时间开始收集可以做儿童教材的数据，题材针对生活教育里的食衣住行。进行到"行"这个单元时，我先想到三百六十行的"行"业，以及"行"为里的新闻事件，找了些题材跟叶子（叶子明昵称）讨论如何绘制。

　　然而，叶子的几十幅新闻插画生动地传来时，我突然有了新灵感；还来不及塞回自己的冲动，这意象已清晰明确地呈现在我面前。如此，我只好把儿童教材放一边，开始说服我的团队成员：我要做一本《台北上河图》；就是查询以前的数据，选一些当年最具代表性的头条社会新闻，配以当时的街景，还原一个我成长的城市。——这个构想，初始的起点是在七年之前。

　　七年来，为了完成《台北上河图》上册，过程的艰辛犹似爬过一座又一座高山。叶子绘成的初稿约一百米长，贴满我家所有的墙面；甚至厕所里的镜子也贴满了新闻剧本。我像个导演，在叶子的初稿上以时间轴贴上新闻大要，编辑可能裁切的页面，或留出图面上的街口位置，以便可能需要增减事件。

　　叶子根据我编的版本第一次重画，我再次在我家墙壁换上新版，再编，重新再计算长度。确认之后，请叶子再画一次；但他交回来的图稿，笔锋略显疲惫，于是我们决定再重画一遍。这回，我想着未来这画稿可以帮叶子办展览，脑子里冒出"不能断"的概念，出了个比照《清明上河图》的手法，请他画在一卷长纸上。于是我跟永丰纸业请了一卷特制的长纸，扛到叶子的苦窑举行"新开工典礼"，请叶子再画一次。

　　——仔细算起来，这幅长卷前后画过四次，完稿总长二百米；这还不包括几百张我们讨论内容时铺陈的小图。

　　《台北上河图》上册的新闻文字，则委请资深新闻人杨升儒先生，从庞大繁杂的旧闻中，以其专业角度配合图案加以浓缩改写，非常感谢他的协助。长卷绘图定稿后，我感觉视觉不够立体，需要后制效果，以免视觉疲乏，所以请美编陈怡茜小姐再逐一以计算机技术合成，让它更有层次，这份后制工作非常辛苦吃重，感谢怡茜在已经非常忙碌的本职工作之余，细心地逐一完成。《台北上河图》上、下册，是由陈怡茜小姐与方雅铃小姐负责总编辑，段世瑜小姐负责美术编辑，刘玉贞小姐负责文字校正；她们都是我长期的工作伙伴，也是完成四册《传家》的精良队伍，谢谢她们再次的合作。

　　为了取材更丰富，我请同事到图书馆去找尚未电子化之前的社会新闻，尽量加以拷贝。至于电子化之后，则撷取各大报都报道的离奇社会新闻，以及与生活息息相关的民生新闻。此外《台湾全记录》一书中所报道与台北人生活建设有关的讯息，也是我细心参考的重要资源。

　　这些年，我读了几万则新闻报道。起初几年，每天都要大量阅读，筛选事件，且必须尽量选取一些较为正面的。这件工作，看似简单，却是极其痛苦。社会新闻，百分之九十的人物都在非常艰辛的环境讨生活，我其实很难消化那些新闻事件；过程中心情极度沮丧，动不动就哭，有几个星期甚至读到呕吐……

　　这些年里，经历这么多人的不同际遇与艰辛，看到各种业障的呈现，光怪离奇的剧本，荒谬的组合，情感的债，金钱的债，亲情的债……有些剧情甚至前后连续多年，更让我感叹时间是一个求饶不得的杀手，是一位混在前世今生的间谍。

　　幸而，叶子这几年以一则又一则幽默的图绘抚慰我内心深处的怨叹，我们以一千则新闻事件为题完成了上册的工程。我知道，容易入戏的我，并不适合做这个导演，我想，这也是会有《台北上河图》下册的缘起吧？——因为在进行上册的过程中，我必须借助其他的相关主题来平衡自己的心情。

就在《台北上河图》上册进行近半时，一连串的问号不断地在我脑海浮现：20世纪40年代以前的台北是什么样子？更早的台北又是什么样子？这些问题让我产生极大的好奇心，于是又开始到处寻找答案。

我们把图书馆里有关台北历史的书都借回来，找到很多珍贵的相片，可惜年代久远，印刷模糊。而且，这些照片散置各书，无法产生连贯的线性效果，于是我有了重绘老照片的构想，相信这些重绘的照片都会说出自己的故事吧。这就是《台北上河图》下册的缘起。

两册的图绘中均有摘自《台湾全记录》的数据，将台北自1900年至今的主要建设与活动介绍出来。"台北最美的风景是人"，在下册中，我们整理了美术界的大师名单、文艺界有史以来各种比赛的得奖名单，他们都是在各行各业影响我们的精英。

我要感谢好朋友们为本册撰写各自的台北印象，他们在娱乐、文学、美学、商业、传记、运动、趋势等领域，借由精确的文字留住这城市的往时今事；其中还包括两则一度影响全民情绪的重大社会新闻。

另外，我也委请对食衣住行有独特记忆的朋友们，留下不同角度的台北生活印记，并依作者姓氏笔画的先后，分别穿插在重绘的老照片中。这些在各阶段留下的各具特色的台北印象，也让这册书增加了更值得回忆的广度与温度。

最后有三张更耗时费神的功夫画，其一是重绘1935年日据时期的台北市鸟瞰图；其二是比照前作绘制的2018年的台北市鸟瞰图，这全景的呈现，可以让读者寻找自己的所在地；其三是台北市的夜景全图，非常梦幻华丽，我以这幅画为《台北上河图》下册画下一个句点。

我想做的，就是全力搜罗这个城市的记忆，拼凑它的前世今生。这一整套书，是以真实档案为背景的图绘工程，叶子与我的个人语汇不多。但唯有在下册的最后一张图绘，对于这个时代无所不在的无良媒体对我们下一代的影响，我还是啰唆地述说了我的忧虑。

感谢蒋勋老师为本书撰写序文《上河图，台北》。正如同蒋勋老师所言："斑白之人"有"斑白"的回忆，任祥"台北，上河图"或许不只是过去台北这个城市的记忆，一定也期待这个城市的后来者，如何再创造城市与河流的繁华吧！

我由衷地祈愿这个美好的城市，能够拥有更多正面的能量，这一点，是台北人自己要构筑的。我也相信，一定有更多的台北人，将会更有创意地接续《台北上河图》这份历史文化的工程。

回想起来，我的起心动念原是为了做儿童教材，结果完成的是《台北上河图》上下册。而这两册书的图绘，有如包罗万象的浮世绘，不也是人生百态的教材吗？

凡事有起始，也有终止，《台北上河图》从一艘一艘船开始述说台北故事，于今年（2019年）一月一日截稿。我今年恰届六十岁，仅以这绵绵情意呈现的图绘，当作送给自己一甲子的生日大礼。

如是我闻

叶子明

我年少时就认识任祥，这位姊姊总是展现非凡的企划案、坚毅的执行力、奇特的新点子和强烈的企图心。在她的号召下，我终于一笔一画，坚定地完成了这部《台北上河图》。

七年前，接到任祥邀约，她告诉我要绘制儿童教材，需要绘制三百六十行的百工百业图稿，我觉得很有趣，毫不犹豫地响应了她的奇想。画着画着，我们发现原本忠孝东、西路的百工百业图景，因着时代的流转而出现业别的消长，所以我们一路画一路改，竟逐渐地浮出了一幅"长轴"的旧台北。

任祥再度展现了她过人的正能量，她说："叶子，我们来挑战极限，让这图不要断，让历史连下去！"不自量力的我，冲动地呼应了任祥"图不断，史要连"的企图心，开始了尔后冗长又吃力的七年绘述工作，运用有别于仅用文字叙事或史料影像截留以外的"绘述"手法，将"如是我闻"的台北人、事、物，"绘"集在一幅时间的长轴上。

绘述长图的第一步是要克服纸张的问题。我们需要一个长轴，才能用广而长的视角，清晰地呈现跨世代所经历的图景。幸得信谊基金会张杏如执行长的支持，送来一卷重达三十五公斤多的精良特制长轴水彩纸，让我们得以完成这一个不间断绘述长轴的挑战。

绘制前的准备工作非常漫长，我们广泛地收集及调研相关史料，越是深入越是感到我们何其有幸，能够身处这一世代与台北这一场域。这城市因历史的因缘际会，南北的人文迁集，东西文化融合，交织成一出时代的精彩大戏。我们何幸参与其中，观赏其过程，历历在目地构筑了这一幅场景。

绘制的过程中，我常常感觉自己不只是绘忆过往，在览视时间轴上人、事、物的演变，探究过往的种种时，指引未来的密码似乎也隐隐示现，启发着我，打开了我的视野，丰富了我的内在。

每每想到绘述图是记录这个时代许多人的生命与故事，我便更谨慎地避免主观的视角及瑰丽炫技的笔法，努力以淡淡细述的庶人素描彩绘和浮世绘的庶民素人观点，以及第三人平行观视时间流的构图方式，进行绘述，希望阅读者能够细览台北城世世代代生活形态的进化，商业模式的更迭，百工百业的兴衰，流行文化的演变，以及人文价值的消长。

不同时代的流行歌曲反映了台北城的变化。二十世纪五十年代，陈芬兰优雅地唱出《孤女的愿望》："请借问播田的田庄阿伯啊！人块讲繁华都市台北对叨去……阮想欲来去都市，做着女工度日子……为将来为着幸福，甘愿受苦来活动，有一日总会得到心情的轻松。"这反映了台湾由农业社会转变成工商业化的年代里，"台北"正是都市化与"希望"的代表。

八十年代，罗大佑唱的《鹿港小镇》红遍大街小巷："台北不是我的家，我的家乡没有霓虹灯……"在那个"台湾钱淹脚目"的风华时代，台北城夜夜笙歌，喧嚣纷闹至午夜过后直至旭出，既看到了台北华丽都会的一面，也流露出对浮华虚无的叹息。

而后，林强的《向前走》高亢地唱着："阮欲来去台北打拼，听人讲啥咪好康的拢在那……"九十年代乡村的人快速地往城市台北流动，展开他们在这里的人生与这个城市的故事。在台北，就如王芷蕾的《台北的天空》，每个人都有自己对台北天空的诠释、记忆和情感，当旋律响起，就牵起人们对这个城市的共鸣。

站在高度现代化的台北街头，我们已经很难想象郁永河在《裨海记游》中所述，康熙三十六年（1697年）来台采硫黄时，看到的是大地震造成的"康熙台北湖"。台湾第一个有组织开垦的记录就在台北，康熙四十八年（1709年）官方发给泉州人陈赖章第一份开垦许可；西方传教士马偕牧师则记录了清末台北农民的日常生活：早上约莫四点即起床，吃完早餐后五点左右就到田间耕作，十点左右及下午间稍歇吃些点心，其间皆忙于耕劳直到晚上七点才回家休息吃晚餐。——那是古早的台北人。

"台北"二字，来自光绪元年（1875年）清政府设立的"台北府"。当时虽然区域内的市井活动蓬勃，但因为没有具体的城池，所以台北城也可以说是不存在的。直到光绪十年（1884

年）第一座城门——北门（即承恩门）兴建完成，台北才开始有了"城"的街廓容貌。

台北靠着"茶叶"很快在同治年间蹿起，成为台湾的经济中心。台北茶业出口金额高达贸易总额的一半，各式茶栈汇聚的大稻埕也因此成为最热闹最国际化的地区，林益顺商号正是这里最早的店铺。而光绪十三年（1887年）台湾与福建间的电报线顺利接通，电信总局设置于建昌街，可谓台北国际化与现代化的起点。

光绪二十年（1894年）甲午战争爆发，来年，中日签订《马关条约》，清朝政府将台湾割让给日本。1895年6月17日日本总督桦山资纪在台北城内前清官府举行了始政仪式，开始了日本殖民统治台湾五十年余的历史。1900年，总督府公布了十五万人规模的台北市区改正计划（即都市计划），自此台北的景观也从清式建筑逐渐被日式与拟洋风的建筑风格所取代，民风文化也开始混杂中日元素。

"二战"末期，美军迫击日本，台湾也连带遭殃。1945年5月31日，台北遭到美军超过一百架B-24轰炸机连番空袭，炸毁台北城内外军事设施与政治中心，包括台北城内总督府正面南卫塔楼被直接命中而坍毁。战后，国民政府于1945年接收台湾，台北又走进了一个新的时代，展开了另一种风貌。

来自大江南北汇聚在台北的人们，在物资缺乏的年代却认真地在人生舞台扮演自己，经历着精彩的人生。我何其有幸，生在从无至有的"黄金岁月"，亲身参与了台湾经济的高度发展以及令人骄傲的民主化过程。

随着年月的逝去，许许多多的事物开始被抹去，人文的，景象的，生活中种种"味道"逐渐消散。在那"味道"还依稀缭绕脑间之际，认真地将如是我闻的人事物一一绘述成《台北上河图》——那是台北的故事，我们的故事，是人生与人性的百态；过去、现在与未来的每一个在台北生活的人，都是这幅长轴的主角。

谨以此长轴绘图，献给我深爱的城市；但愿不负任祥所托，也祈盼借此天佑台北。

你最厉害的是你的手

我读叶子

姚任祥

我认识叶子明已近四十年，从年少到初老，一直叫他叶子。

初见叶子是在我们家的中信百货公司。当时他是工读生，做美术编辑。那个时代还没有计算机，也没影印设备，我常请他画活动海报。有一天在他的工作区看到天花板上有一张水彩画：深浅咖啡色交错，还杂着非常醒目的白，而且那白还有好多层次……

那是什么呢？

我不好意思问，但当下就想："这个人会画画！"

之后经过他的工作区，总会停下来再看看那幅画。它不经意地歪歪地钉在那儿，天花板不高，伸手可及，却已触及我内心，不时地想着：

这是位"有料"的美工。

后来我自己开公司，凡需要美工绘图，我总找叶子来操刀。叶子绘图快又准，总是能配合我们这个正在起飞的公司的速度，与他合作很是愉快。

当我做了妈妈，蠢蠢欲动想做"教材"时，又想请叶子绘图，把构想跟他仔细说分明。哪知，叶子像提了一桶满满的水，霎时往我头上淋下来：

"你有完没完呀！日子过得好好的，少奶奶喝喝下午茶不是挺愉快的，干吗做这种耗时又耗财的事？……"

——他的大意是如此。但是，后来的这么多年，梦想一个又一个来叩门，叶子也总是支持着我完成。

叶子的老家在花莲，父亲早逝，母亲是一位办校治校的伟大女性。当年，我看着叶子以工读生身份进我们以前的公司，后来看着他结婚，为自己孩子买下生命中第一张保单，进广告界，出广告界，在他自己家族的深圳公司上班，看尽人生百态……逆来顺受面对生命，好脾气地待人接物。我也看着叶子在孝顺母亲与自我成就之间来来回回；看着叶子夫妇拉扯儿子从叛逆个性到北大硕士高才生。之后，他不想被俗世缠身，不时到山里闭关修行，过着隐士般的清简生活。

七年前，他听我说起《台北上河图》这个"耗时费日"的工程，第一个反应也是提了一桶装满"累"的水朝我淋下来。但他了解我：再累再累，梦想还是要完成的。

作为一个插画艺术家，叶子非常接地气，眼和心都异常敏锐；善于看人，对事也观察入微。他曾告诉我，在深圳工作时，假日常一个人坐上公交车，一直坐到终点站再坐回来，目的就是静静地看着上上下下的人，在心底勾勒那些不同的面容和神情。有一次甚至说："那一区的人，耳朵比较小，小到什么程度呢？"他边说边把一般人耳朵的大小和那一区"比较小"的耳朵比给我看。天啊，一般的人，谁会去比较人家的耳朵大小？

就因这样细腻的观察，叶子在《台北上河图》里画的人物，总是简单几笔上扬或下划的线条，就能把一个人内在的感受和外在的神情表达得栩栩如生。正是他现实生活里观察的人多，脑袋里有个庞大的人物档案库，书中的新闻人物才可以驾轻就熟地画出来。

叶子也有一些哥们儿好友，约在一起就聊些接近黑白两道边缘的离奇事，还以嘲讽的口吻叙述周遭生活小民或显赫大咖的"五四三"。跟他聊天很有趣，他的七侠五义，每次都会刷出新版本，这是他另外一种地气能量。——但是有些久远的事，说呀说呀，他就从一位工读生慢慢地进入忘记时空与掉字的年纪了。

叶子视我为他的姐，有次我带着他完成一个不小的工程，他找了个机会跟我说："姐，我想，你在古代，一定是个押粮的女镖头！"

我听了哭笑不得，觉得这弟弟双脚接足地底的能量，头脑却在稍早的世代，有些脱节了呢。然而这都无妨，因为他的手能在一张张什么都没有的白纸上让众生重生，一个个活得无比精彩。

我读完第一册的上万条新闻后，情绪一度是处于病态的，因为多半的新闻都不是好事。我筛选那些新闻事件时，几乎每每要呕吐；爱怨情仇，贪嗔痴慢疑，短暂的生命，离奇的剧情,像一团团乌云笼罩着我,总是爱哭。

但我把新闻情节给了叶子后,他交回来的图安抚了我。那些图,让我深深地读到他的慈悲心、同理心,以及一笑泯恩仇的洒脱与幽默。

对于《台北上河图》这个主题,叶子虽然一开始浇我冷水,后来却比我更努力追溯这块土地的前世今生,每次见面讨论,两人都在比谁发现得多。于是越挖越起劲,在一遍遍"发现"中,完成了堂堂的第二册。那些图,都是根据一些发黄甚至破碎的照片重画的,每一幅都可以看到他扎实的功力与细腻的笔触。

为了完成《台北上河图》,叶子艰苦备尝,但在工作到三分之二时,有一天突然跟我告白:"姐,谢谢你让我知道我真的很喜欢画画!"

这告白是一句让我感动而欣慰的真心话。他年轻时不喜欢画画,天马行空地想东想西,只喜欢做企划型工作,我看出那对他是浪费了才华,因此常常提醒他:"你最厉害的是你的手。"

叶子,一位不可多得的艺术家,他的艺术生涯还很漫长。

叶子,感谢你,祝福你。

1 台湾首任巡抚刘铭传成立全台铁路商务总局，开办台湾第一条铁路。(1887)

2 地方志记载，台湾从淡水到云林、嘉义都降下大雪，五谷、六畜多冻死，可能是台湾史上最冷的一天。(1893.1.18)

3 美军出动117架B-24轰炸机发动"台北大空袭"，市区许多建筑毁损，造成3000余人死亡，上万人受伤。(1945.5.31)

4 1894年鼠疫暴发并蔓延全球,台湾在20年疫期有2万余人死亡。(1896—1917)

5 疟疾大流行造成台湾约1万人死亡;直到1965年,台湾才被世界卫生组织宣布为疟疾根除地区。(1900年末)

6 1946年,霍乱疫潮来袭,2200余人丧生。

7 一列火车行经万华与板桥之间的新店溪桥时,车厢突然起火燃烧,造成64人死亡、76人受伤。(1948.5.28)

8 1946年天花大流行,全台1700余人丧生。世界卫生组织于1955年宣布台湾地区天花根除。(1947)

1 1948年台大医院发现第一例狂犬病病例，直到1961年全面扑灭，台湾累计感染死亡超过780人。(1948—1961)

1 台湾将中元普度日期定在农历七月十五日。
  (1952.3.14)

2 被誉为"台湾统一发票之父"的前"财政厅长"任显群，于20世纪50年代创办"爱国奖券"。(1950.4.11)

3 1946年吴振辉、郭启彰引进"口孵非鲫"大量养殖,"台湾农林厅"特命名该鱼为"吴郭鱼",以纪念两人。(1949)

1 南侨肥皂上市,洗衣、洗澡两相宜。(1952)

2 淡水河哭了!台北市卫生院将查获的 14 万公斤有毒酱油倒入淡水河销毁。(1955.6.20)

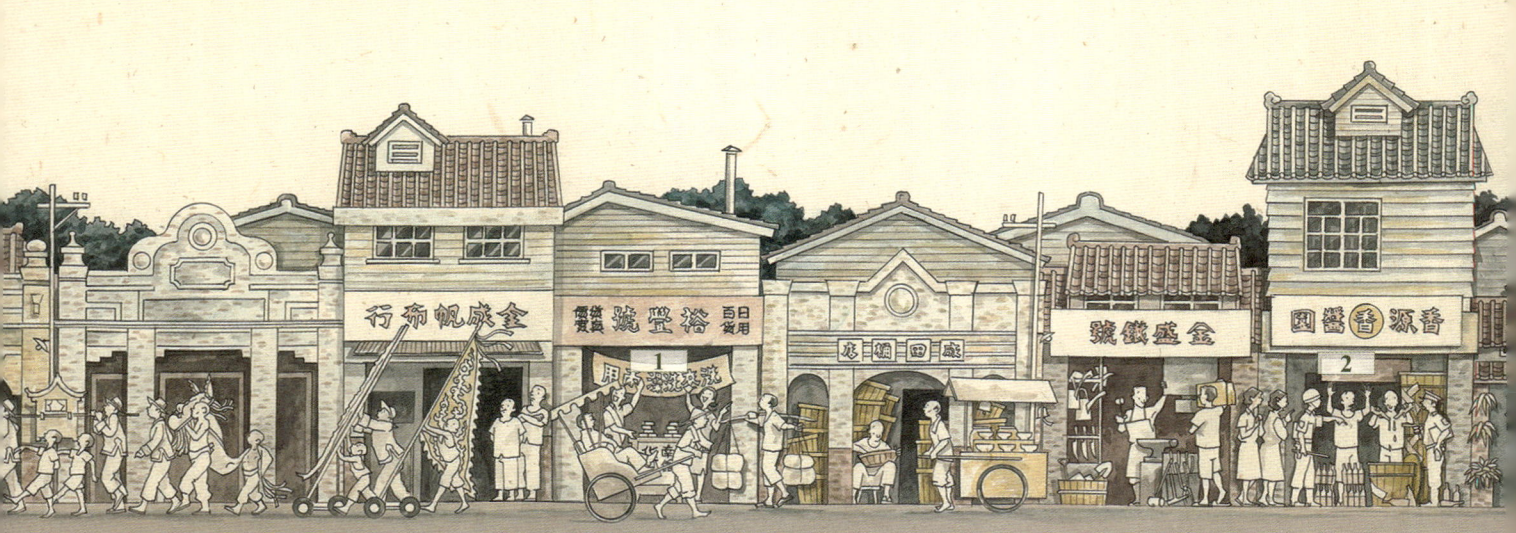

3 美国在太平洋试验场试爆氢弹，引发台湾
海域渔获遭辐射污染疑虑，经调查，证实
只是谣传。(1954.6.18)

4 第一部 16 厘米台湾闽南话影片《六才子
西厢记》，在台北市万华大观戏院首映。
(1955.6.23)

1 台湾开始实施小儿麻痹疫苗预防接种，其后病例显著下降；除了1982年因防治出现漏洞暴发大流行，计有1043例（98例死亡），经加强预防接种后，2000年已完全根除。(1966—2000)

2 台湾暴发白喉疫情，2000多人染病，220人死亡；台北市因人口稠密，病患最多。(1957)

3 台北警局首度在延平北路设置"红绿灯"。(1955.9)

4 大专联考首度实行。(1956.7.26)

1 台北市 19 家酒家女服务生义卖"敬军花",募得 51 万余元。(1956.2.12)

2 南亚塑料公司成立,台湾跨入塑料时代。(1958.8)

3 电信局在台北市各主要干道装设公用电话。

4 台北市首推"不二价运动"。

5 裕隆公司推出首批台湾产汽车。

6 《联合报》正式成立。(1957.6.20)

7 粮食局为稳定粮价,在台北市等五大都市实施户口食米配售。(1957.9.22)

1959

8 台湾交通大学引进IBM650，为台湾首部电子计算机。(1961)

9 呼啦圈风行台湾。（1958）

10 恶性补习兴起，沿袭至今。（1958）

11 日本劝业银行在台设立分行，成为台湾第一家外资金融机构。

12 艾伦台风酿成空前严重的"八七水灾"，不仅重创农业，还造成数万灾民无家可归，死亡加失踪人数高达上千。

13 台北市开始出现出租车。

1960

14 警备总部将黑社会老大蔡金涂移送外岛管训。

15 民航空运公司（华航前身）采用维康880型客机，台湾民航进入喷气机时代。

16 私娼馆老鸨穿睡衣开记者会谈生意经，反映"笑贫不笑娼"社会现象。

17 台北推行"守时运动"。(1959.6.22)

1960

1 公卖局第一款滤嘴卷烟"金马牌"上市。(1959.2.01)

2 强台风波密拉直扑北台湾,造成大台北地区多处严重淹水,计290余人死亡。(1961.9.12)

3 利台化工推出"非肥皂",为台湾洗衣粉先驱。(1958)

4 美国总统艾森豪威尔访台,蒋中正赴松山机场接机。

5 《大华晚报》主办首届"'中国'小姐"选拔,林静宜夺下后冠。

6 杨传广在罗马勇夺第17届奥运会十项全能银牌,是首位摘下奥运奖牌的台湾地区选手。

1961

7 台湾政治大学四年级学生王道,因迷恋酒家女犯下抢劫案,断送大好前程。

8 台湾第一位专业人体模特儿林丝缎,首度举行人体画展。

1962

9 永和励行中学校园喋血案震惊全台，遭解聘的体育教员持枪潜入校园，枪杀校长等7名教职员及学生。

10 教育电视实验电台开播，当时全台约300户拥有电视。

11 台湾第一部电子计算器（IBM650）举行按钮启用典礼。

12 台湾第一家电视台"台湾电视公司"正式开播。

13 强台风欧珀重创北台湾，台北瞬间最大风力每秒49米，创50年来最高纪录；但暴雨也冲走了水沟里的蚊子幼虫，有效遏止流行性脑炎传播。

14 相约共赴黄泉却临时反悔，负心郎以领带勒毙情妇，再假装服毒自杀，因事迹败露，遭移送法办。

15 警备总部通令，查禁《三年》等257首"国语"流行歌曲。

16 台湾证券交易所正式开业。

17 有夫之妇与老板发生畸恋，后被情郎与丈夫抛弃，愤而泼洒烈性溶剂，导致情夫毁容。

18 台湾电影制片厂开拍第一部彩色宽银幕电影《吴凤》。

19 为防副霍乱疫情蔓延，台北市禁售去皮瓜果及冷饮。

1962   1963

1 台湾暴发最后一次霍乱疫潮，22 人死亡。

2 麦帅公路通车，号称台湾第一条高速公路。

3 民航公司 106 号班机自台中起飞后不久即坠毁，机上 57 人全部罹难；其中包括来台参加亚洲影展的新加坡电影巨子陆运涛夫妇。据了解是劫机不成导致飞机失事。(1964.6.20)

4 北县万里发生山崩，"三金硫黄矿场"被压毁，25 人惨遭活埋。(1964.10.9)

5 台湾邮政总局开始受理代订进口报刊。

6 第一届金马奖在台北市"国光戏院"举行颁奖典礼。

7 受报载《单车失窃记》感动，南港善心小工将单车借给丢车的师大夜间部学生使用。

8 12 岁即混帮派滋事的谭姓不良少年，15 岁洗心革面，以优异成绩接受台北市模范生荣誉。

9 台大学生发起"青年自觉运动"以提振公德心。

1964

10 名伶顾正秋领导"顾剧团"在永乐戏院（永乐座）演出京剧，为台湾京剧发展打下基础。(1948—1953)

11 台湾暴发流行性脑炎，72人死亡。

12 《皇冠》杂志刊载琼瑶小说《窗外》，轰动文坛。(1963)

13 强台风葛乐礼袭台，台北市汪洋一片。(1963.9.10)

1965

14 石门水库举行竣工典礼。(1962.6.14)

15 美国花旗银行台北分行开幕。

16 1921年通车的万华到新店铁路走入历史，全线拆除。

1965

1 桃园新屋永安小学师生前往阳明山旅游，因游览车刹车失灵翻落山谷，造成29人死亡、71人受伤。

2 复兴航空台北至梨山线开航。

3 台北开始进行卫生下水道工程。(1964.7.31)

4 鸟市行情大跌，投机养鸟人惨遭套牢。

5 "教育部"宣布将大专联考分为甲、乙、丙、丁四组。

6 省教育厅通令各学校福利社禁卖零食。

7 第一批越南美军来台度假，为台湾带来观光收益。

8 歌星着旗袍随歌起舞，老上海风华于夜总会仍可见。(1960)

9 "台北市议会"三读通过《台北市管理摊贩实施细则》。

1966

10 台北市新生戏院大火，造成大楼全毁，死伤逾 50 人。

11 据统计，台湾人平均寿命为 65.3 岁。

12 恶男在街头设局诈赌，还结伙抢劫赌赢的路人，被警方移送法办。

13 杨姓强盗兄弟在台北及全省各地多次伪装乘客抢劫出租车。

1966

1 胡金铨执导的《龙门客栈》上映，开启台湾武侠电影热潮。(1967.10.21)

2 台北市第八信用合作社成立。

3 3抢匪涉嫌假冒刑警打劫，遭警方逮捕。

4 以蔡姓"扒窃大王"为首的8人行窃集团，十月初在台北落网。

5 台北市水泥严重缺货。(1967)

1967

6 三重一大楼着火，3名住户从楼顶翻墙逃生成功。

7 北市行天宫于民权东路新庙庆祝启用。(1968.1.25)

1968

1 台湾第一包方便面"生力面"上市。(1967)

2 台北市开始使用密封式垃圾车。

3 四兄弟为帮车祸断腿的父亲重新站起，凭着修理摩托车的拿手技术，合力研制自动控制的义腿，不但成就孝心，也获得十年专利。

4 台北中山纪念馆动工兴建。

5 台北市成立义勇警察大队。

6 台北市区禁行人力三轮客车。

7 可口可乐登陆台湾。

8 "行政院"核定,今后3层以上建筑皆采钢筋混凝土架构。

11 据联合国统计,5年来台湾地区移民美国人数逾50万。

12 土风舞在大专院校及民间青年社团掀起热潮。

9 中广成立第一个FM调频广播电台。

10 台东红叶少棒队大败日本队,成为台湾棒球运动转折点。

1969

1 6名建中高三生在植物园内遭8名恶少围殴,4人被砍伤。

2 首个卫星通信电台于阳明山启用。

3 宋美龄向民间募款集资兴建之军
眷住宅陆续完工，为眷村之始。
(1957.3.16)

1 陈姓青年在台北市罗斯福路红绵弹子房，以撞球杆将 21 岁男子打成重伤。(1973.1.21)

快樂香皂
浙江
山東餃子館
道地風味 經濟實惠
大西門電材
老北平飯店
道地故鄉風味
劉仲記
南京

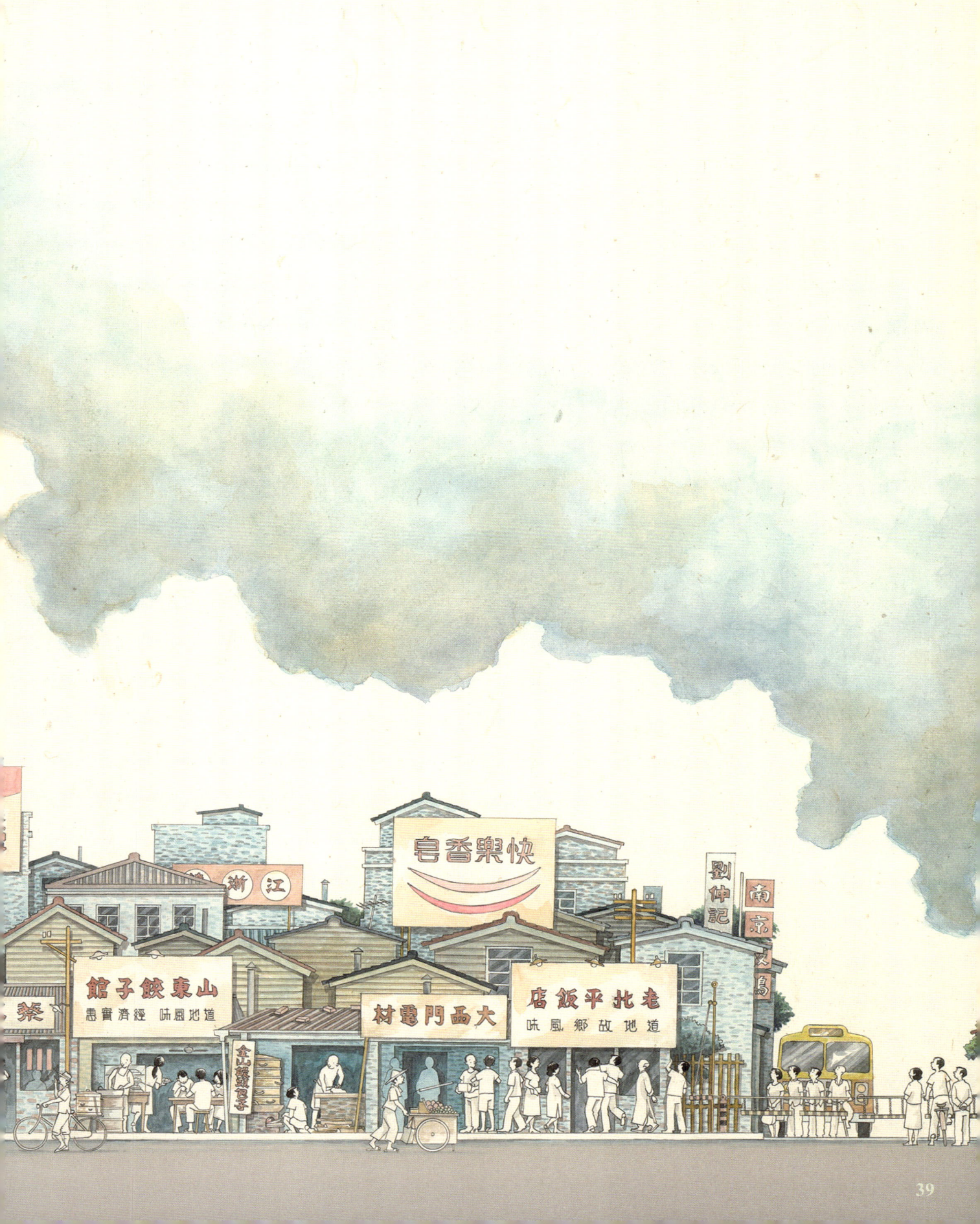

1 香港女星凌波在《梁山伯与祝英台》中反串走红，首度来台参加金马奖并搭乘彩车游街，盛况空前。(1963.10.30)

2 艾尔西及芙劳西台风相继横扫台湾东北部，造成惨重灾情，台北市区汪洋一片，到处可见掉落招牌；新世界戏院广告铁架倒地，压毁两辆出租车。(1969.9.26)

3 台湾地区鲔鱼渔获量高居世界第一。(1960)

1969

1 金龙少棒队在美国威廉波特击败美西队，荣获世界少棒锦标赛冠军凯旋，民众夹道欢呼。(1969.8.24)

1969-1971

2 华航206班机于松山机场降落失败坠毁，造成14死17伤。

3 第一股份有限公司开业，跃居台北百货公司龙头。(1965.10.5)

4 7名大学生组队攀登奇莱山，遇娜定台风来袭，5人不幸丧生。

5 轻度台风芙安导致水淹北台湾，造成143死55伤。

6 台湾"中视"首播台湾第一部连续剧《晶晶》。

7 台湾消费者协会成立。

8 "内政部"明令家用杀虫剂及农作停止使用DDT。

9 台湾中华商场落成启用。(1961.4.22)

10 19岁少年伙同其他5人，抢劫手表及注射毒品，被判处有期徒刑14年。

11 邱姓妇人涉嫌"倒会"并卷款潜逃，受害者逾300人，金额多达3000余万元。

12 台湾第二家电视台"中国电视公司"正式开播。

13 "内政部"颁布食品禁用糖精，以维健康。

14 布袋戏首登电视屏幕，台视播出黄俊雄制作的《云州大儒侠》。

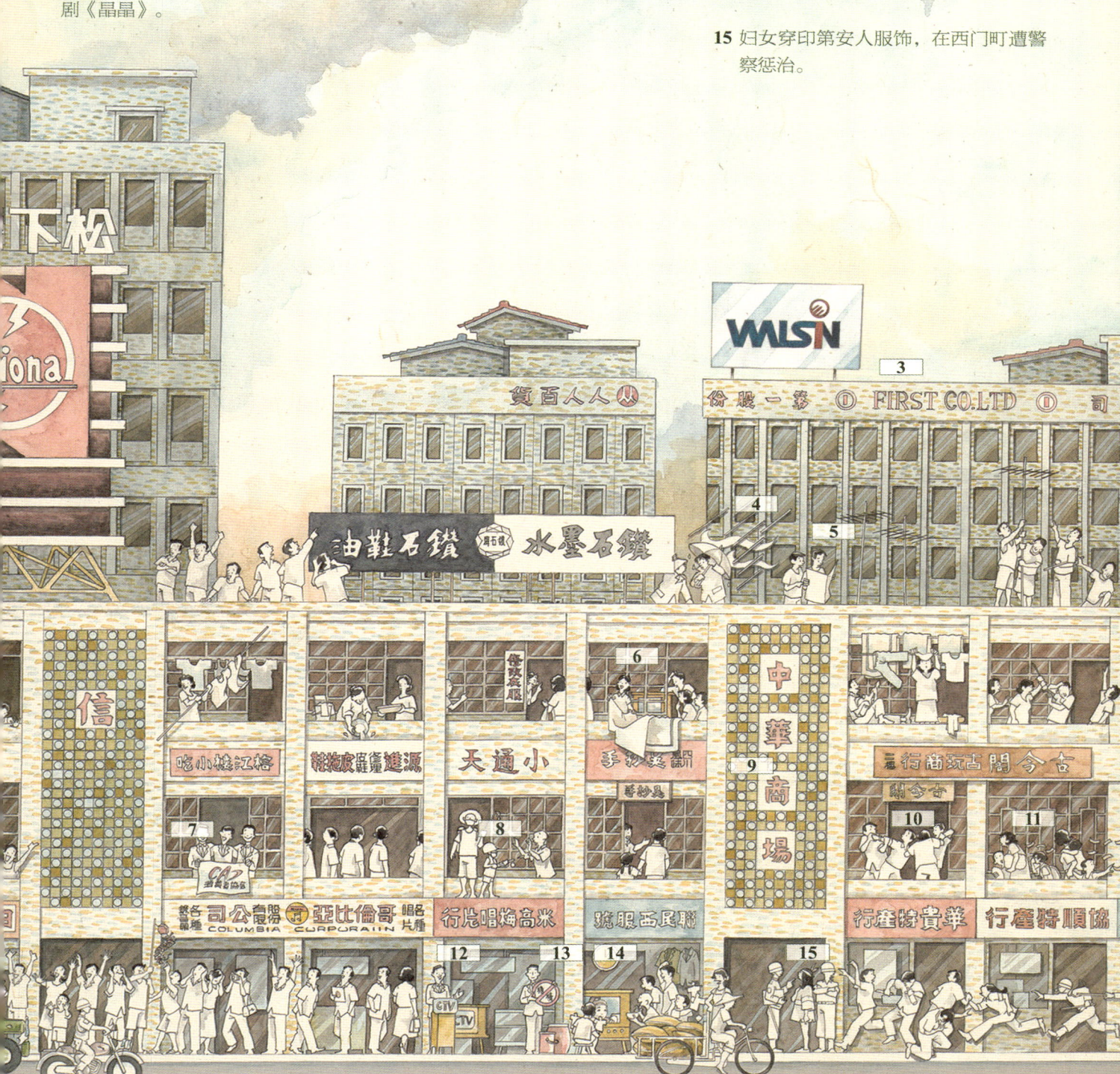

15 妇女穿印第安人服饰，在西门町遭警察惩治。

43

1971-1972

1 卡通片《科学小飞侠》在日本富士电视台播出，共105集，平均收视率达21%。1978年"中视"引进播映，轰动全台。(1972.10.1—1974.9.29)

2 台北市顶楼加盖违建现象普遍，严重违反消防安全，有关单位会同勘验多处5层楼以上公共场所，并勒令改善。

3 台湾退出联合国。(1971.10.25)

4 29岁赵姓男子打开香水瓶时发生爆炸，伤及下体，紧急送医。

5 台湾"中华电视台"正式开播。

6 响应军备捐款，南投县鹿谷乡文昌小学学生捐出零用钱逾千元。

7 台北市警局针对长发及奇装异服展开严格取缔。

8 大有巴士司机与车掌拾金不昧，2000余元现金及两条金项链物归原主。

9 天主教枢机主教于斌首次举行春节祭天敬祖大典。

10 北一女学生写信给"教育部部长"，希望放宽发禁。

11 台北市实施摩托车后座载人不得侧坐的规定。

12 3强盗结伙抢劫台北市荣美照相材料行，潜逃多日，在北县落网。

1972

13 操刀家传渊源。

14 延平货运公司货车行经松江路和南京东路路口时,因超载超速闯红灯,撞上绿灯直行车辆,造成3死1伤。

15 3名惯犯驾驶偷来的小货车到西门町闹区行窃,被警方当场逮捕。

1972-1973

1 "华视"《西螺七剑》下档，共播出220集，创下闽南语武侠剧播映最长纪录。

2 北市林森北路王冠饭店，顾客烹煮火锅不慎引起火灾，3人葬身火窟。

3 北市东园街中盛企业氨气外泄，3人中毒送医急救。

4 为防地层下陷，台北市邻近9乡镇工厂禁用地下水。

5 吕良焕与谢敏男拿下第20届世界杯职业高尔夫球锦标赛双料冠军。

6 19位大专生在大屯山迷路，风雨中苦撑一夜，天亮脱险下山。(1970.2.25)

7 名演员车轩因犯下窃盗案件，遭警方侦讯，掩面痛哭。

8 出租车司机拾获老妇人忘在车内的聘金，送警局招领。

9 岁末年关，台北警局接获多起金光党诈骗报案。

10 台北市5层以上的高楼已达1406栋，最高是20层的希尔顿饭店。

11 大专联招会宣布联考首度采用计算机阅卷。

1973

12 铁工厂守卫乱丢烟蒂引发火灾,导致厂房全毁,获刑7年半。

13 车姓男子偷窥邻居妇人洗澡,被妇人之夫发现,报警扭送法办。

14 工姓男子担心头发太短,交不到女友,戴假发充门面,被警方以蓄留长发拘留3天。

15 善心夫妇在罗斯福路公用电话亭发现女弃婴,有意领养,警方呼吁女婴父母尽快出面。

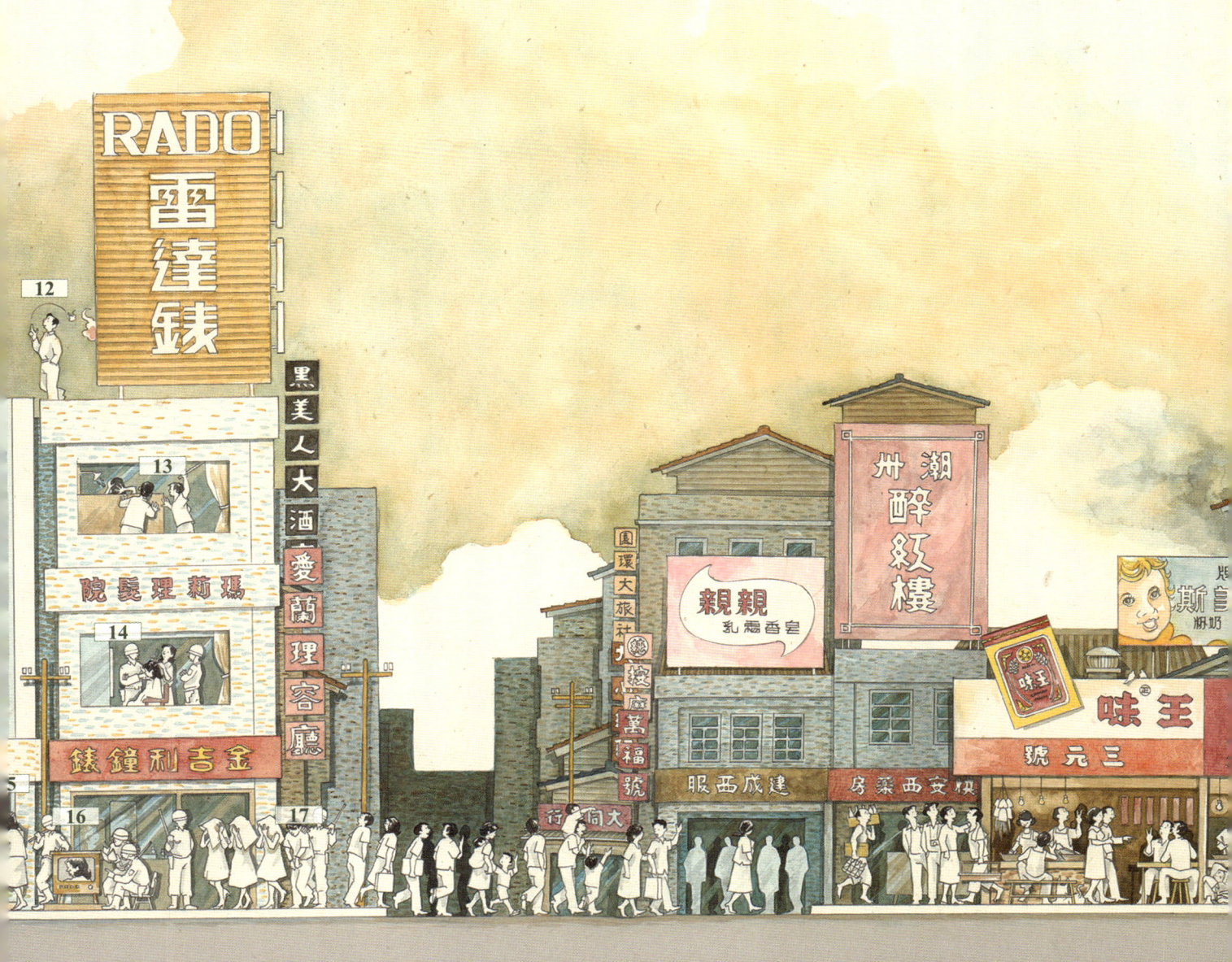

16 台北市少年警察队成立电视节目检视小组,专门审查男女演员长发及奇装异服。

17 男子理发美容院兼营色情,台北市建设局决定予以取缔。

1973

1 圆环夜市大火，四分之一摊商遭焚毁。
(1993.2.2)

2 台湾地区拆船工业跃居世界首位，有"拆船王国"美誉。

3 两偷儿潜入民宅行窃，反被屋主全家围困，警方获报赶到现场将其绳之以法。

4 防空演习好严格，咖啡馆老板不慎让灯光外泄遭起诉。

5 男女共谋犯案，女方假意到房姓主人家帮佣探虚实，再伙同奸夫抢夺财物。

6 妇人深夜开收音机音量过大，因妨害安宁被罚款。

7 在西门闹区兜售"爱国奖券"为生的残障人士许忠次，遭小偷光顾，生活陷入困境。

8 32岁林姓男子头戴假发男扮女装，在宁夏路"国声戏院"附近被警察带回警局，拘留3天。

9 "内政部"公布《儿童福利法施行细则》，儿童福利迈向新纪元。

10 6孩童到新店溪中正桥下戏水，4人落水，1女童平安获救，3男童下落不明。

11 炎夏奇观，市民至台北国际机场大厅吹冷气打地铺。

12 台北市公交车驾驶员和车掌拾获现金近7万元，送调度中心，联系失主领回。

13 摊贩占用地下道，影响行人通行，台北市警局严格取缔。

14 台北市禁止马达三轮货车通行。

1973

1. 第一次石油危机，油价飙涨，加油站萧条。

2. 林怀民举办第一次现代舞发表会。

3. 拾荒老人王贯英购买经史典籍，捐赠美国圣约翰大学，宣扬中华文化。

4. 窃盗前科男又在吴兴街水果摊偷10个柚子，被判刑3个月。

5. 蒋经国宣布以5年为期，加速完成南北高速公路、铁路电气化、中正国际机场等9项建设；翌年又加入兴建核电厂，成为"十大建设"计划。

6. 士林园艺所花展会场，60岁老翁因一时贪念窃取一盆兰花，法院念其年老判缓刑2年。

7. 南京东路二段极乐殡仪馆营业逾20年后走入历史，原址改建为小公园。(1974.01)

1974

8 美籍妇人詹姆士太太发挥母爱，在阳明山住所定期招待出狱青少年，被封为"新生人妈妈"。

9 善心男拾金不昧，百余张"爱国奖券"完璧归赵，小贩赴中山分局领回失物。

10 走私集团将总值700多万新台币的外币夹藏在出口鸭蛋木箱底层闯关，被机场海关人员当场查获。

11 台北市自来水厂进水口因暴雨遭大量垃圾堵塞，导致台北县市几乎全天断水。

1974

1 北市中央家禽市场女摊贩为牟利,将水灌入肉鸭增重遭查获。

2 北市六号水门外临时摊贩区,不良摊商贩卖灌水鸡鸭牟利。(1975.3.3)

3 男子假冒电力公司线路查修员,侵入士林区某花园洋房,洗劫大批财物后逃逸。

1974-1975

4 核二厂开工兴建。

5 为民除害,北市消防人员冒险摘除木栅区光明路台电宿舍内的虎头蜂窝。

6 育达商职女学生家境贫寒又遭逢父丧,全校师生捐款助她渡过难关。

7 一佛教团体缝制棉衣分赠清贫老人。

8 景文高中学生谢耀南拾获面额345万新台币的巨额支票,送警招领,获教育部门嘉奖。

9 男女杂处,彻夜喧闹,统一教教徒行为违反社会规范,引起争议。

10 陆军士官长纪纲照顾孤苦无依的邻居老妇,获选好人好事代表。

11 为善不欲人知,匿名者捐款给车祸受伤老人。

12 台视播出崔苔菁主持的《翠笛银筝》,是台湾电视史上第一个外景歌唱节目。(1971年)

13 在永乐市场贩卖奇珍异兽的王熙富,每天清晨都牵着店内小母狮上街溜达。

14 出租车司机拾金不昧,准新郎聘金失而复得。

15 中山小学学童关华在台北火车站候车室拾获一红色小皮包,原封不动送警处理。

16 根据台北市主计处统计,全市人口已突破200万。

17 "二战"期间被日军征召到南洋作战,台东阿美人李光辉藏匿丛林29年后返回台湾,轰动中外。

18 北市卫生局推行"杀鼠换奖券"逾3年,成效不彰。

19 4名男子趁夜在松山区偷狗,被巡逻警察逮个正着。

20 郑姓男子持变造"爱国奖券"到台银兑换奖金,被经办人员识破并扭送警局。

21 善心老妇人胡国钗捐毕生积蓄济贫及造桥铺路,由张丰绪市长代表接受。

1 建筑师王大闳设计的台北中山纪念馆落成启用。(1972.5.16)

1975

2 蒋中正去世，逾 200 万人前往设在台北中山纪念馆的灵堂瞻仰遗容。

1975

1 远东航空 134 号班机在台北松山机场降落时失事坠毁，27 死 48 伤。

2 大学联考南门中学考场，发现考生利用卖冰激凌的喇叭作弊传递讯息。

3 北市老松小学是全世界最大的小学，共有 95 个班 5000 多名学生。

1975-1976

4 波士顿饭店经理与服务生勾结，在客房内装设特殊玻璃镜供人偷窥，被以妨害风化罪判刑8个月。

5 父母外出，瓦斯外泄，4岁哥哥急救脱险，2岁妹妹不幸身亡。

6 砂石工人不满女友移情别恋，纵火烧她家，被判刑4年。

7 邱姓大学生蓄长发注册遭校方拒绝，双亲特地北上劝阻，但邱男一意孤行，气得父亲要寻短。

8 曾有伪造新台币前科的林姓男子，在景美重起炉灶遭警破获，查出伪钞及印刷机等。

9 男子骑摩托车经过宁波西街时，因摩托车漏油起火，烧伤臀部。

10 空军退役上校在公交车上遭窃，幸窃贼良心发现，将偷得的金饰及美钞物归原主。

11 萧姓面摊老板与另外3男合凑聘金，娶美浓黄姓女子；婚后4男共1女，黄女不胜其苦。

12 卧龙街发生火情，钟姓主人葬身火海，忠犬"哈利"连日守候火场，不愿离开。

13 宏仁内分泌专科医院以维生素冒充减肥药，一名肥胖妇女受骗上当。

14 62岁妇人深夜收摊返家遇歹徒抢劫，她奋勇抵抗，击退抢匪。

15 圆山动物园唯一母象"马兰"，因发情期烦躁，将饲养技工庄世荣挤伤不治。

16 《道路交通管理处罚条例》新修订，摩托车驾驶人应佩戴安全帽。

1976

1 "教育部"统一规定,中文横式书写、排印须自左而右;招牌、匾额、标语则自右而左。

2 台湾历史博物馆《张大千先生归国画展》揭幕,"教育部"赠"艺坛宗师"匾额。

3 素人画家洪通举办首次个人画展。

4 台湾银行民权分行提供"得来速"服务,不必下车即可存提款。

5 朱铭首度在台湾历史博物馆举行木雕个展。

6 为遏止青少年吸食,当局明令强力胶配方需加入芥子油等有毒成分。

7 台北市启用计算机交通号志控制系统。

8 妇人把价值50万元的钻戒放在随身皮包里,不慎在公交车上被偷走。

9 小偷潜入民宅,竟抱着赃物在客厅沙发睡着,屋主返家撞见,报警处理。

10 永春中学两教师因感情纠纷,竟在学校朝会当着全校师生面前抢麦克风,互揭疮疤。

11 水电工邱水文独立完成水路两用直升机,向警方申请试飞。

12 血癌患者叶清荣自愿捐出眼角膜,消息传出引来各界关怀。

13 醉汉夜闯香闺,两少女从窗口扔下求救字条,警察获报立即前往解困。

14 作家三毛第一部作品集《撒哈拉的故事》出版。

15 范姓男子老婆"倒会",还纵狗咬伤上门讨债的游姓男子,游男愤而打伤范男,双双被提起公诉。

16 《潮州文献》郭寿华为文指"韩愈在潮州染风柳病",被韩愈第39代后人韩思道提告诽谤,法院判郭某败诉。

17 《空气污染防治法》上路,北市取缔"乌贼车"。

18 林姓男子与邻居争执,竟从自家二楼向邻居儿子泼尿,因而吃上官司。

19 8岁男童进音乐城餐厅时,不慎撞上透明玻璃门,男童父亲怒控音乐厅过失伤害。(1977.3.25)

1977

1 潘姓男子在妹妹家中睡觉，误把襁褓中的小外甥当枕头，活活压死。

2 餐厅女经理爱上有妇之夫，竟开价30万元要原配出让老公，双方讨价还价成笑谈。

3 3兄弟争相奉养母亲，竟大打出手闹上警局，遭母斥责后下跪忏悔。

4 徐东志连续杀死7人，1984年被枪决伏法。(1976—1984)

5 刘姓男子在公卖局买两瓶淡啤酒，其中1瓶突然爆炸，幸无人受伤。

6 台北车站地下化工程核定执行，开启台北铁路地下化。

7 清洁队员在邮局领钱后，部分新钞塞在后裤袋竟起火燃烧。

8 世界球王巴西"黑珍珠"贝利来台访问3天。

9 宝岛歌王叶启田因黑道勒索犯下教唆杀人罪，入狱3年半。

10 征收三千年，盐税走入历史。

11 制作、贩卖速赐康迷幻药，贩毒集团遭调查局破获。

12 真酒瓶装假酒，台北市警方破获伪造洋酒案。

13 拘留所吞筷子假装胃痛，毒犯被送医白挨一刀。

14 与人口角愤而撕碎百元钞，男子被依"妨害钱币"移送法办。

15 光头变噱头，脱星指控遭强逼剃光头发，电影公司获判无罪。

16 面对一连串困境，为提振民心，"庄敬自强，处变不惊"成为最普遍的政治标语。(1971—1978)

17 整合公民营多家客运，台北市联营公交车正式上路。

1978

1 华航 831 号班机发生劫机事件，工程机务人员施明振企图劫机遭飞安人员击毙，飞机安抵香港。

2 建中生烧开水不慎引起火灾，无力赔偿房东，同学纷纷解囊相助。

3 两男抢狼狗，警察施妙计，判定真饲主。

4 小学学童在市立体育场玩水鸳鸯，不慎引发火灾。

5 两男扮演"和事佬""受害者"，共谋假车祸真诈财。

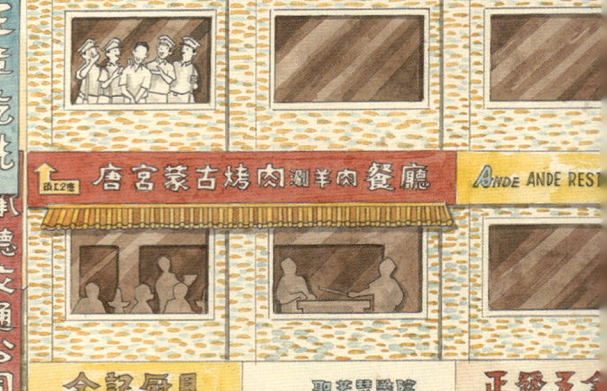

6 医院摆乌龙，妈妈抱错男婴不肯换回女娃，通过血型比对才确认亲子关系。

7 父母犯案被捕，小儿女滞留警局，哥哥哭着要回家，妹妹为他擦泪说别哭。

8 精神异常女子爬上中华路某大楼 4 楼铁窗外意图跳楼，消防人员紧急救回。

9 出租车司机随地小便，民权东路小巷臭气熏天，警察埋伏查处。

10 林安泰古厝拆迁至新生公园，正式开放重现风华。

11 成龙主演的功夫喜剧片《醉拳》上映，自此走红影坛。

1978

1 艺人白嘉莉主持《喜相逢》《银河璇宫》等综艺节目，被誉为"最美丽的节目主持人"，红遍海内外华人圈。(1970)

2 北区高中联招发生补习班泄题事件，是联考史上最大的作弊案。

3 吊架故障，4名清洁工受困仁爱远百14楼外墙，警消出动云梯车才脱险。

4 半百光棍急成家，遭女金光党设局，多年积蓄被骗光。

5 糊涂准新人，结婚礼服信物丢车上，幸遇司机拾金不昧，及时赶上婚礼。

6 基隆河暴涨，水淹滨江街，民宅主人获救，独留爱犬守门。

7 南北高速公路全线通车。

1979

8 "共同防御条约"终止，驻台美军撤离。

9 开放民众出国观光，吴家川获核发第一本观光旅行证件。

10 填鸭教育课业重，小学生背大书包。

11 古亭区发生持砖头连续伤人事件，受害者逾20人，作案男子疑似精神异常。

12 养鸭饲料含工业染料，食用红仁鸭蛋伤身。

13 北市联营公交车上路后，频传车掌吃票，改采机器收票。

14 难忘偶然邂逅男子，少女在报纸刊登启事，终于寻获有缘人。

15 桃园"中正国际机场"正式启用。

16 6贼伴购珠宝，趁机调包8克拉钻石，银楼痛失400万元。

17 北市抚远街一间化工原料行深夜发生爆炸，4层楼房瞬间炸毁，造成33人罹难，经查是硬化剂储存不当所致。

18 返家途中遇金光党搭讪，74岁老妇被骗上百万，创金额最高纪录。

1979

1 老板以德报怨，为卷款潜逃员工的儿子证婚，员工良心发现，向警方投案。

2 爱车轮胎不翼而飞，凤飞飞的哥哥报警。

3 男骑士出车祸行踪不明，忠犬不吃不喝守候车旁3天。

4 路边停车一位难求，民众以木板、水桶甚至瓦斯桶占位。

5 永吉路凌晨发生火警，受困孕妇跳楼逃生，邻居合力以被单接住。

6 冒险攀爬电线杆救家鸽，主人误触高压电线摔落，所幸无大碍。

7 司机匆匆下车解内急，忘拉手刹，车子竟滑落瑠公圳。

8 少妇企图卧轨自杀,铁路警察救回一命。

9 台北车站前的野鸡车拉客黄牛,经警方大力扫荡,逐渐销声匿迹。

10 台铁一票难求,造成黄牛猖獗,铁路警察局春节前夕逮捕 11 名黄牛。
(1970.2.4)

1979

1 为节约能源，台湾自 7 月 1 日至 9 月 30 日实施日光节约时间，时钟往前拨快 1 小时。

2 年节返乡潮，台北车站水泄不通，1 名宪兵及 2 名女性被挤到当场昏倒。(1970.2.5)

3 万华西园路平交道发生出轨意外，北上货车其中一节车厢翻覆，导致铁路中断。(1974.8.15)

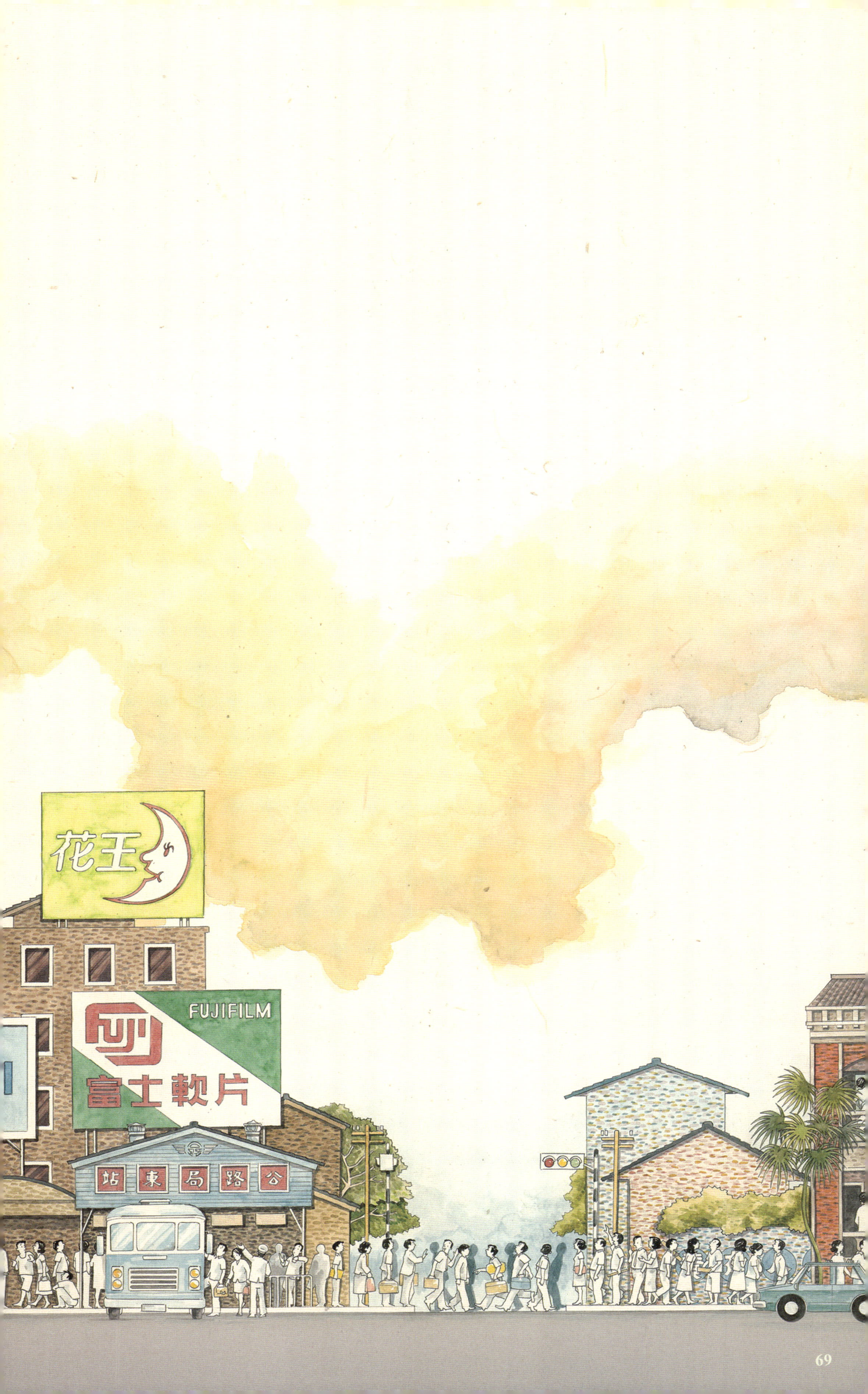
花王
FUJIFILM
富士軟片
站東局路公

1979

1 抗癌科技日新,台大医院启用台湾第一部钴 60 治疗机。(1958)

2 台大医院成功完成忠仁、忠义连体男婴的分割手术。

3 台大医院完成更换两个心脏瓣膜手术。(1967.1.27)

4 台大医院完成台湾首例肾脏移植手术。
(1968.5.27)

5 台大医师朱树勋完成台湾首例心脏移植手术。(1987.7.17)

6 台大医院发现台湾第一个 AIDS 病例。
(1986.2.27)

7 女肉贩不慎将右手卷入绞肉机，紧急送往台大医院抢救。(1974.1.21)

1 228和平纪念碑揭碑，新公园同时改名"二二八和平纪念公园"，以纪念228事件遭军警镇压遇害的民众。(1996.2.28)

2 女童浑身长满黑毛，被不肖商人当成摇钱树，与珍奇动物关在一起供人参观，医界与法界人士呼吁当局单位援救。

3 11岁男童4年前与养母在博物馆前走散后，独自在台北靠行乞、推三轮车维生，每天下午到博物馆前大铜牛旁等候母亲出现。(1972.1.5)

4 104位中南部老人参加台湾基督教福利会主办的"阿公阿婆免费游台北"活动。(1973.9.24)

73

1979

1 首座核能发电厂正式运转。

2 小小公交车售票亭,贩卖商品五花八门,可说是最早的便利商店。

3 第一届"台北市音乐季"在台北中山纪念馆和新公园揭幕,开启台湾大型音乐季先河。

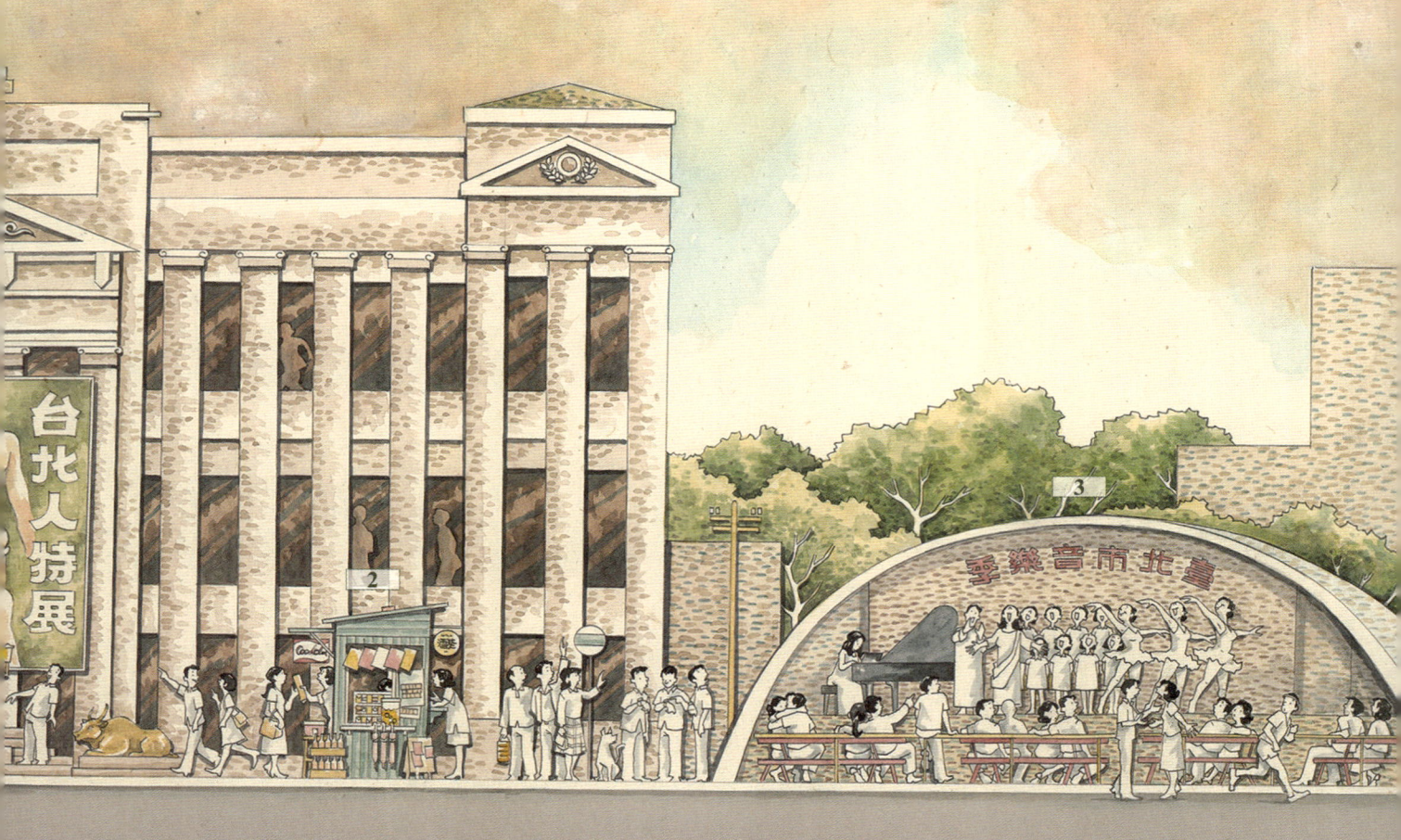

1979-1980

4 爱国西路、桂林路交叉路口因兴建高架道路，拆迁百户住家，竟引发老鼠流窜，逼得邻居也搬家。

5 诈欺前科犯重施故技，谎称有印钞机，能将白纸变钞票，多名受害者上当。

6 台湾地区与美国、新加坡及中国香港，今起可直拨电话。

7 统一企业引进7-Eleven，为台湾连锁便利商店之始。

8 台湾惊爆米糠油中毒事件，彰化油脂公司在制油过程因管线破裂，导致有毒的多氯联苯渗入，造成中部地区2000余人中毒，全台人心惶惶。

9 北回铁路竣工。

10 调查局破获制造金门高粱假酒的地下工厂，查扣2000余瓶成品，这些黑心假酒甲醇超标，对人体危害甚大。

11 第一届国际艺术节在台北中山纪念馆揭幕，各表演艺术团队共襄盛举。

12 中正纪念堂举行落成典礼。

13 淡水红毛城终于收归，自1867年清廷永久租给英国作为领事馆以来，红毛城在外人手中达113年之久。

1980

1 "国际学舍"开始兴建，为外籍学生提供低廉住宿。(1956)

2 男子侵占一张200多元火车票，因筹不出保释金被收押；另一被告涉嫌侵占公款500多万元，却因交付保释金扬长而去。

3 新生北路、德惠街口深夜发生抢劫案，女乘客遭出租车司机抢走2000余元。

4 公交车上出现臭青母，乘客惊慌四逃，原来是蛇贩带上车，不慎让蛇脱逃。

5 台湾出现1949年以来最严重干旱，台北市实施限制供水。

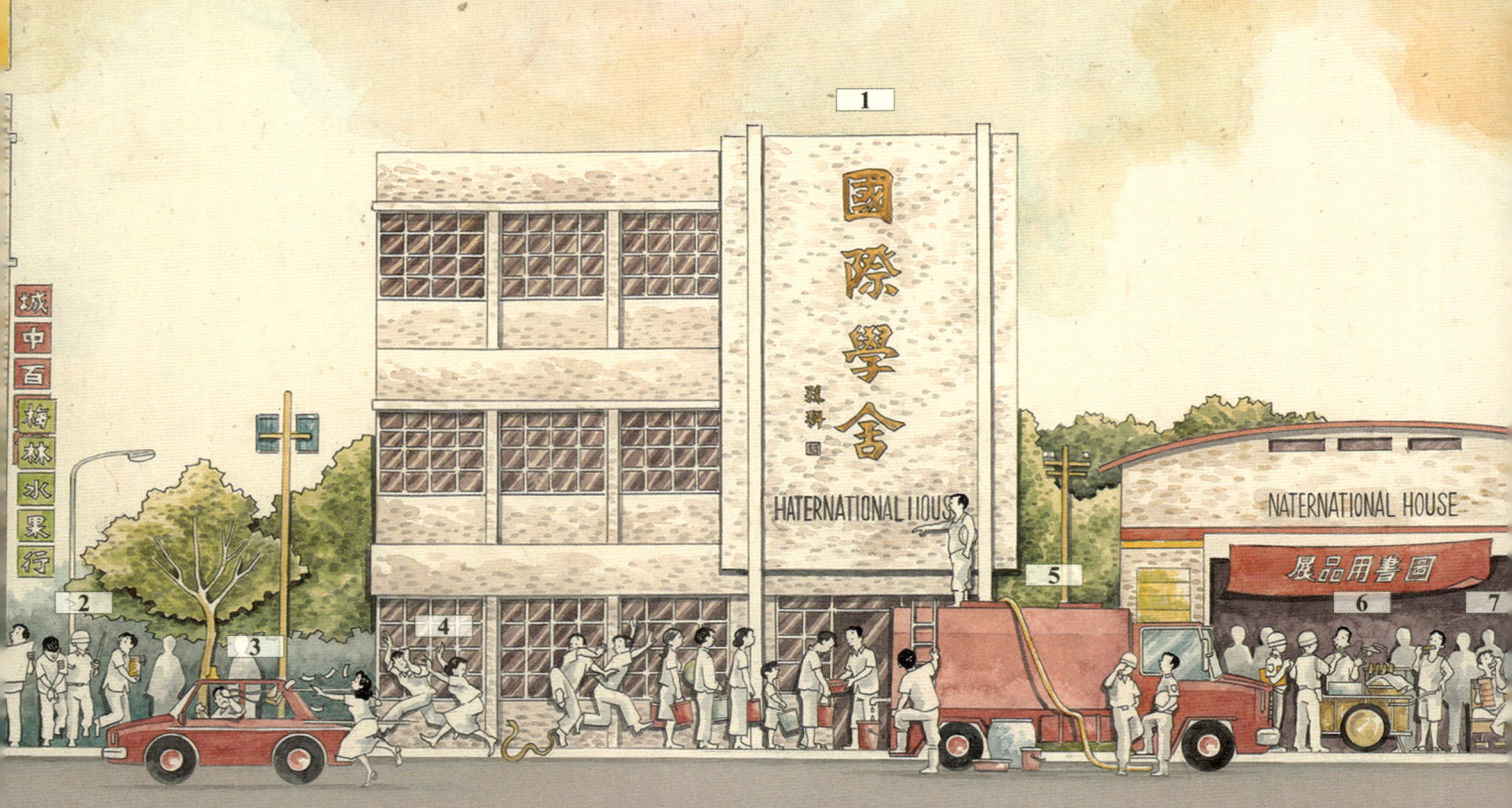

6 为整顿市容，台北市市长李登辉指示将摊贩纳入管理。

7 坐轮椅吹口琴卖口香糖维生，身障青年李连春面对台北市大力扫荡摊贩，不禁担忧未来生计。

8 木兰女子足球队于美国赢得第一届国际女子足球邀请赛冠军。

9 56岁妇人遇上3名金光党,佯装要认她作干妈,结果被骗两枚金戒指。

10 出租车司机符树富拾获500万元珠宝不起贪念获表扬,失主致赠新车表达感谢。

11 小女孩帮母亲清扫街道,惨遭出租车碾断双腿,清道夫工作安全问题引起各界重视。

12 前科累犯在出租车计费表上动手脚,意图诈骗乘客车资,遭警方逮捕。

13 美国驻台湾地区官兵在中山堂欣赏好莱坞喜剧泰斗鲍勃霍伯与艳星拉娜透纳的劳军演出。(1962.12.28)

14 张小燕以《归来》荣获第5届亚洲影展最佳童星特别奖。(1958.4.26)

15 第一届台湾好人好事表扬大会在中山堂举行。(1958.4)

77

1981

1 不良商家把进口商标贴在过期食品罐头的有效期限标示上，企图蒙骗消费者。

2 丈人到汐止拜访女婿，不幸发生吃粽子噎死意外。

3 不满遭疏远，男子持刀闯进女友家挟持，欲开瓦斯同归于尽，幸警方赶到解围。

4 60学年度第1学期台北市小学模范生表扬大会在中山堂举行。(1972.1.12)

5 台湾消费者文教基金会成立。(1980)

6 外双溪净水场水坝无预警放水，15师生遭突来的洪水灭顶枉死。

7 台北市市长李登辉及自来水事业处长许整备，积极投入外双溪水难事件善后。

8 恒春半岛的吟游诗人、民谣老歌手陈达不幸因车祸身亡。

9 58岁男子挟怨朝他人吐了一口痰，遭法院判罚金100银圆。

10 陈姓男子因要钱不成，竟痛殴兄长导致其心脏衰竭死亡，被依伤害致死罪判刑。

11 奥地利女华侨返台参加十月庆典，在西门闹区遭女惯窃扒走身上财物，热心民众报警追回失款。

12 北一女乐仪队，访美一个月后返台。

1981-1982

13 台北市西方天空出现 15 颗不明白色亮点，状似幽浮。

14 打麻将起争执愤而纵火，造成 7 死 7 伤，何姓男子跳楼逃生摔成重伤送医。

15 家教中心应征作幌子，歹徒趁机强暴女大生。

16 2 男在电玩店的机台做手脚，意图诈领奖金遭起诉。

17 台湾第一家连锁书店金石堂，在汀州路开设首家门市，推出每月畅销书排行榜，开业界先河。(1983.01.20)

18 一杯茶下肚，千万珠宝飞了，珠宝商疑遭下药。

19 信徒捐款遭中饱私囊。

20 家庭主妇到仁爱远东采买年货，顺手牵羊被逮。

21 林姓男子伙同 3 人，偷窃士林玄天宫香油钱被捕。

22 74 岁老妇遇抢，神勇扯住 27 岁劫匪，警员获报到场逮捕劫匪。

23 电玩风潮席卷大台北，青少年沉迷衍生逃学问题。(1981)

24 赌风猖獗，当局一度全面查禁电动玩具业。

1982

1 台湾发生第一起镉米事件,高银化工排放含镉废水,农地稻作遭污染。

2 领有证照的电玩游戏场也一律遭勒令停业。(1983.4.1)

3 青少年为吃喝嫖赌,盛行到医院卖血。

4 退伍老兵李师科抢劫土银案震惊社会,是台湾第一起持枪银行抢劫案。5月全案宣告侦破,李师科被枪决。

5 贩婴集团将收买来的60多名婴孩,串通妇产科伪造出生证明再转卖,被警方破获。

6 不良出租车司机,趁乘客将行李放进车,人还没坐上之际就把车开走,以盗取财物。

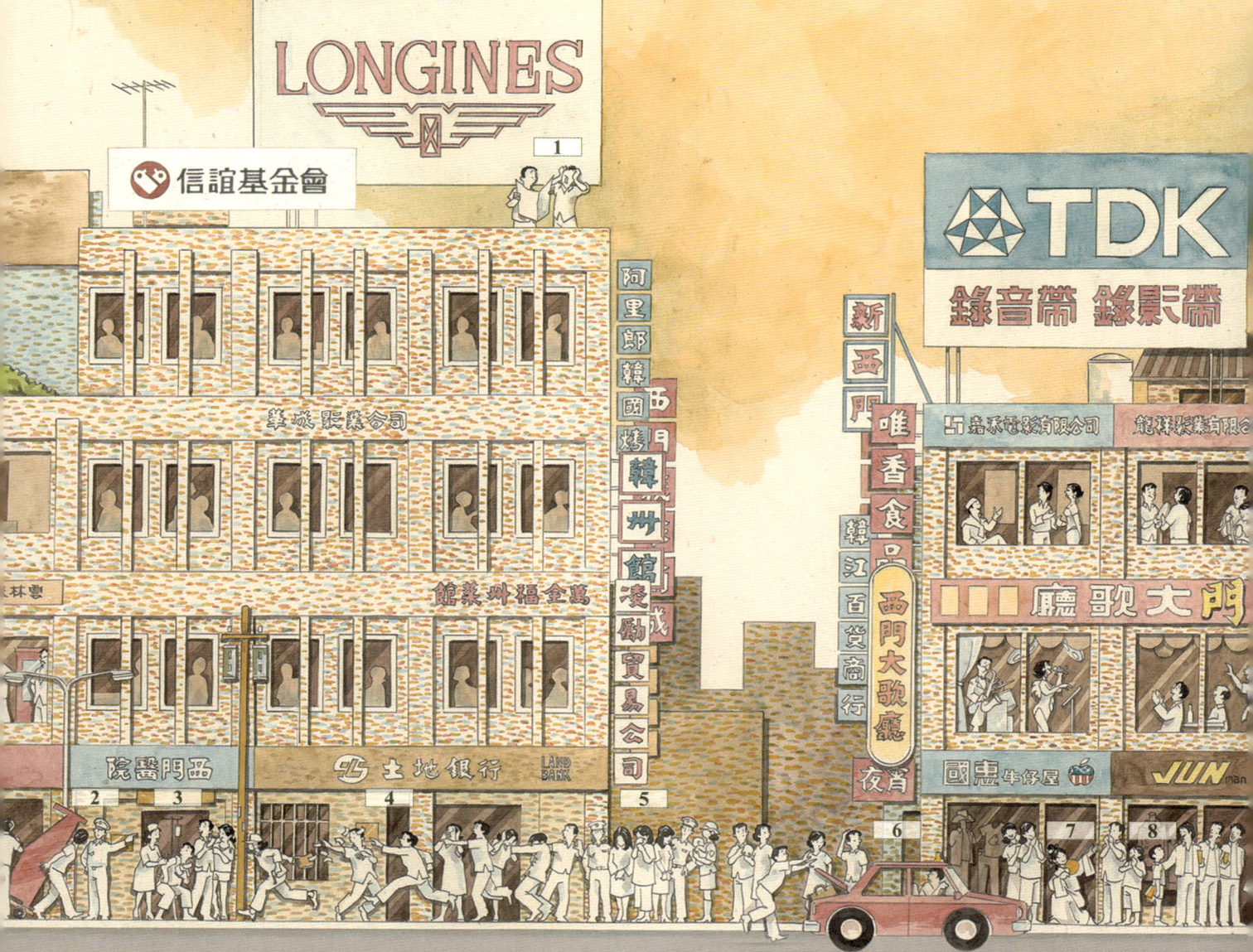

7 郭小庄创办"雅音小集",致力京剧改革,吸引不少年轻戏迷。

8 北市和平中学二年级学生杨柏因,跳级进入师大附中,成为台湾第一位跳级保送的资优生。他22岁即获得美国麻省理工学院博士学位,现任"中研院"研究员。

9 数名醉汉殴打两位消防警员，还把救护车开走，被依法送办。

10 《大白鲨》上映，黄牛猖獗，一票难求，警方拟派便衣警察查处。(1976.2.9)

11 当局大力推动灭鼠，新声戏院仍发生老鼠咬伤女观众事件。(1981.3.25)

12 台湾电影分级制度正式实行。(1985.12.1)

13 少年拜托电影院打出"找二姐"的字幕，因为未署名，结果众家二姐齐聚戏院门口。(1976.2.10)

14 为抢夺地盘，西门闹区口香糖小贩斗殴事件频传。(1987.7.17)

1982

1 真善美剧院因观众乱丢烟蒂传火警，所幸及时扑灭，无人伤亡。(1981.10.17)

2 与台湾生父失联33年，日籍女子西村则子跨海寻父，消息见报后取得联系，父女可望团圆。

3 游荣佳、陈坤火持M-16自动步枪抢劫世华银行运钞车，1400万元现金全被劫走，是台湾第一起运钞车抢劫案。两名抢匪于翌年落网并遭枪决。

4 新台币一再贬值，汇率跌至40.28元兑1美元的历史低价位。

1982-1983

5 黄姓男子假借开公司，把林姓求职者的身份证拿去开户，并开出500万元空头支票，害林某吃上官司。

6 恶男设局仙人跳，利用太太邀男子上宾馆，再闯入捉奸并强索遮羞费。

7 公司高级主管因欠赌债，竟犯下1死3伤的杀人血案，赔掉大好前程。

8 电线杆、大楼墙壁、公寓楼梯间贴满小广告，有碍市容观瞻，环保局将严加整治。

9 送爱到慈善机构，善心老妪陈林桃春节前夕捐赠白米给养老院或育幼院。

10 试机摩托车一去不回，车行老板把同行女佣扭送警局，结果女佣连雇主姓名都不知，同为受骗者。

11 结婚一年闹离婚，丈夫到法院临时反悔，抢了老婆皮包就跑，妻子愤而提告。

12 内湖老农拥上乙家产，每天依然下田耕作，二十年如一日。

13 出租车司机下车帮忙买槟榔，乘客竟趁机将车开走。

14 丈夫把风，太太偷咖啡罐绑在大腿上，贼夫妻在今日百货失风被抓。

1983

1 父亲出轨，母亲央求已婚女儿充当间谍，女儿左右为难。

2 台股大涨，指数突破 700 点，创 1962 年开市以来最高纪录。

3 在台湾几乎绝迹的小儿麻痹突然暴发疫潮，出现上千个病例，导致 98 人死亡。（1982—1983）

4 窃贼潜入台北华山火车站欲偷开柴油火车头，所幸工作人员及时发现，但被偷儿趁隙逃逸。

5 新生代导演发起台湾新电影运动，《光阴的故事》《儿子的大玩偶》等新浪潮电影兴起。

1983

1 台北市立美术馆正式开馆，为台湾第一座现代美术馆。

1984

2 市面出现价格低廉的黑人牙膏,疑似军公教福利品流出,经调查证实是仿冒品。

3 扒手冒用身份证应讯,警方不明就里,竟将王姓男子移送法办,闹出大乌龙。

1984

1 萤桥小学惊传泼酸惨案，精神病患蔡心让闯入二年级一班教室泼洒硫酸，导致37名学童及老师遭灼伤，凶嫌随后当场切腹自杀死亡。

2 二度结婚再生风波，丈夫好赌，妻子愤而持菜刀追杀；丈夫躲进警局，妻子遭送办。

3 旅美华侨蔡云辅驾驶"华侨精神号"从旧金山飞抵台北，创下单引擎小飞机横越太平洋的世界纪录。

4 月子中心兴起，台北市就有10余家。

5 蔡温义在洛杉矶奥运会一举拿下铜牌，开启台湾举重运动盛世。

6 松江路巷内遇双煞，男子被抢劳力士金表，大声求救却无人理会。

7 "鹅妈妈"赵丽莲博士结束长达40年的空中英语教学节目。

8 "国安局"主持"一清项目"，此次大规模的扫黑行动，竹联帮大哥陈启礼、吴敦均在第一波行动中被捕。

9 不良药商从美国进口家畜用饲料奶粉，改制成婴幼儿专用奶粉 S95。

1984-1985

1 电影《老莫的第二个春天》上映，探讨老兵的婚姻问题，反映当时台湾社会现象。

2 百货商家越来越讲究橱窗设计，以留住消费者的脚步。

90

3 警员乔装观众，潜入狮子林歌厅搜证，将表演脱衣舞的女子逮个正着，狮子林牛肉场正式吹熄灯号。(1996.8.24)

4 消费者文教基金会检验黑松沙士，发现内含致癌物黄樟素，黑松公司因此全面回收产品并改良配方。

5 单亲妈妈郭何淑霜独自扶养6小孩，为响应当局扫黑，慨捐新台币21万元，作为警员安全基金。

6 台湾地区跻身世界长寿地区，男性平均寿命达70岁、女性达75岁。

1985

1 "十信弊案"爆发，台北第十信用合作社理事会主席蔡辰洲利用人头贷款及违规放款，致使库存现金不足，消息走漏引发挤兑，数千存款户毕生积蓄付诸东流，多名党政高层也因本案下台。

2 高中毕业考，本学年度起废止。

3 "劳基法"正式施行。

4 赖声川导演，李国修、李立群主演的舞台剧《那一夜，我们说相声》，开创台湾现代剧场新纪元。

5 洋烟洋酒开放进口。

6 老公不满老婆吵架后跑到友人家中哭诉，伙同弟弟持刀将友人兄弟砍伤。

7 年关将近，假酒充斥市场，北市松山区某酒廊老板被查获200多瓶未贴标签的XO。

8 初生女婴被弃在三爱医院附设的"弃婴之家"门口，院长暂时将女婴安置。

9 台湾第一名试管婴儿在北市荣总诞生。

10 昔日"西门之花"情场失意又染毒瘾，令人不胜唏嘘。

11 知名谐星许不了因心脏衰竭病逝。

12 "阿秋槟榔"开创槟榔贩卖新形态。

13 "公卖局"以泰国进口的毒玉米制酒，疑似含有黄曲霉素，相关产品全面停售。

14 德泰油行负责人林德卿提炼劣质馊水油贩卖给台北夜市摊商及小吃店，10年牟利破5000万元。

15 农民健康保险开始试办。

16 金光党设圈套，男子被骗百万，还一度谎称是被抢劫。

1986

1 吴新华强盗集团5年杀害14条人命，"杀人魔"恶名震栗全台。(1982 — 1986)

2 48岁不孝女任母亲遗体在马偕医院太平间放置6年，被依遗弃尸体罪起诉。

3 孙越担任董氏基金会义工，呼吁"拒吸二手烟"，广获各界响应。

4 第三代台北火车站开始拆除。(1986.3.1)

5 建商想还清高利贷借款，地下钱庄负责人不仅避不见面，还提示抵押支票，害建商商誉不保。

6 "行政院"核定台北都会区大众捷运系统初期路网。

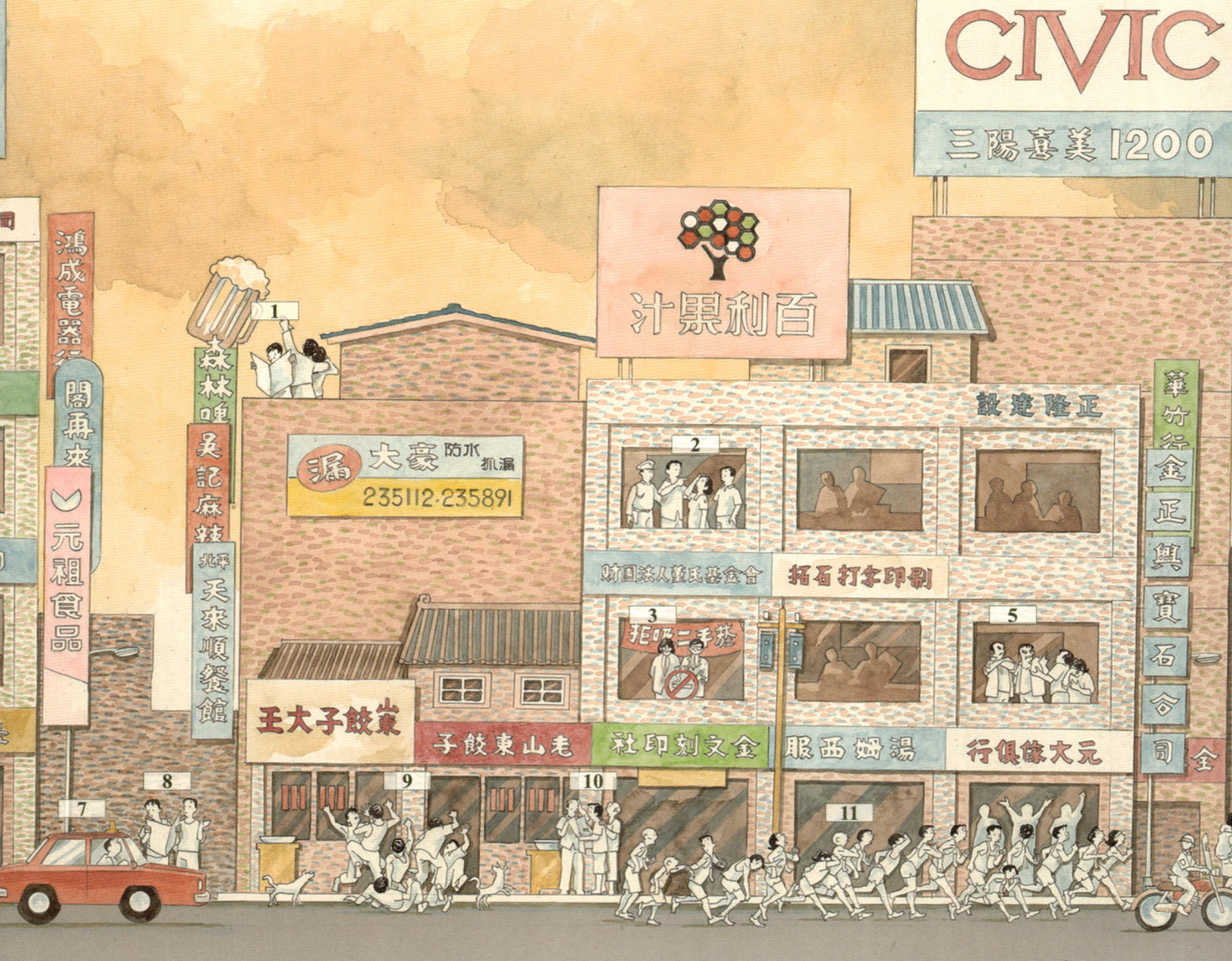

7 为遏止车行剥削，"交通部"全面冻结出租车营业牌照。

8 台湾全面换发新身份证。

9 因抢客人结梁子，两家水饺店大打出手，10人送办。

10 加值型营业税施行，税率5%。

11 首届台北"国际马拉松"比赛开跑。

12 华航334号货运班机自曼谷飞往香港途中，遭机长王锡爵劫持飞往广州白云机场降落。

13 林宗诚集团纵横全台强盗杀人，犯下抢劫、夺枪杀警案及其他刑案超过200件；成员竟然还有在职警察温锦隆，震惊社会。(1983—1986)

14 南台湾出现毒牡蛎，工厂将清洗废五金的废酸液直接排入二仁溪中，下游出海口养殖的牡蛎因吸收铜离子，颜色逐渐变绿，长期食用会伤害肝脏及消化系统。

15 "大家乐"旋风席卷全台，民众涌入大小庙宇求明牌。

16 "大家乐"赌风造成多人倾家荡产，治安问题层出不穷，政府只好停办"爱国奖券"。(1987.12.27)

17 两匪徒骑车持枪欲抢银行出来的会计，反被眼尖的老板开车追撞，造成匪徒1死1伤，还让警方得以循线破获涉及数十起重大刑案的林宗诚犯罪集团。

18 卡拉OK成为最时兴的休闲娱乐，但为点歌或抢麦克风起争执也屡有所闻。

1986-1987

1 丈夫车祸受伤瘫痪，洪张英撑起一家生计，抚养5名子女及年迈婆婆，传为地方美谈。

2 股价指数首次突破千点，台股创24年来最高。

3 男子异想天开，偷走老婆9万元私房钱，然后自捆手脚谎称被抢，结果被拆穿遭判刑。

4 近百名出租车司机前往"立法院"陈情，抗议车行剥削，希望打破垄断的"靠行"制度，开放个人车行牌照。

5 台北女篮首度进军世界杯，赴莫斯科参加第10届世界女子篮球锦标赛。

6 王瀚以8小时3分泳渡直布罗陀海峡，是首位挑战成功的华人。

7 "教育部"宣布废除发禁。

8 "财政部"宣布自 1989 年 1 月 1 日起恢复课征证交税,造成股市下跌长黑 19 天。(1989.1.1)

9 抗议进口快餐售价太高,主妇联盟发起抵制活动。

10 新台币兑美元汇率涨破 35 防线;台湾地区外汇存底破 500 亿美元,名列世界第二。

1987

1 警方破获大型牛郎应召站卖淫案，96 名男子涉卖淫，其中不乏大学生、高中生等知识分子。

2 第二高速公路动工兴建。

3 11 岁少女跷家当雏妓，陪宿 62 岁老翁被捕，父亲希望女儿接受感化教育。

4 屠宰税走入历史，屠体不再盖满验戳。

5 "环保局"规定回收宝特瓶，落实污染防治。

6 少年失恋后在双手刺青，表达对前女友的眷恋，但又后悔担心交不到新女友，因此赴警局求助，警察也无能为力。

7 "经济部"商品检验局将儿童玩具纳入检验，提升台湾产玩具安全标准。

8 台币升值影响外销订单，迫使业者转往国外投资。

9 当局宣布解除戒严，"动员戡乱时期国家安全法"同日施行。

10 北市青果业者罢市，抗议台北农产运销公司剥削。

11 屈臣氏登陆台湾，带动药妆连锁店兴起。(1986.8)

12 为保升学率，北市各中学纷纷到邻近学区拉学生，造成越区就读问题。

13 飙车歪风从北市大度路蔓延至全省，造成不少年轻人丧生，警方虽动用大批警力取缔，但未能有效遏止。

14 台北市立动物园搬新家到木栅，数十万民众夹道欢迎，争睹动物乔迁大游行。
(1986.9.14)

1987

1 圆山动物园大门右侧兴建台北市第一条地下人行道。(1964.9.20)

2 证券交易活跃，课税频频超收，创股市开市 25 年最高纪录。

1987-1988

1　"老兵返乡探亲运动"展开，要求当局开放大陆探亲。

2　开放探亲酿家庭悲剧，妇人担心老公返乡找原配，趁老公熟睡时泼洒毒液，自己和儿子也受波及，3人被送往医院急救。

3　股市连日重挫，数百名投资人走上街头，抗议当局干预股市，导致股价下跌。

4　"行政院"宣布12月起开放民众赴大陆探亲，即日起由红十字会受理登记。

5　统一饮料遭下毒，食品业者闻之色变。

6　台湾爆发第一起"千面人"犯案，梁国平、张聪南及黄文忠将氰化物毒液注入统一蜜豆奶，先造成台中县两名女童中毒身亡，随后打电话向统一公司勒索1500万元，警方据报在台南市将3人逮捕。

7 信谊幼儿图书馆启用，是台湾第一座幼儿图书馆。

8 妇人代夫顶罪，被判刑后，丈夫突然自首，坦承自己才是"大家乐"组头。

9 色男穿胸罩和三角裤伴装女人，混入公共温泉浴室意图偷窥遭识破，被扭送警局。

10 南阳实业公司承认，370辆遭琳恩台风泡水的喜美汽车已流入市面。

11 发行37年9个月的"爱国奖券"，正式喊停。

12 报禁解除，报纸开放登记及增张。

13 已有3次窃盗前科的10岁女童，在力霸大酒楼行窃又失风被捕。

14 妇人遭金光党搭讪，被骗走现金50万。

15 "柏青哥"（小钢珠游戏机）解禁。

1988-1989

1 蒋经国病逝,李登辉继任。

2 台湾红十字总会开办寄往大陆地区的信函业务。

3 小学女童误搭贼车,遭出租车司机绑架勒索 70 万元。

4 吴荣根控告前女友及其家人诈欺。

5 跆拳女将陈怡安、秦玉芳,双双摘下汉城奥运跆拳道示范赛金牌。

6 中正机场演闹剧,一家人为争两亿遗产扭作一团。

7 男子假冒和尚化缘行骗,大开荤戒遭识破。

8 前台北市消防局局长之子禹建忠,连续袭击女子劫财,两年内在士林地区犯案 26 起,被称为"士林之狼",5 名妇女因此伤重死亡。(1986—1988)

9 台北市公交车开放设置车厢外广告。

10 女友拒签"爱的诺言契约书",遭狠男泼毒液。

11 妇人带儿女及邻居女童到西门町行窃,失风被捕,警方以涉嫌教唆扒窃等罪名将其移送法办。

12 赌"大家乐"欠巨债,男子找拾荒者乔装投资公司董事长,吸金高达1亿余元。

13 财团大炒土地,地价飙涨,农地萎缩。

14 台湾"环保署"禁止多氯联苯使用于食品工业。(1988)

15 台北舶来品售价高居全球8大城市第2位。

1989

1 管钟演强盗杀人集团在大台北犯案累累，两年间夺走 7 条人命。(1988—1989)

2 "台北之狼"张正义利用出租车挟持被害人劫财劫色，共有 6 名妇女惨遭奸杀弃尸，是台湾第一起连续性侵杀人案。

3 台北股市日成交值破千亿元。

4 台股开户人数突破 300 万。

5 台湾经济狂飙，《人间》杂志封面出现"台湾钱淹头壳"标题。

6 台湾第二大地下投资公司龙祥机构，突然宣布停止出金。

7 桃园第一高尔夫球场官商勾结弊案，"法务部长"萧天赞遭指涉嫌"关说"，自请下台。

8 会员制俱乐部蔚为风潮，会员证价格不菲，被视为财富与社会地位的象征。

9 台湾钱淹脚目，大富豪、花中花等高档消费酒店林立。

1989

1 妇人因股票被套牢，持房地契向地下钱庄借款又遭坑骗，愤而控告林某等3人诈欺。

2 前"中姐"凌蕙蕙因奖金争议遭摘除后冠，愤而发表《我的控诉》，指控台北市观光协会理事长周乃嵩利用"中姐"当交际花，破坏"中姐"形象。

3 男子积欠赌债遭债主拘禁，从浴室丢出求救字条才脱险。

4 周幸川夫妇非法吸金高达36亿元，上千股友遭诈骗。

5 "无住屋者团结组织"发起夜宿忠孝东路抗争活动，35万"无壳蜗牛"参加。

1989

1 为帮情郎创业借高利贷，反被卷走2000多万元，而后情郎与夏文汐结婚，女星邓玮婷泣诉男友黄冠博是感情骗子。

2 抗议著作权法修正草案不公，录像带出租业者集体罢市3天。

3 吴奇隆、苏有朋、陈志朋组成的"小虎队"，红遍大街小巷，风靡无数青少年。

4 妇人遇上金光党，提领130余万元，被以一包糖调包全没了。

5 金马奖扩大为国际影展，增加国际影片竞赛项目。

6 弃婴认养传美谈，萧姓妇女在环亚百货门口遇到妇人借口托婴却一去不回，于是好心收养女婴。

1990

1 台湾最大的地下投资公司鸿源机构爆发财务危机，20万投资人遭牵连，金额高达900亿元。

2 可怜雏妓"秋花"随老鸨卖淫被查获，曾遭兄长及生母两度推入火坑。

3 无良老爸因积欠大笔赌债，竟伙同朋友绑架亲生女儿，并向自己的父亲勒索 2000 万元。

4 《大成报》创刊，以影视及体育新闻为主。

5 父亲病逝留下 2 亿元遗产，引来亲戚觊觎，闹得鸡犬不宁，7 名子女只好躲进警局做功课。

6 台湾职棒元年开赛，统一狮以 4：3 击败兄弟象。

7 电信局女员工翘班到证券公司炒股，巧遇情敌大打出手，判赔两万元。

8 糊涂行员将外籍女子定存金额 7.5 万元误载为 75 万元，幸法官调阅录像带，计算点钞机秒数，判银行胜诉。

9 单亲妈妈欠分期付款 4 万元未缴，遭法院判刑并羁押将近 4 个月；经报纸披露后，引起各界关切，终获保释返家与女儿团聚。

10 统一超商与 DHL 合作，在全台 438 家 7-11 门市提供国际快递服务。

11 台湾华航职员刘艳玲、陈丽惠取得商业飞机飞行执照，成为台湾首批民航机女驾驶。

12 《花花公子》台湾版因内容涉及妨害风化，发行人和总编辑被移送法办。

1990

1 台北市交通大队执行违规拖吊，竟将车内的 3 岁小男孩一并拖走，并弃置在拖吊场达 90 分钟。

2 老千假装到衡阳路宝岛钟表公司买表，伺机偷走橱窗内 4 只名表，价值超过百万。

3 张姓士兵疑不堪老兵欺凌，携械逃亡打算自杀，并挟持尚姓夫妇，幸两人保持冷静，力劝他弃械投案，才化解危机。

4 大学生沉迷电玩欠下赌债，竟持刀抢劫，当场被逮，后悔莫及。

5 受伊拉克入侵科威特等国际危机影响，台湾股市一路崩跌达 78%，创最大跌幅。

6 警察广播电台首度利用直升机进行路况报道。

7 台北市发行"爱心奖券",掀起民众抢购热潮。

8 由高雄县路竹乡精神病患组成的"龙发堂大乐团",在台北中山纪念馆演出。

9 15岁孙儿与阿嬷相依为命,不思孝顺,竟把她辛苦拾荒的8万余元积蓄全部偷走。

1991

1 诚品在台北市仁爱路圆环开了第一家书店，1995 年迁至敦南现址，1999 年首创 24 小时不打烊。(1989.3.12)

2 "天龙三温暖"大火，18 人命丧火场；业者用砖块封死通道，是伤亡惨重主因。

3 "只要我喜欢，有什么不可以"，司迪麦口香糖广告词引起争议，遭禁播。

4 不满女儿烫发被挥剪修短，家长竟把中学女老师的头发也剪下一把，被提起公诉。

5 "小黄"来了，"交通部"规定出租车一律改喷黄色。

6 统计去年亚洲四小龙经济增长率，中国台湾地区敬陪末座，民间资金大量流向大陆。

7 大陆机械零件转销台湾成长惊人，两岸贸易产生结构性变化。

8 第一批引进的 31 名外劳抵台，15 日正式开工。

9 窃贼专偷公用电话，作案超过百次，昨天凌晨落网。

10 男子向地下钱庄借贷近 200 万元，因无力偿还而遭暴力讨债。

11 "荣民"衣履光鲜被金光党误为肥羊，3 骗徒发现他仅有存款 4000 元，愤而把钱抢走。

12 15家民营银行核准设立。

13 李登辉颁赠证严法师"慈悲济世"匾额,表彰慈济功德会行善济世。(1989.10.28)

1991-1992

1 老兵台湾老婆过世后，想和大陆原配恢复婚姻关系，不料到户政事务所办理，却触犯伪造文书罪。

2 电话交友业者无法可管，少女无知受骗频传。

3 女子误信美容院洗头小姐，拿出100多万元炒股，事后发现被骗，愤而提告。

4 歹徒陈希杰伙同潘哲明在台北县市7家麦当劳放置炸弹，向台湾麦当劳勒索600万元；刑事局防爆小组队员杨季章在民生东路麦当劳拆除炸弹时不幸殉职。该案件是台湾首件炸弹恐吓勒索案。

5 "明星唱片超市"开幕，首见计算机化经营管理唱片销售。

6 范丽青、郭伟锋来台采访闽狮渔船事件，是40多年来大陆媒体首次抵台。

7 金光党伴装凯子，以劳力士金表为饵，双姝被诱遭下迷药劫财。

8 日本女星宫泽理惠裸体写真集在台引发抢购。

9 李姓兄弟与母亲声称有六合彩明牌，诈骗金额近亿元，被台北市调处移送法办。

10 为弥补老婆生前花掉的大笔医药费，老公竟在妻子灵堂聚赌抽头。

11 菜贩到士林分局控告老婆卖掉3名亲生子女，遭妻反控"老公不顾家，无力独自抚养，才将小孩送人"。

12 台湾废止《携带外币出入境限制办法》，开放黄金自由进口、白银自由进出口。

13 台湾全面取缔MTV播映未合法授权录像带及影碟。

14 2女向老"荣民"谎称可低价办理返乡探亲，然后伺机在饮料里下迷药劫财，已有10余人受害。

15 台北市健康幼儿园举办校外旅游教学，游览车电线走火引发火烧车，造成23人不幸死亡，老师林靖娟为抢救学童葬身火海。

16 1958年5月成立的"台湾警备总司令部"正式裁撤。

17 台北市中山分局临检林森北路六三酒吧，8名陪酒小姐坦承曾出场陪宿。

1992-1993

1 龙江路民生别墅发现辐射钢筋，辐射屋引发社会关注。

2 解除婚约闹进法院，女方要求索还200多万元金饰并请求精神慰藉金300万元。

3 儿孙移居美国，老伴中风住院，93岁独居老人因洗完澡无力起身，被发现时已泡在浴缸3天。

4 3岁女童陈以恬遭歹徒掳走6年，母亲长年以泪洗面，盼各界协寻。

5 走失男童辗转被人收养，时隔两年多，才重回父母怀抱。

6 "出租车之狼"陈明华强将女子拖进大厦地下停车场施暴，遭居民发现，群起围殴。

7 英国前首相撒切尔夫人来台访问。

8 《金赛性学报告》在台湾出版，销售量达16万册。

9 男子脚踏两条船，结婚又跟小三生子，原配怒告其重婚，法院却判无罪。

10 神话世界KTV遭醉酒出租车司机纵火，16人不幸丧生火窟。

11 痴情男求婚遭女方母亲反对，多次跪在女友家门外，都被用扫帚驱赶。

12 无照酒驾男子失控撞上路灯杆，造成车上1死5伤。

13 论情西餐厅凌晨发生大火,因逃生门堵死,受困民众从2楼跳窗逃生,这宗疑似人为纵火案造成33人枉死。

14 "有线电视法"公告施行,有线电视正式开放。

15 景兴与景美两校中学生疑因争风吃醋,准备械斗,经大批警员驱散,当场逮捕8人。

1993

1 中国大陆民航机爆发"劫机潮",1993年有21架客机遭劫,其中10架被劫往台湾地区。

2 男子梁兴登不满卡尔登理容院老板欠债不还,以引火自焚的方式纵火,造成21人惨死。

3 12岁女童智能不足且半身瘫痪,不但被母亲当成行乞工具,还沦为胡姓继父的泄欲对象,警方将两人移送法办。

4 女子搭公交车打瞌睡,长发竟遭陌生男子剪掉,事后该男子赔偿2000元了事。

5 同志运动家祁家威在街头发放保险套,倡导安全性行为及艾滋病防治。

6 南非"非洲民族议会"主席曼德拉抵
台访问，与李登辉会晤。

1993

1 流行音乐巨星迈克尔·杰克逊来台举行"危险之旅"演唱会。

2 台湾地区老年人口突破7%，老化速度居全球第一。

3 兴雅中学惊传校园暴力事件，高姓学生伙同10名少年，闯入教室挟持老师并殴伤1学生。

4 夫妻因细故争吵，老婆想拿烟灰缸砸老公，反遭压在地上 4 小时，法院依妨害自由罪，判处老公拘役 30 天。

5 退伍军官只买一杯豆浆，被伙计依"光买豆浆 敬请勿坐"的店规请出门，两人爆发冲突，大打出手。

6 地下钱庄太夸张，借贷 80 万元，当场被扣 20 万利息，两个月后更利滚利达 230 万，商人无力偿还，遭暴力讨债。

7 上千名佛教徒齐聚七号公园（后改名大安森林公园），发起"观音不要走"请愿活动，希望保留园内观音像。
(1994.2.19)

1994-1995

1 新光摩天大楼正式启用，楼高51层，成为台北市新地标。

2 17岁逆子要不到钱，就对68岁老父拳脚相向，老父无奈只好报警。

3 菲佣不满雇主违反就业服务法，强迫她从事其他工作，赴警局提告。

4 台湾首位曝光艾滋病携带者林建中，呼吁社会正确认识艾滋病。

5 "二哥大"移动电话（CT-2）开放民营。

6 戈尔巴乔夫访台。

7 卫生工程公司真不卫生，长期将水肥偷倒在下水道，遭愤怒居民报警抓人。

8 男子假扮和尚在龙山寺前托钵，还兼表演国术赚钱，被以欺诈罪移送法办。

9 66岁老翁偷脚踏车不慎摔伤，警员自掏腰包赠拐杖，车店老板也愿协助其就业。

10 "女书店"开幕，为台湾第一家女性主义专业书店。

11 巨星钻KTV因电线走火引燃招牌，火势迅速延烧整栋大楼，13人不幸丧生。

12 违建就地合法，台北市政府宣布，1994年年底前建造的顶楼加盖属"既存违建"，可获缓拆；1995年后的新违建则即报即拆。

13 穿墙大盗林进发凿穿华南银行大稻埕分行金库，搬空现金9000多万元，是台湾有史以来金额最高的银行窃案。

14 全民出租车队戴姓司机因停车纠纷被杀，车队占据德惠街设灵堂公祭，翌日警方强制驱离，引发警民流血冲突。

15 选举期间，不同出租车队或司机与乘客之间，常因政治立场发生纠纷及冲突事件。

16 "中央健康保险局"正式成立，3月开始实施全民健保。

17 两名女会计遭两名摩托车抢匪抢走装有200万元的现金袋，抢匪逃逸途中一路掉钱，最后追回100万元。

1995

1 台大女生宿舍放映 A 片，引发社会舆论激辩。

2 快乐颂 KTV 凌晨遭一名青少年以汽油弹纵火，造成 11 人不幸丧生。

3 警方在全台执行"旭日项目"，大规模临检深夜未归的青少年。

4 歌星邓丽君气喘病发猝逝泰国清迈，
享年43岁。

5 松山慈惠堂许愿池遭窃，两小偷以雨
伞和口香糖粘池底硬币被逮。

1995

1 北市府于新生南路为青年学子举行街头飙舞活动。

2 以布庄街闻名的衡阳路发生大火，18家老字号布庄、银楼付之一炬。

3 病死鸡流入市面，制成盐酥鸡及鸡排贩卖，恐危害身体健康。

1995-1996

1 全民出租车与大丰出租车在公馆圆环擦撞，双方各自以无线电呼叫动员，引发街头大混战。

2 为挽救房市、提振景气，"央行"祭出 800 亿元低利贷款。

3 "网咖"快速兴起，成为热门约会地点。

4 瓦斯车上路，台湾第一家合格瓦斯车安装厂开幕。

5 出租车司机罗赞荣，车子被歹徒偷去作案，还被警方误认为"出租车之狼"，遭法院一审判刑 13 年。

6 2女金光党装疯卖傻行骗，62 岁妇人上当，百万现金和首饰被调包成一堆面条。

7 84 年全民捐血量，平均每百人 6.6 袋。

1996–1997

1 捷运木栅线正式营运，是台北捷运第一条通车路线。

2 "饥饿三十"爱心募捐活动迈入第 7 年。

3 名格、明崎等无良商家从澳大利亚进口饲料奶粉充当食用奶粉，卖给食品加工业者，危害消费者健康。

4 作家许佑生与男友葛瑞公开举行台湾第一场同志婚礼，引发关注与讨论。

5 职棒再度爆发签赌事件，涉嫌受贿打假球的球员达数十名。

6 琉璃工房举行10年大展。

7 被控利用分身显相照片向信徒诈财30亿，宋七力获判无罪。

8 飞碟电台开播。

9 福建湄洲妈祖金身首度来台，今举行起驾仪式，全台十多座宫庙、近200名信徒前往迎接。

1997

1 原由高雄飞往台北的远航128号班机，在台湾旅客刘善忠身淋汽油威胁下，被劫往厦门高崎机场，机上158名旅客和机组人员，当晚搭乘原班机返回台北，劫机犯被扣留侦办。

2 延吉街一栋7层楼公寓傍晚发生火情，消防局出动消防车、云梯车抢救，6名住户顺利脱困。

3 台湾暴发口蹄疫，当局进行紧急防疫，扑杀 400 万头病猪，养猪业损失惨重。

4 艺人白冰冰女儿白晓燕，在林口住家附近遭陈进兴、林春生、高天民三名匪徒绑架并勒索 500 万美元，后遭凌虐杀害弃尸，警方展开全面追缉，林春生、高天民在逃亡过程中被击毙。

5 一名警员为求绩效，竟唆使友人谎报汽车失窃，却在报案时遭识破。

1 台湾戏剧院及台湾音乐厅正式启用。
(1987.10.6)

2 中正纪念堂落成并开放参观。
(1980.4.4)

3 台北首度举行国际狮子会年会，来自161个国家和地区、近4万名狮友参加。(1987.7.1)

4 台湾爆发"野百合学运"（又称"三月学运"），在1990年3月16日至3月22日期间，最多有将近6000名来自全国各地大学生，在中正纪念堂广场静坐要求民主改革。

5 多明戈、卡雷拉斯、黛安娜·罗斯的二王一后"跨世纪之音"演唱会，在中正纪念堂广场举行，吸引将近70000名观众。(1997.5.20)

6 环保团体在中正纪念堂广场举行台湾首次地球日（Earth Day）活动。（1990.4.21）

1997-1998

1 京剧名伶顾正秋与胡少安在台湾戏剧院演出《龙凤呈祥》。(1990.06.05)

2 "骑乘摩托车须戴安全帽"规定即日起实施,违者罚款500元。

3 第4家无线电视台"民视"开播,是台湾第一家民营无线电视台。

4 台北市上百名公娼蒙面上街头,到市政府与市议会陈情,希望暂缓废娼。

5 "华航"676号班机在桃园国际机场附近失事坠毁,并波及民宅与汽车,共造成202人死亡,其中包括许远东夫妇,史称"大园空难"。

6 台北捷运淡水线全线通车,当日运量14万人次创新高。

7 歌手张雨生发生车祸,陷入昏迷,11月12日不治死亡。

8 白晓燕命案主犯陈进兴闯入北投行义路南非武官卓懋祺官邸,挟持一家5口,与警方对峙24小时后弃械投降,全案终告侦破。

9 北市舟山路与顶好商圈出现"割脸之狼""割腿之狼",警方呼吁夜归妇女提高警觉。

10 何姓妇人疑因精神异常,到北一女校门口泼洒硫酸,19名女学生及1名路人被灼伤送医。

11 误信报纸"信用卡贷款"广告,50位民众刷卡买机票换现金,不料歹徒拿到机票就逃逸。

12 北市交通大队开始强力查处醉酒驾车,违者处6000元罚金。

1998

1 陈姓男子持刀挟持公交车逾两小时后弃械投降，人质平安获释，陈男被依杀人未遂罪起诉，但法院以其精神异常，最后判决无罪。

2 台湾版《花花公子》遭台北地方法院判决为猥亵刊物。

3 17岁少女卡雅从澳大利亚来台寻亲，凭着儿时照片及眼角胎记寻获生母。

4 吴姓女子触犯民航有关规定遭法院判刑5个月，成为飞机上使用手机的首宗判例。

5 前警大电算中心主任郭振源利用职务之便，收受6名考生贿赂以窜改考试成绩，收贿数百万元，遭到逮捕。

6 《2100全民开讲》1994年首开台湾电视政论节目先河，随着民主开放与媒体市场化，政论节目日益蓬勃。

7 "华山艺文特区"正式启用。

8 "隔周休二日"正式施行。

1998-1999

1 争睹世纪末天文奇观，狮子座流星雨掀起观星热。

2 一名香港旅客从凯悦饭店搭出租车到国泰医院，司机竟趁他下车之际强将行李载走。

3 华裔音乐家林昭亮、马友友与钢琴大师布朗夫曼首度在"国际巨星音乐节"同台演出贝多芬《三重协奏曲》，震撼台湾乐迷。(1997.3.9)

4 肠病毒肆虐，全台出现上百万个案，78人死亡。

5 万华区林姓女子因邻居的鸡啄食家门前花木，把鸡捆绑起来，黄姓主人得知后，愤而持拐杖将林女打到送医急救。

6 台湾成为WTO特别关税区前夕，传出米酒将大幅涨价，引发商家囤积与民众抢购。

7 公卖局宣布停止供应稻香酒及红标米酒，改推"稻香20度米酒"。

8 台北市摊贩年收入200万元以上者超过三成。

9 "立法院"三读通过"烟酒管理法"，开放民间可以公开方式参与烟酒产销，台湾实施近50年的烟酒专卖制度宣告结束。

10 麦当劳首度推出"凯蒂猫"（Hello Kitty）玩偶，掀起全台抢购热潮。

1999

1 无良厂家私酿米酒添加"甲醇",造成数十人死亡并有多人失明。(1998—2002)

2 澳大利亚无尾熊在台北市立动物园正式亮相。

3 芮氏规模7.3的"921大地震"撼动全台,是台湾光复后伤亡损失最惨重的天灾;光是北市东星大楼倒塌,就造成87人罹难。

4 出租车司机与乘客大打出手，双双挂彩；司机指控乘客企图行抢，乘客指司机故意绕路，双方各执一词。

1999-2001

1 美国著名高尔夫球选手老虎伍兹来台参赛，掀起旋风。

2 北市府为响应国际双胞胎日，集合3961对双胞胎大会师，创下吉尼斯世界纪录。

3 政经情势不佳，新台币兑换美元汇率贬破33元重要关卡。

4 大安分局破获专在公园偷摩托车财物的青少年窃盗集团，犯案近百件，不少谈情说爱的情侣成为其下手对象。

5 "台湾彩券"发行，类型包括：大乐透、威力彩、今彩539、38乐合彩、39乐合彩、49乐合彩、3星彩、4星彩、BINGO BINGO 宾果宾果、刮刮乐等。

6 父母逛夜市却把 4 岁女儿丢在车上，警方获报赶至现场，比手画脚教会小妹妹摇下车窗，才顺利救出。

7 中度台风纳莉造成台北市 50 年来最严重水患，市区多处主要道路及台北捷运板南线、淡水线、台北车站等地均遭淹没，交通几乎瘫痪。

8 两男伪造"鸡尾酒疗法""让你酷"等减肥药牟利，被移送法办。

9 "行政院"宣布停建核四厂。

10 刮刮乐诈骗集团以中奖为由，要求先汇 15% 税金至指定账户，陈姓出租车司机被骗 100 多万元，警方循线逮捕两嫌犯。

11 色狼在公交车上偷摸女学生臀部，司机把车直接开到警局报案。

12 警方全力查缉盗版光盘，兵分多路搜查光华商场等 16 处地点，查扣非法光盘上万张。

13 光华商场开业，台北市利用新生南路光华陆桥下的公共空间设立商场，安置牯岭街旧书摊与辽宁街、八德路的违建摊贩，共计摊位 200 余个。(1973.4)

14 妇人搭捷运因喉咙不适，服了陌生女子的喉糖后失去知觉，醒来时身处坪林山区，随身 5 万多元被洗劫一空。

15 富家女误信刮刮乐、信贷诈骗集团，1 天内被骗走 240 万元。

16 罗赞荣被误认为"出租车之狼"，遭法院判 13 年并入狱 2 年多，终于沉冤得雪，获冤狱赔偿 250 余万元。

17 "华航" 611 号班机飞往香港途中，在澎湖外海失事坠毁，机上 225 名乘客及机组人员全部罹难。

18 外省挂"竹联帮"刘姓大哥和本省挂"风飞沙帮"冯姓老大联手，伙同不法征信公司恐吓勒索，暴力讨债。

2001-2002

1 台北市葬仪公会理事长勾结黑帮分子，垄断大台北地区葬仪生意，遭警方逮捕。

151

1 "行政院"开会通过,2002年1月1日起有条件开放大陆人士来台观光。

2 检方侦办景文集团弊案，起诉"教育部"前"部长"杨朝祥等33人。

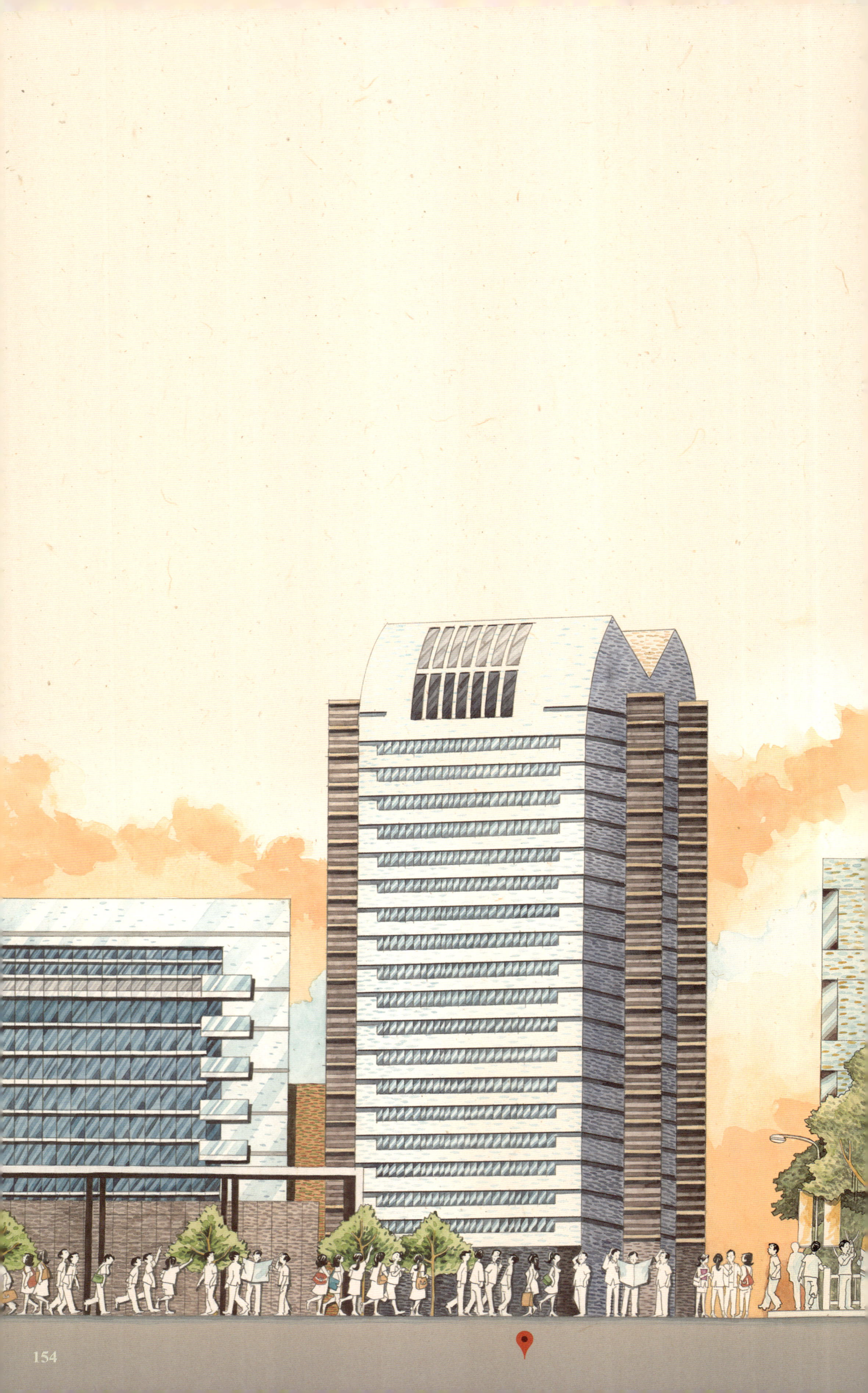

2002

1 前身为美国驻台北领事馆的"台北之家"正式开馆,成为以电影文化为主的艺文展演空间。

2 "环保署"推动限用塑料袋和塑料免洗餐具政策,鼓励民众自备购物袋与餐具。

2002-2003

1 大陆台商春节包机首航，"华航"CI585客机于清晨3点55分从中正机场起飞，途经香港后飞抵上海浦东机场，为台湾航机54年来首次降落大陆地区，并搭载242位台商及眷属返台。

2 "交通部"开放重型摩托车合法上路。

3 台北市立和平医院暴发SARS严重疫情，千余名病患及医护人员遭无预警封院，至5月8日院内最后一批人员撤离才告一段落。

2003-2004

1 调查局检验市售冷冻牛肉,发现有不良商家以低价的袋鼠肉、马肉、海龟肉充作牛肉高价贩卖。

2 台湾《苹果日报》正式创刊。

3 张姓商人背妻金屋藏娇,张母陪儿媳捉奸,拿锅铲追打儿子及情妇。

4 "内政部"统计指出,大陆女子来台结婚次数最多达9次,被喻为"黑寡妇";结婚3次以上将近4000人,潜藏假结婚及觊觎"荣民"遗产等犯罪行为。

5 诈骗集团手法多,又有3名高学历男女上当,分别向财神庙购买彩券头奖号码、误信国税局退税通知及中奖简讯,损失3万元至41万元。

6 诈骗集团首脑李朝裕,利用刮刮乐诈财,两年行骗全台获利数亿元。

7 少女流浪内湖大卖场,吃住半个月,经报纸披露后,已被安置到慈善机构。

8 无良医护人员转卖管制药品给毒虫,有人因一时好奇染上药瘾。

9 医疗失误又传悲剧,护士误将肌肉松弛剂当成B型肝炎疫苗施打,造成新生儿1死6伤。

10 市售加工素食 7 成以上含荤，立委要求重罚黑心业者。

11 高凌风代言"火鸟咖啡"被验出壮阳药，无良厂商遭追究刑责。

12 《苹果日报》头版摆乌龙，邱姓前"立委"照片被误植为谢姓通缉要犯，害邱某在餐厅被获报的警方逮捕。

13 建商疑因工程纠纷被掳 3 天后获释，警方锁定对象侦办中。

14 精神科名医出新书涉抄袭，被法院判处 4 月徒刑。

15 两名女金光党假扮身怀巨款的智障女，"荣民"受骗上当，140 万元现金被调包成牛奶。

16 人假蛇威，不给钱就放蛇咬。

17 妇人因久病厌世从 12 楼跳下，正好压到无辜骑士，两人均告不治。

18 35 年前吃票，车掌自首忏悔。

19 冒牌赃车违规，正牌车主收罚单，警方循线逮两嫌。

20 北二高信义支线工程坍塌，工人 2 死 6 伤，检方将追查是否偷工减料。

21 信用卡盗刷集团出新招，偷接钟表公司电话又骗授权码，成功盗刷名表。

22 女网友不甘遭网络男虫骗财骗色，用假名钓他上钩，再报警抓人。

23 假记者真行骗，新人痛失喜宴订金 56 万元。

2004-2006

1 贩卖重组牛肉，多家知名连锁牛排店赫然上榜。

2 统一超商爆食安问题，多款三明治生菌数超标。

3 稻米镉污染，3万公斤遭销毁。

4 肉粽老店惊传掺入病死猪肉，店家主动要求销毁两万多颗，并向供货肉商提告求偿200万。

5 喂猪劣质粉浆制成淀粉冒充进口货，冈泉食品被警方查获，疑似还制造黑心假酒牟利。

6 黑心冬瓜茶被查获，原来是冬瓜精加糖粉。

7 婚友社真难赚，6万元包结婚。

8 燕窝也造假，北市卫生局抽验发现，市售近6成是树脂、海藻、白木耳等制成的假燕窝。

9 黄姓男子制造贩卖假药，全台百余家西药房涉案。

10 司机情关难过，自爆瓦斯灼伤送医。

11 老爷酒店柜台盗刷信用卡，30余房客受害。

12 遭狠父殴打送医急救，幼女颅内出血宣告不治。

13 没品男插队买面包，竟打断劝阻妇人4颗牙。

14 女骑士撞死老妇人，还伪装目击者提供假情资，遭警方拆穿。

15 报案宣称邮局存款遭盗领，监视器却显示自己提款，妇人吃诬告官司。

16 药剂师欠债未还，殃及无辜邻居，住户钥匙孔被灌三秒胶。

17 为让面条更 Q 更白，制面厂违法添加双氧水及防腐剂，长期食用恐致癌。

18 北市卫生局抽验一家卤蛋加工厂，发现卤汁防腐剂含量超标 3 倍，现场环境脏乱，卫生堪虞。

19 市售养殖石斑鱼被检出含有孔雀石绿禁药残留，并已流入家乐福等卖场销售，商家表示消费者可凭发票退换货。

20 台糖经理林英华以低廉饲料酵母粉充作一般酵母粉，牟利上千万；制作的黑心健素糖已卖 13 年，台糖紧急下架并宣布停产。

21 饲主伪造狗病历，诳称食用狗食致死，向美商公司诈偿近 200 万元，遭检方起诉。

22 诈骗集团新手法，吃药装昏迷，向西药房索赔 60 万。

23 瑞银外汇交易员违法炒汇，客户亏损 3 亿元。

24 前科累犯偷香油钱不成，竟放火烧土地公神像。

25 不向命运低头，身障少女刘忆年如愿考进北一女就读，但住家往来学校的交通问题，尚待社福单位协助解决。

26 夜市黑心卤味标榜独门秘方，其实是用廉价酱油掺色素粉腌制。

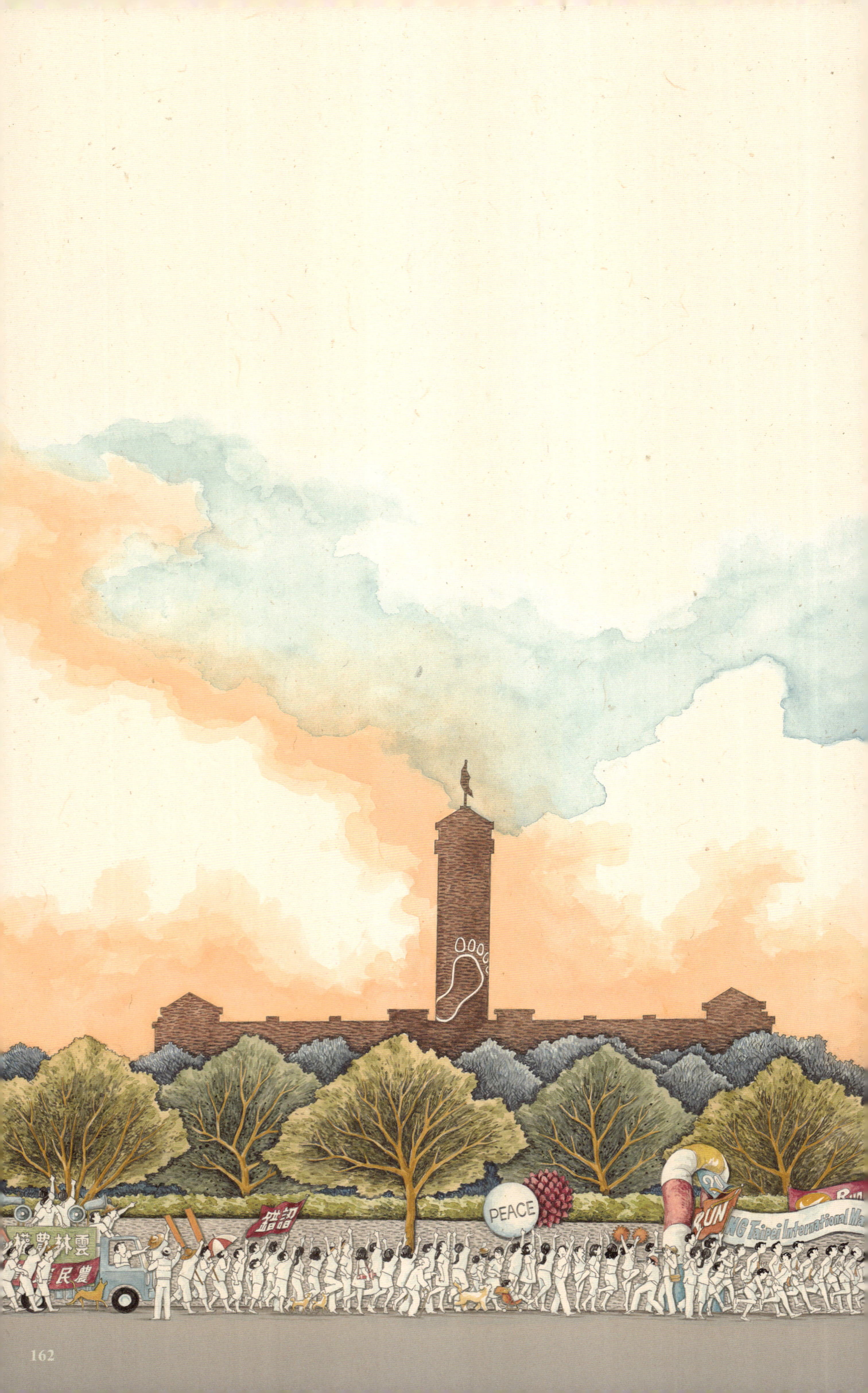
PEACE
RUN
Taipei International

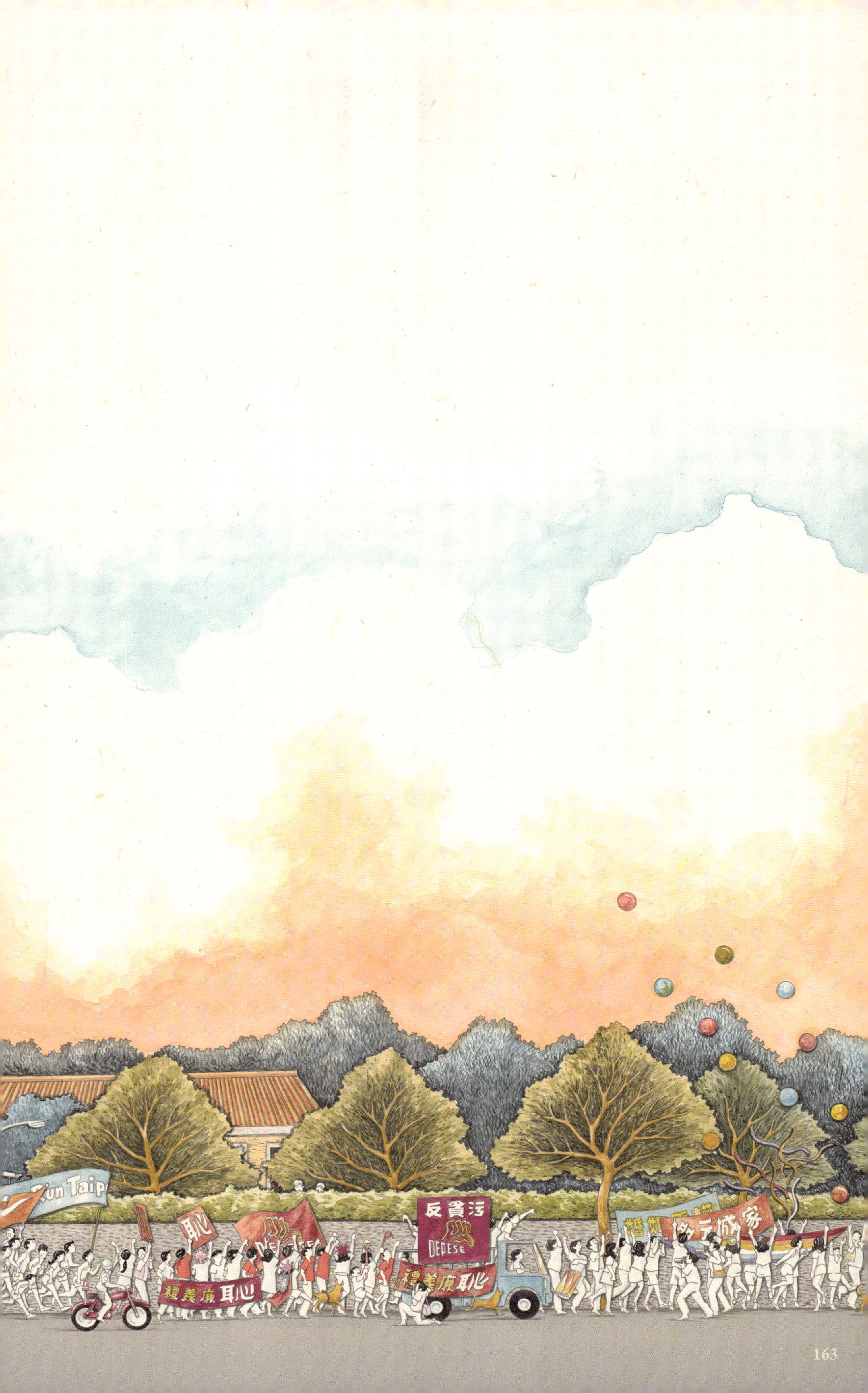
Run Taip
反貪污
DEPESE

2007

1 台湾高铁板桥站到左营站通车；3月2日全线正式营运。

2 演唱会及大型表演活动盛行。

3 超市卖场以价格便宜的油鱼冒充高级圆鳕贩卖，导致消费者腹泻、肠胃不适。

4 "农业局"抽检水产养殖场，发现7家的鳟鱼、大闸蟹含禁药，养殖场鱼货流入市面，相关单位将300多公斤鳟鱼销毁。

5 "卫生署"抽验市售鹅肉，桃园新屋乡永裕鹅场的鹅肉含有瘦肉精，摄取过量会引起恶心、心悸，甚至心脏麻痹，医师建议不要食用鹅内脏。

165

2007-2008

1 第 21 届夏季听障奥林匹克运动会在台北开幕,也是听障奥运首度在亚洲举行。(2009.9.5)

2 日流、韩流盛行,电视狂播日剧、韩剧,日韩明星纷纷来台演出。

3 多种假鱼翅(素鱼翅)充斥市面,还有黑心商家用双氧水漂白,食用后有害健康。

4 台北市东区正义国宅都更案住户代表王克强，光天化日在住家楼下遭杀手朝头部连轰两枪，性命垂危。(2009.2.16)

5 患有躁郁症的纺织厂副理，连续在高架桥下停车场敲破车窗，窃取 ETC 储值卡。

2007-2012

1 "卫生署"检测市面茼蒿发现,云林县二仑乡所产茼蒿含有4种毒农药残留,其中包含会致癌的芬普尼及双特松。

2 合法酿酒厂被查获以有毒的工业酒精制造假酒,饮用过量会导致眼睛失明和肝脏病变。

3 "消基会"指出,保力达B、维士比添加高浓度防腐剂,未在瓶身如实标示,消费者饮用安全堪虑。

4 妇人冒用丈夫名义申请信用卡、现金卡,10年盗刷300万元,被依伪造文书罪判刑2年。

5 两岸黑客联手入侵台湾多家公民营机构计算机,5000万笔个资遭窃。

6 "金管会"跨海追债,冻结力霸集团创办人王又曾在瑞士的近亿元存款。

7 电子公司离职副总欠巨额赌债,伙同两名共犯,伪造采购合约诈财5000万元。

8 在捷运偷摸女乘客小腿及下体,两猥亵男分别以捐款和赔偿和解。

9 印度尼西亚女佣偷走雇主60万元珠宝,藏在私处和肛门企图闯关出境,航警察觉有异要她蹲下,珠宝瞬间掉落,当场人赃俱获。

10 台湾开放大陆公民来台观光，大陆观光客首发团抵台。

11 中度台风莫拉克肆虐，高县甲仙乡小林村几乎灭村，全台死亡近700人。

12 因应全球金融海啸，当局发放给全民"消费券"刺激景气，每人3600元。

13 台北市立动物园熊猫馆正式开馆，"团团""圆圆"首次亮相。

14 黑心菜脯被检出"福尔马林"，年产量高达10余万公斤。

15 不肖米商勾结农会粮仓管理人，过期饲料用公粮冒充新米贩卖，劣质米多流向北市县中小学营养午餐。

16 多家快餐连锁店长期使用回锅油，麦当劳的酸价数据超标12倍。

17 小偷破门而入，小狗徘徊街头，主人领回家才发现遭窃。

18 富商太太欠赌债，自导自演绑架案。

19 "小骗子骗倒大骗子"，16岁少年自称塔罗牌算命师，陈水扁上当。

20 惯窃假借捐钱顺手牵羊，专偷视障街头艺人的打赏箱。

21 风灾惨兮兮，菜价贵森森。莫拉克风灾造成菜价飞涨，香菜飙到1公斤600元。

22 求菩萨保佑未成，女子烧香险失明。

1 两岸定期航班正式启动,每周往返增为270班次。

2 2010台北国际花卉博览会正式开园,是国际最高级别的园艺博览会,也是台湾首度举办A2B1级博览会。至2011年4月25日闭幕,共吸引896万人次参观。

3 "消基会"抽验发现,大台北地区市售凉面8到9成大肠杆菌超标。

4 H1N1新型流感肆虐全球,台湾地区从5到12月已有数十万人感染,35人死亡。

5 黑心食品加工厂重起炉灶,遭消保官突袭破获。

6 台北故宫博物院也卖毒茶叶!北市卫生局抽验,确定乌龙茶含农药。

7 高雄县大寮乡养鸭场惊传鸭只含有超量戴奥辛,4年来已有10万只毒鸭被消费者吃进肚子。

8 "洗涤盐"混充"天然盐",3年已有上万公斤流入市面。

9 "消基会"进行市售豆制品抽检,违规添加防腐剂比率最高。

10 知名连锁古早味红茶冰,人工香料超标,数百加盟店全面回收。

11 商家偷掺安非他命,毒槟榔诱人上瘾。

12 北市卫生局抽验反式脂肪标示,将禁售含量超过2%的食品。

13 专骗追星梦少女,再趁机性侵,恶狼遭起诉。

14 陈姓家族为遗产争讼30多年,法院终于判决依比例继承。

15 杜聪明20亿遗产纠纷,5子女争讼15年未休。

16 警方查获买春案,嫖客埋怨要找"金丝猫",来的却是"印度尼西亚佣"。

17 "黑象事件"重创台湾职棒,3球队共44名球员涉打假球。

18 男子喊人"胖女",被控"妨害名誉"。

19 台湾人"爱呷补",7年竟吃掉43万公斤海豹油、海狗鞭,动保团体吁改恶习。

20 偷儿不识货,价值两亿名画,20万元贱卖。

21 瓦斯误送废弃管路,住户不察惨遭气爆。

22 遭添加违法致癌塑化剂,十多种知名品牌饮料被下架。

23 任祥花了5年的时间编写套书《传家:中国人的生活智慧》,引领读者了解中国人生活中的智慧,于今日发表。

24 无良业务员盗卖过期饲料奶粉给食品公司,再制成饮料流入全台早餐店及贩卖机。

25 婴儿奶粉也作假,饲料奶粉冒充作新西兰进口。

26 无良粮商进口低价碎米、饲料用米,混入台湾白米贩卖,严重影响质量及价格。

27 中小学营养午餐亮红灯,新北市100多所学校被验出禁药。

28 "卫生署"查获多家知名厂商,违法添入有毒塑化剂DEHP,总计有上万吨的起云剂被制成食品、饮料。

29 渔民捕淡水河"砷"鱼贩卖,台北市民遭殃。

30 标榜无化学添加物的胖(パン)达人手感烘焙,遭踢爆添加人工香精,经北市卫生局查证属实,依广告不实重罚。

31 木瓜牛奶连锁店遭曝使用"非奶粉"。

32 校园盒餐工厂,芥蓝菜被验出残留农药超标14倍。

33 恶质厂商窜改西点原料有效期限,多家5星级饭店受害。

34 前第一金控董事长陈建隆涉嫌伪造文书,涂改妻子宗才怡的户籍誊本,将配偶改为黄姓女友,遭台北地检署通缉。

35 粗心女大学生,怀胎9月竟不知。

36 出狱失业,男子卖场行窃,意在回笼吃牢饭。

37 跨境诈骗集团真厉害,台商向菲律宾购买废五金,却收到5货柜水泥块。

171

2012

1 李宗瑞淫照事件震撼全台,并激起对夜店文化、媒体文化等诸多讨论。

2 3楼层邻居互斗,8楼房客不满9楼声响大,竟在客厅打球跳绳,恶搞楼下房东出气。

3 夜店"捡尸"歪风盛行,酒醉女性频遭性侵。

4 第10届台湾同志大游行,5万人从凯道出发。

5 "帽子歌后"凤飞飞逝世。

6 天主教枢机主教单国玺逝世。

7 "高等法院"对吴铭汉夫妇命案再更三审宣判,被告苏建和等3人获判无罪,依"刑事妥速审判法"规定,检方不得再上诉。本案缠讼21年,历经6次死刑判决,终告无罪定谳。

8 23岁郭姓男子在基隆路3段酒驾撞飞3辆摩托车,造成1死2伤。他的酒测值高达1.29毫克,被依公共危险罪嫌送办。(2018.8.23)

9 YouBike正式上路,是全台第二个启用的公共自行车自动化租赁系统,采无人化自助式服务。试营运3个月,已超过百万骑乘数。

2011-2013

1. 台糖、桂冠、爱买等食品大厂惊传卖过期粽，下游代工厂嘉品、禹昌把上一年端午节库存肉粽变造日期重新出售。

2. "毒淀粉"事件引发全台食安风暴，多家淀粉制造商向中学退休教师王东清购买配方调制"修饰淀粉"以增加食品Q弹口感，含有未经核准的"顺丁烯二酸酐"，长期食用会造成肾脏病变。

3. 中医师花钱找女作陪，女伴游不满收逾时费被拒，愤而咬他一口吃上官司。

4. 美国搞怪天后女神卡卡（Lady Gaga）访台掀热潮，前往北市东区做瑜伽，万人争睹造成交通瘫痪。

5. 嘉义市卫生局临检发现，茂洲食品公司使用回锅油制造豆枣、红豆支等酱菜，并添加过量防腐剂。

6 无良石斑鱼养殖业者，以工业用化学药剂制成动物用假药，卖给同业，诓称具有消炎杀菌作用，5年牟利上千万。

7 皇冠印刷公司制作纸餐盒，涉嫌使用有毒甲苯擦拭容器表面油污，遭勒令停工，并全面回收毒餐盒。

8 泉顺食品公司的山水佳长米，以低廉进口劣质米混充台湾米销售，遭下架。

9 经抽验发现，甲好生技的红曲酵素锭、华顺贸易的泰国红薏仁及彰化罗姓厂商的红曲米，含橘霉素、黄曲霉素超标，非但不养生还伤肝肾。

寶
8

176

1 台北儿童新乐园开幕启用。(2014.12.16)

2 台北医院附设护理之家发生火情,最终造成 15 死 14 伤惨剧,经查是病患自备的床垫电线走火肇祸。(2018.8.13)

2013

1 21岁谢姓男子与友人在南京东路飙车，失控撞死路边3人，遭愤怒网友起底痛骂。(2018.8.11)

2 米苔目被检出添加防腐剂苯甲酸，遭罚 3 万元。

3 卫生单位抽验中秋应景食品，发现 11 件豆干、1 件月饼违规添加防腐剂。

4 "万人送仲丘"晚会在凯道举行，共有超过 25 万白衫军参加，为今天出殡的陆军下士洪仲丘送行，是台湾史上最大规模由民众自发的社会运动。白衫军运动是网络串联发起的新形态运动，被部分媒体誉为台版"茉莉花革命"。

5 摩斯汉堡金黄薯遭检出含毒性的龙葵碱，且超标 10 倍。

2012-2013

1 台湾假油事件连环爆，大统长基、顶新、富味乡等食品公司食用油，竟以低成本葵花油或棉花籽油调和混充高级油品贩卖，大统部分橄榄油甚至以棉花籽油添加铜叶绿素调色。

2 "富味乡"公司3年内将至少2600吨棉籽油调和内销，却毫无标示。

3 士林区文林路住户王广树反对所持有的建物被划入"文林苑"都市更新案中，遭市府依法强制拆除，引发一连串社会抗争运动及诉讼案。

181

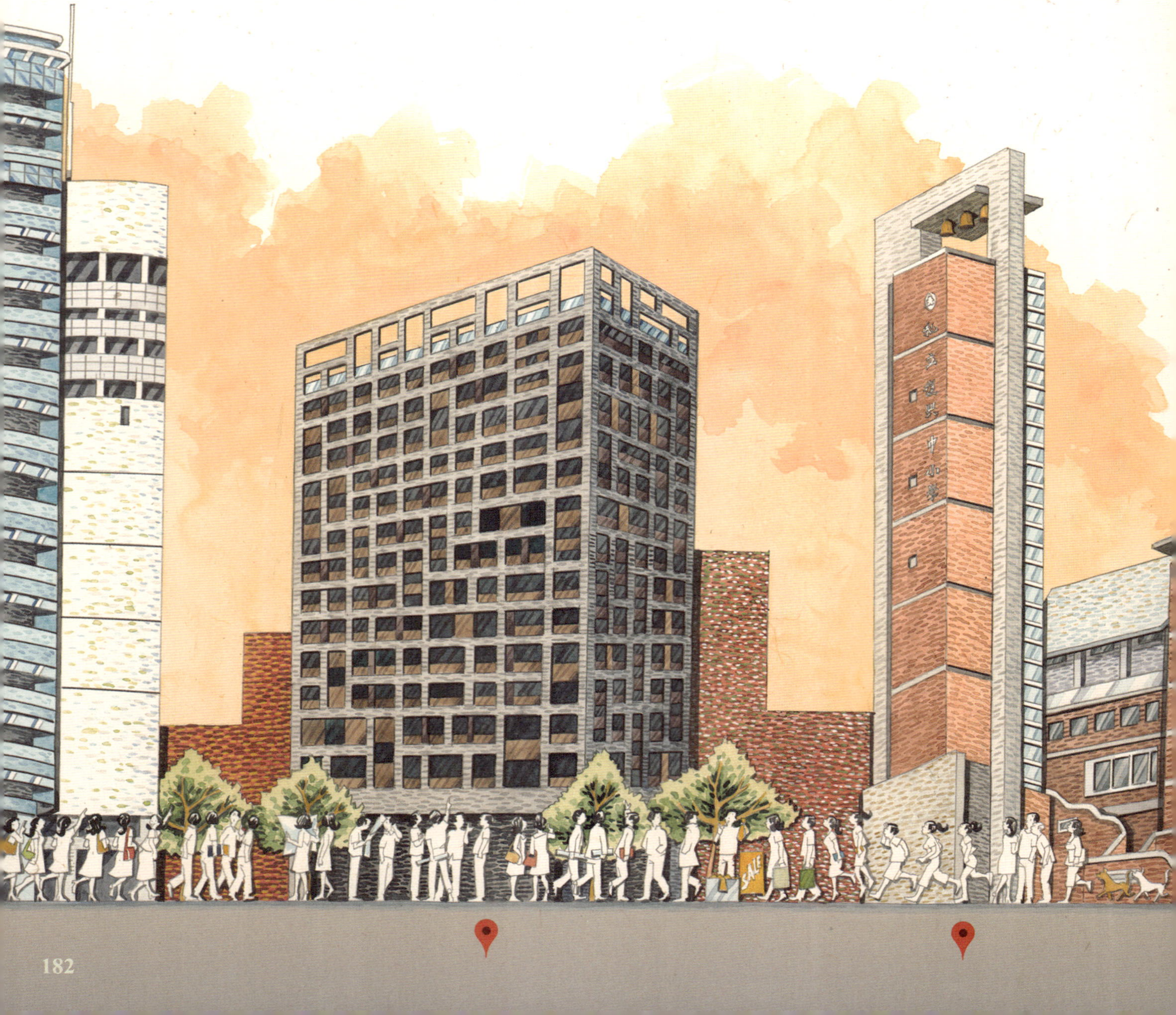

2013

1 北投信义线通车，与北投线直通营运。

2013-2014

1 经调查发现，部分商家违规添加铜叶绿素钠为粉圆、鱼板、湿海带、凉面、水饺皮等食品染色。

2 The Color Run 彩色路跑活动，在大佳河滨公园起跑。

3 《看见台湾》正式上映，导演齐柏林以全高空航拍呈现台湾土地的美丽与哀愁，是台湾影史拍摄成本最高的纪录片。

4 环泰公司以价廉的大陆麦芽糊精冒充台湾产品贩卖，两年获取暴利上千万。

5 "鼎王麻辣锅"惊爆汤头以低价的鸡汤块、大骨粉及多种香辛料粉调制而成，并验出含重金属成分。

6 第一只在台湾出生的猫熊宝宝"圆仔"，正式公开亮相。

2014

1 7-11 茶叶蛋中标,供货商伟良牧场遭检出抗生素残留,两万多颗问题蛋已被消费者吃下肚。

2 砂石车冲撞"总统府",是 1945 年 5 月 31 日台北大空袭以来最严重的攻击事件。

3 肉品公司将保水剂注入牛、羊、猪肉以增重牟利,黑心肉品流入军队及一般摊商。

4 黑心肉品商"农正鲜"的灌水肉品,透过乐骐公司转卖到自助餐店及小学营养午餐。

5 "卫福部食药署"公布市售水产品抽验结果，午仔鱼、金钱仔、红衫鱼检出禁药孔雀石绿，台湾蚬检出抗生素。

6 查获黑心豆芽，黄姓商家用"保险粉"（低亚硫酸钠）浸泡豆芽，以增加卖相及保鲜，长期食用恐引发过敏、气喘。

7 台北卫生局食药处处长邱秀仪表示，经查有26家北市中学、小学曾使用乐骐食品公司的猪肉加工品；为确保食材安全，已要求厂商停止供应乐骐肉品。

8 捷运随机杀人案震惊全台，21岁大学生郑捷于捷运板南线列车以预藏水果刀和美工刀刺杀乘客，共造成4人死亡、24人受伤。

2014

1 复兴航空222号班机疑因风雨过大造成重飞失败，在澎湖县湖西乡西溪村坠落起火燃烧，机上人员48人死亡，10人重伤；另外波及11栋民宅，造成5人轻伤。

2 屏东地下油厂查获馊水油，供应下游的强冠公司制成"全统香猪油"营销全台，味全、味王、奇美食品、盛香珍、黑桥牌等多家知名食品业者中标。

3 台北市卫生局证实，味全公司通报，该公司有12项产品使用强冠公司"全统香猪油"，已主动下架。

4 夜店杀警案震惊全台，主嫌曾威豪与女友刘芯彤在北市信义区夜店Spark楼下门口，涉嫌教唆萧叡鸿、万少丞、马寅竑、周誉腾等不良分子，以棍棒、刀械、红绒柱围殴信义分局警员薛贞国致其死亡。

5 台南市调查处查获顶新味全集团旗下正义公司，以饲料油混充食用油，制造维力清香油、维力香猪油、正义香猪油等黑心油品。

6 "消基会"抽验市售塑料包装食品，近4成含塑化剂，麦当劳、统一超商、佳德凤梨酥、康师傅等知名品牌均列名，长期食用将危害身体健康。

7 新北市卢佳食品公司为节省成本，竟向宏仁医院购买装洗肾药剂的废弃空桶来盛装仙草茶，并以化工级石膏粉制作豆花。

8 "卫福部"抽验市售禽畜水产品，生鲜超市贩卖的贡丸含有禁药氯霉素，长期食用有致癌风险。

2014-2015

1 真锅及呈康食品公司涉嫌将过期食品改换包装并窜改有效日期后再行贩卖，黑心食品包含法式鲜蔬什锦酱、冷冻鸡腿、咖啡、蛋糕等。

2 台北捷运松山线上午6时通车，营运15年的"淡水－新店"宣告分手，改为"松山－新店"及"淡水－象山"分线行驶。

3 致癌豆干、油皮卖全台！检方查出"芊鑫实业社"贩卖的乳化剂中含有致癌物工业用染剂"二甲基黄"。该公司自2012年起共出货710公斤给全台多家豆类食品加工厂，制成油皮、豆干等产品，再贩卖给德昌等知名大厂，危害民众健康。

4 一黑心工厂以工业用氯化钙（俗称盐丹）腌渍姜，增加清脆口感，食用过量会伤害肝肾。

5 卫生局抽验发现，上将食品公司供应14所学校营养午餐的"敏豆"，农药残留超标。

6 复兴航空 235 号班机自松山机场起飞不久即坠毁于南港区基隆河，造成 43 人死亡，是首次民航机坠毁于河川的事故。

7 种鹅场检出全台首例高病原性 H5N8 禽流感病毒，将全场种鹅扑杀。

8 西门町峨嵋立体停车场发生枪击案，歹徒光天化日以行刑式枪决夺两命。

2015

1 "防癌教母"庄淑旗逝世,享年95岁。

2 台铁1123次区间车半途停驶,事后追查竟是因为驾驶与列车长口角。

3 因为加拿大发生狂牛症案例,"食药署"宣布暂停止自加国进口牛肉及相关产品。

4 全台废核大游行登场。

5 "文化部古迹历史建筑审议委员会"审议通过,指定"台北机厂"为古迹。

6 历经10余年纷扰,慈济宣布撤回内湖社福专区开发案。

2015

1 台湾面临67年以来最严重旱灾，石门水库提前自4月1日进行第三阶段限水。

2 "食品药物管理署"公布283项来自日本福岛等5县市辐射污染区的食品，伪造不实标签流入市面。

3 刘姓男子买下文萌楼地上权，诉请承租的日日春协会迁出案，高院更一审开庭，日日春协会呼吁"拿古迹炒作不当得利，应收归公有"。

4 YouBike由前30分钟免费，调整为收费5元。

5 台北市政府下令大巨蛋立即停工。大巨蛋原为 2017 台北世大运预定主场馆，但市府决定世大运开闭幕典礼改在台北田径场举行；世大运棒球赛事也移至天母球场。

6 台北市政府公布大巨蛋安检报告提出 5 大缺失，并于 17 日表示，远雄若不改善，市府将全面接管。

7 侯孝贤以《聂隐娘》获得第 68 届坎城影展最佳导演奖。

8 台北市北投区文化小学发生随机杀童事件，一名 8 岁女童遭龚重安割喉死亡，引发社会公愤。

9 台北市政府开始受理同性伴侣在户政信息系统加注"伴侣关系"。

2015

1 八仙乐园发生派对粉尘爆炸事件，造成 15 死 484 伤，是继 921 大地震以来受伤人数最多的事故。

2 伊斯兰开斋节后的第一个周日，上万名外籍移工涌进台北车站聚会。

3 反高中课纲微调运动学生与民众攻入"教育部",要求废除课纲、"部长"下台、召开临时会。

4 苏迪勒台风威力造就台北市龙江路上的2座"弯腰邮筒",引发民众追萌热潮。

5 中台风苏迪勒侵台,全台累计近400万户停电,创历史纪录。

6 台北悠游卡公司计划发行以日本AV女优波多野结衣为封面的悠游卡,引发一连串政治与社会纷争。

7 台北300万人喝泥水!苏迪勒台风导致供水的南势溪浊度飙高至近4万度,人们纷纷抢购瓶装水。

8 "卫福部食药署"预告,2018年全面禁用人工反式脂肪。

2015-2016

1 士林地检署搜索制造"工研醋"的大醇食品有限公司，认定其涉嫌回收退回的不良品重制新品贩卖。

2 江蕙举行最后一场封麦演唱会。

3 台电公布10月1日将上路的电价级距方案。

4 台股盘中指数一度大跌583.85点，跌幅逼近7.5%，创台股有史以来跌幅、跌点最大纪录。

5 "周休二日"制度上路，法定工时上限由双周84小时减至单周40小时，但同时也删减7天原定假日。

2015-2016

1 "行政院"宣布,开始透过手机提供地震速报与地震报告的讯息,其他土石流警戒、公路封闭等防灾讯息将于7月前陆续提供。

2 马来西亚20名台湾电信诈骗犯被遣返回台,却因为罪证不足,在机场全部释放。

3 台铁新竹往基隆1258号区间车第6车厢停靠松山车站第二月台时,发生不明爆裂物爆炸事件,造成25人轻重伤,其中包括犯下本案的林英昌。

4 美福集团爆发兄弟相残，老四黄明德枪杀老二黄明煌，再枪杀老三黄明仁，随后举枪自尽坠楼死亡。

5 11月20日为国际跨性别纪念日，性别团体举办晚会响应。

6 合宜住宅弊案二审宣判，远雄董事长赵藤雄因认罪改判刑2年，缓刑5年，免受牢狱之灾，但须捐给当局2亿元。"营建署"前"署长"叶世文加重其刑为21年，可上诉。

7 美河市弊案涉图利日胜生公司20亿元，前台北市捷运局处长高嘉浓一审被判10年，前课长王铭藏4年。

2016

1 霸王级寒流袭台，阳明山鞍部创下零下 3.7 摄氏度的历史低温纪录。

2 台北市首度主办智慧城市展开幕，誓言打造"Living Lab"。

3 台北捷运通车 20 周年。

4 台北市内湖惊传随机杀人案，昵称"小灯泡"的 4 岁女童遇害，引发社会公愤。

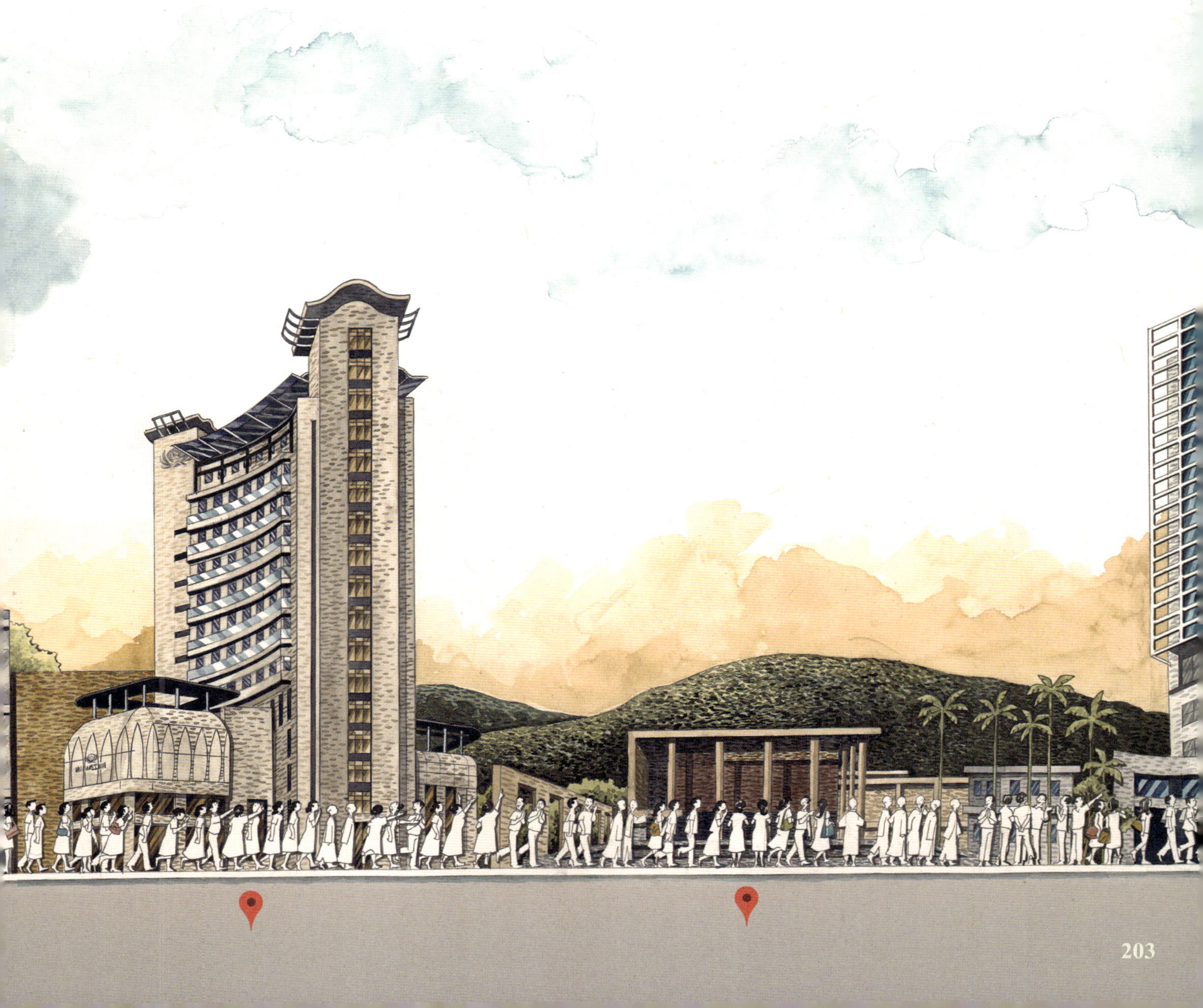

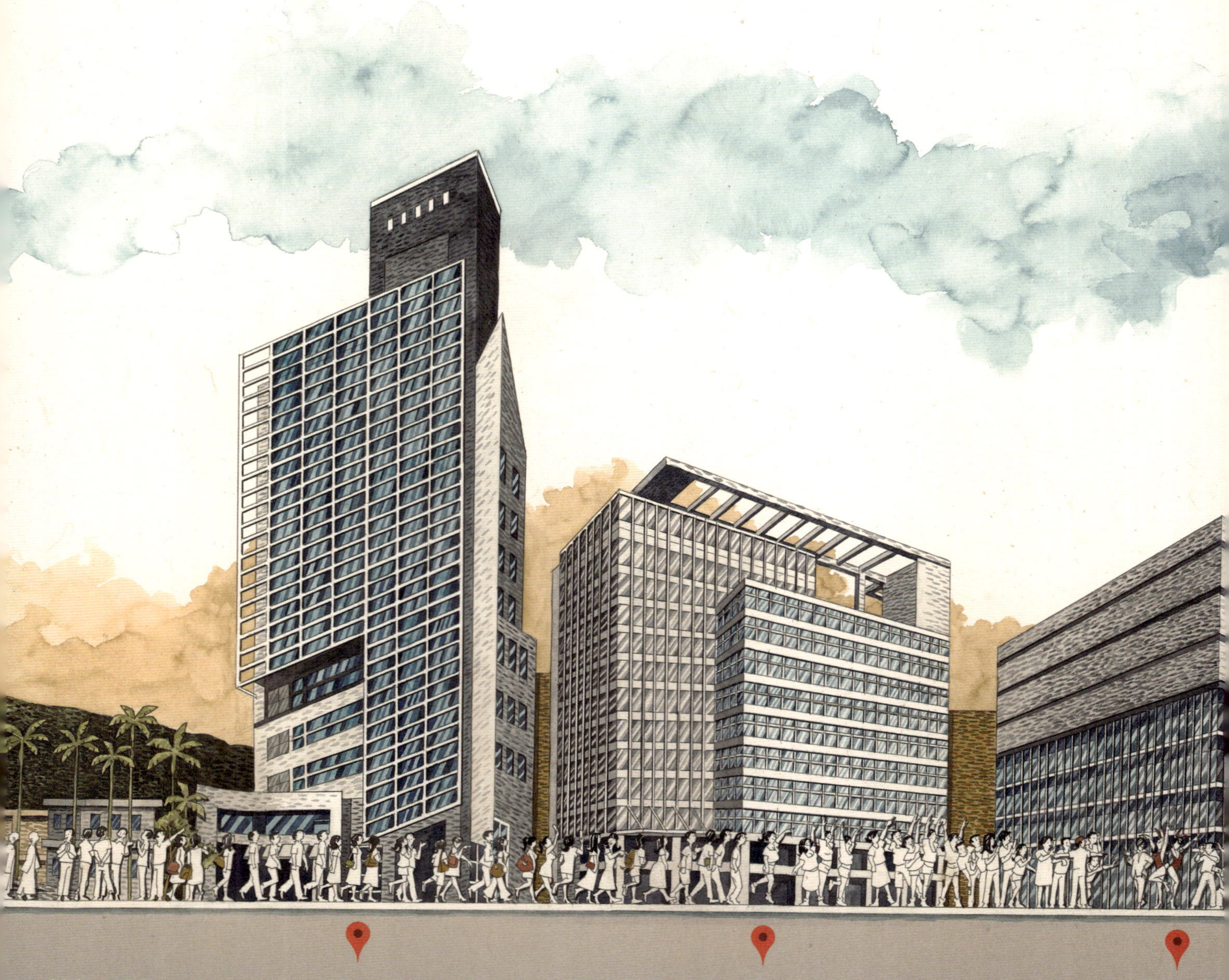

2016

1 北市下午 2 时 24 分高温达 38.7 摄氏度，刷新 6 月历史纪录。

2 "内政部"指出，老屋面临都更压力，以台北市较为严重，超过 30 年房子占 61%，约 50 万间。

3 "华航"空服员罢工，创台湾地区航空史首例。

4 摩托车轮胎胎纹深度，纳入验车检验项目。

2016

1 一名男子在"爆废公社"脸书社团发文说：妻子同事真的超有礼貌，不先说谢谢就算了，一上车就当着我跟我老婆的面说："哎～我真的没想到你老公会喜欢开这种出租车在用的车子欸！我以为会是欧洲车之类的！"当下我跟我老婆尴尬互视，"全程翻白眼，翻到外层空间"，我还面目铁青地回了一句："两位客人，请系好安全带，开始跳表啰。"

2 市售婴儿与较大婴儿配方食品及特定疾病配方食品，都要标示营养含量。

3 台北市超商大门开启叮咚声，超出标准分贝即开罚。

4 台北市180所学校周边人行道公告为禁止吸烟场所。

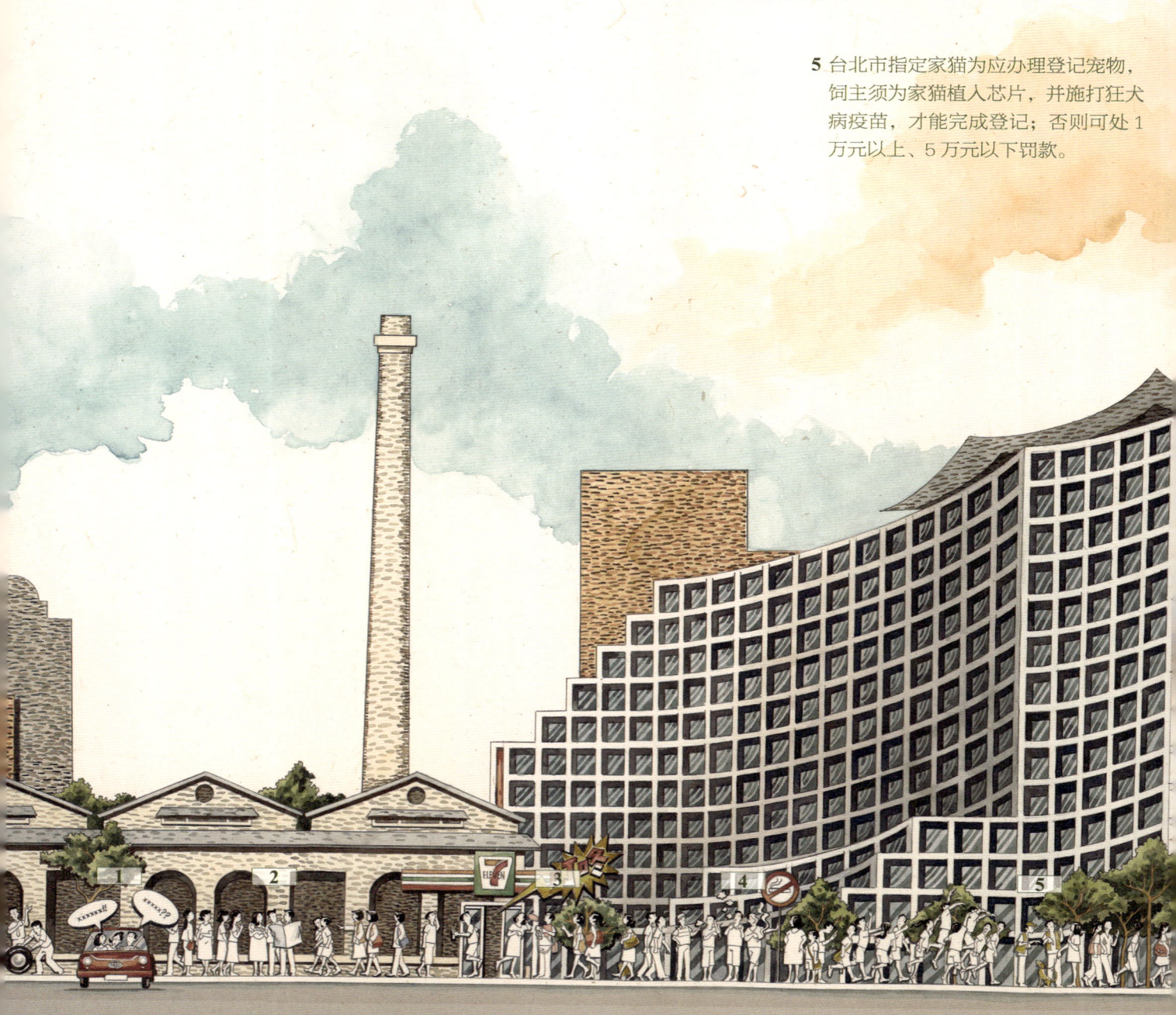

5 台北市指定家猫为应办理登记宠物，饲主须为家猫植入芯片，并施打狂犬病疫苗，才能完成登记；否则可处1万元以上、5万元以下罚款。

6 第一银行自动柜员机计算机系统被国际犯罪集团侵入，全台 20 家分行共 38 台 ATM 遭 3 名外籍车手盗领 8372 万元。

7 连同今天，台北今年已有 5 天高温超过 38 摄氏度，打破历史纪录。

8 虐死街猫"大橘子"遭判刑的台大学生陈皓扬，又随机杀害家猫"斑斑"。

9 "一代青衣祭酒"顾正秋女士辞世。

10 超狂！70 岁宝可梦阿伯，月花数万元抓宝，他曾同时使用 9 只手机寻宝，红到岛外去。现在他骑着寻宝脚踏车，已经升级到 11 只手机。

2016-2017

1 美国《时代》杂志报道北投宝可梦抓宝乱象，以"可能让我们预见世界末日的景象"形容。

2 宝可梦（Pokemon Go）在台推出，掀起全民抓宝运动。

3 台北市土壤液化潜势图资正式上网，民众输入门牌号码或地号，即可查询自家是否有风险。

4 台北捷运开始提供免费 Wi-Fi。

5 万事达卡发布 2016 全球最佳旅游城市报告，北市首次跻身全球前 15 大观光城市。

6 台北车站推出嘟嘟钟，用童谣《丢丢铜》为配乐。

7 台北捷运又出现异常，一辆列车卡在中山站与台北车站之间无法移动。

8 北市殡葬处宣布，将安排酒驾犯前往停棺室服社会劳动役，引发争议。

9 复兴航空无预警宣布解散。

10 屋檐雨遮不登记新制上路，适用于新申请建造执照之建物。

2017

1 政策大转弯,"一例一休"上路。

2 饮水用水龙头材料含铅量不得超过 0.25%,铅溶出量须不大于 5ppb。

3 北市环保局首创"高噪车辆照相系统",车辆噪音超过 84 分贝,系统立即自动拍照取证。

4 北市双层观光巴士上路。

5 台北灯节主灯"小奇鸡"亮相。

6 台北市 65 岁以上老年人口达 15.55%，居六都之冠。

7 台北市蝶恋花旅行社赏樱团游览车发生事故，造成 33 死 11 伤。

1 北捷随机杀人犯郑捷伏法，距离他死刑定谳仅19天。(2016.5.10)

2 台北市拆除建成圆环，将改建为绿地广场。(2016.11.24)

213

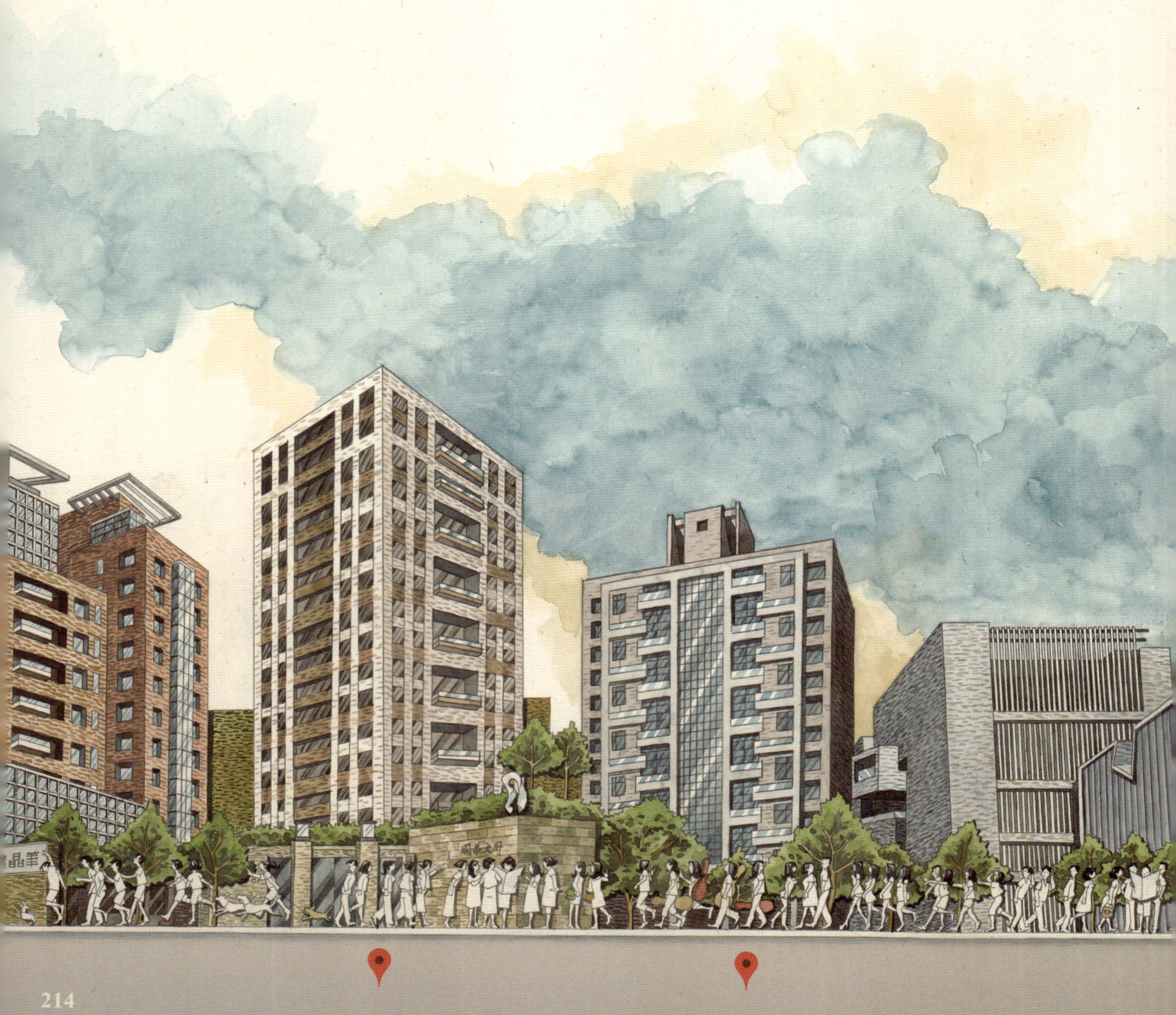

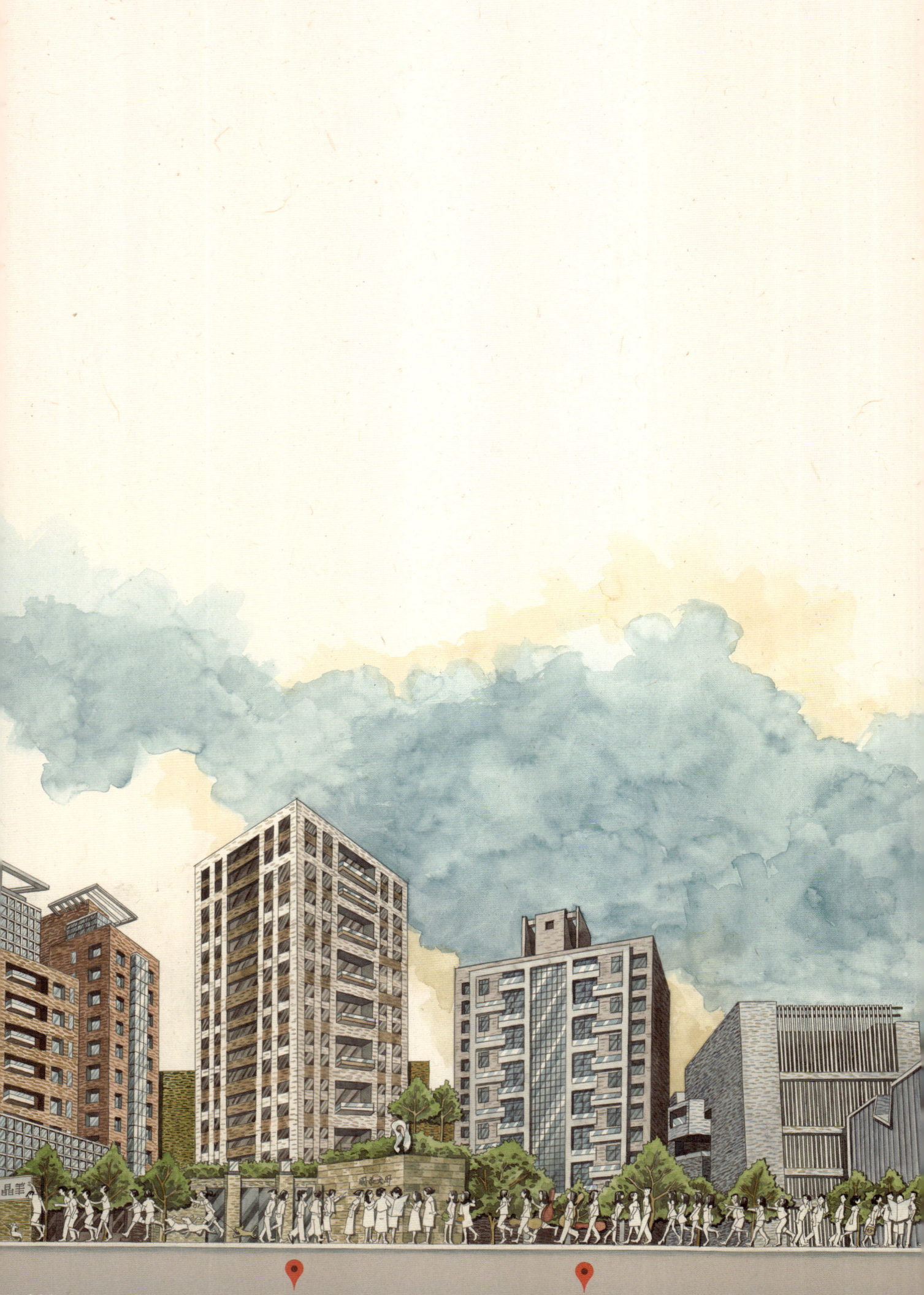

2017

1 成军 20 周年，五月天重返当年首度登台的大安森林公园，举办免费演唱会。

2 南港小模遭奸杀，案情曲折引关注。

2017

1 台湾师大附中一行政人员在校内持刀欲自残,警消安抚夺刀。

2 台北西站拆迁,搬到台北转运站。(2016.10.30)

3 无桩式共享自行车 Obike 开始试营运。

4 调查显示,2016 年境外旅客在台北总消费达 99 亿美元。

5 猪哥亮病逝台大医院,享寿 70 岁。

6 夜市禁用一次性餐具,北市将逐步推广。

7 "司法院"大法官公布释字第 748 号解释,宣告"民法"禁同婚"违宪"。

8 齐柏林拍摄《看见台湾Ⅱ》，因直升机失事罹难。

9 北门广场完工启用。

2017–2018

1 全台大停电，592 万户受影响。

2 台北世大运开幕，是台湾地区有史以来主办过级别最高的国际运动赛事。

3 台北马拉松起跑，2.7万人参加。

4 北市率先实施购物袋、垃圾袋"两袋合一"，但双北间垃圾袋仍无法共享。

2018

1 健康食品依形态不同，应加注警语或标示，与药品区隔。

2 米其林指南首度发表台北星级餐厅，共有 20 家摘星，颐宫中餐厅夺下三星。

3 再兴中学"顾正秋教学大楼"落成启用。

4 李敖病逝台北荣总，享寿 83 岁。

5 "中华电信"推出"499吃到饱",引发民众抢办乱象。

6 历经6年研发,台湾第一枚自主研发的卫星"福卫五号"发射升空,成为台湾地区太空史上最重要的一步。(2017.8.25)

7 台北市惊爆华山分尸案。

2018

1 走过 34 个年头，金石堂城中店熄灯。

2 向女同学告白被拒，15 岁中学男学生从自家顶楼坠地身亡。

3 台湾住都中心正式成立。

4 远航广告牌空姐遭解雇后提告，台北地院判败诉。

2018

1 "九合一"选举合并10案公投,造成投票逾时还发生边投边开票乱象,台北市市长选举结果产生争议。

2 娃娃机盛行需求爆量,"央行"宣布将砸10亿铸10元硬币。

225

226

227

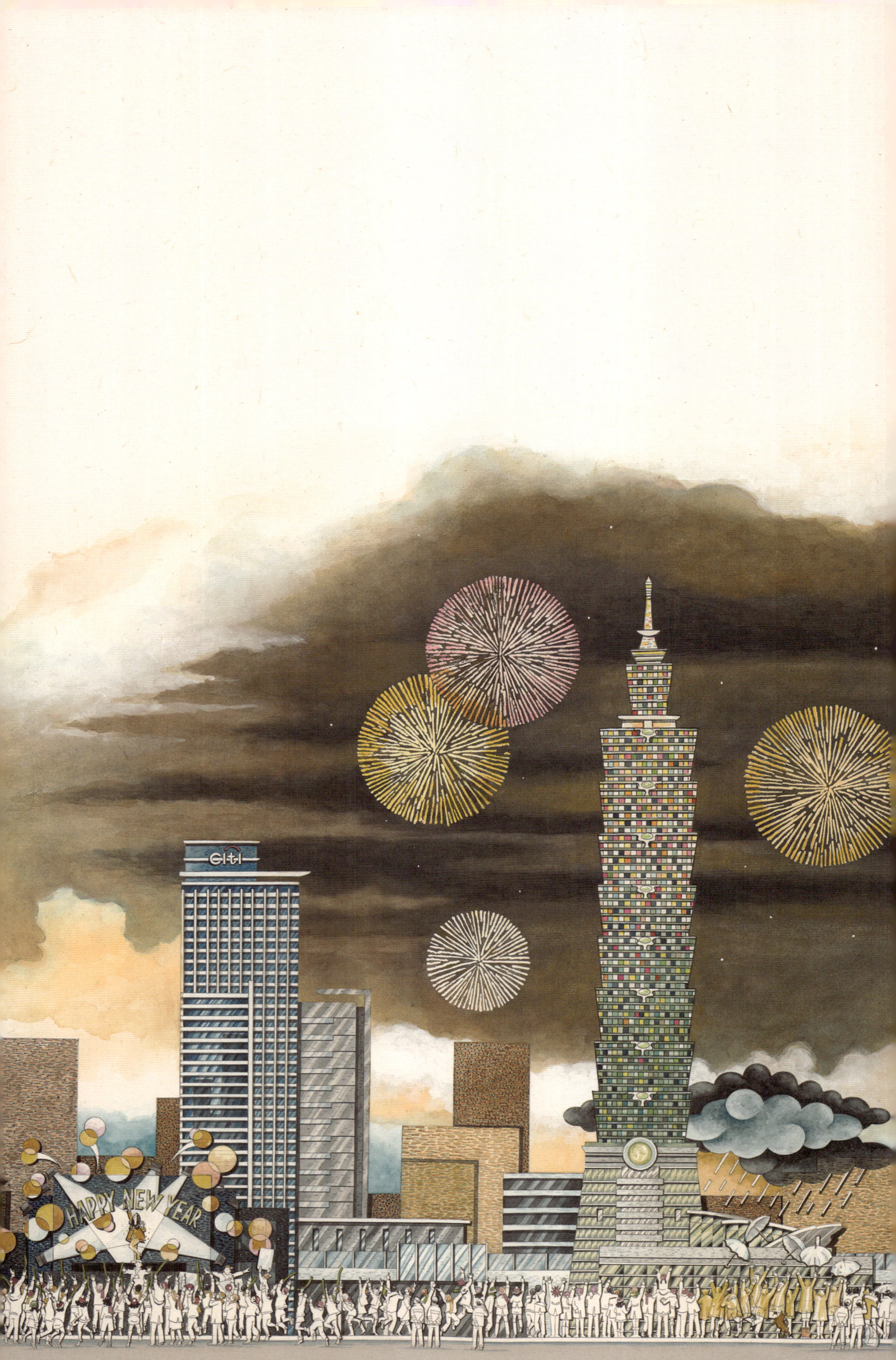
citi
HAPPY NEW YEAR

229

2018

1 暌违一年多，"姐姐"谢金燕在桃园、高雄两地跨年晚会上复出。

2 富少驾超跑在自强隧道狂飙，酿成2死3伤。他的姑姑指侄儿有"小车神"之称，还说隧道灯不够亮，"当局要负点责任"。

3 长照悲歌！老妻持榔头猛敲久病丈夫头部后，下楼向保安说："我杀了家人，请帮我报案。"

4 陈姓计算机工程师曾以私立高职生身份考上台大，成为励志楷模。但他后来沉迷色情半套店，还架设网络论坛媒介性交易谋取暴利。"高院"依"图利使人为性交或猥亵罪"判刑5个月，得易科罚金，犯罪所得均没收。

5 台铁6432次普悠玛号列车，在宜兰新马站超速翻覆，造成18人死亡、近200人受伤。

232

2018

1 台湾爆发卫生纸之乱，大润发向媒体表示卫生纸将涨价，最高达30%，引发民众一窝蜂抢购，造成卫生纸缺货。

2018

1 北捷又惊传持刀伤人！36岁王姓女子闯入捷运台北车站，持美工刀割伤31岁潘姓女子，所幸后者送医后没有生命危险。王女随后被制伏逮捕，经查她是领有身障手册的精神病患。

2 台北市大安区林姓夫妻一年闹出7次家暴案件，老婆对着躺在床上的老公淋汽油点火，造成老公重伤，还波及他们才8个月大的男婴。

235

2019

1 少子化浪潮席卷台湾，生育率创新低。

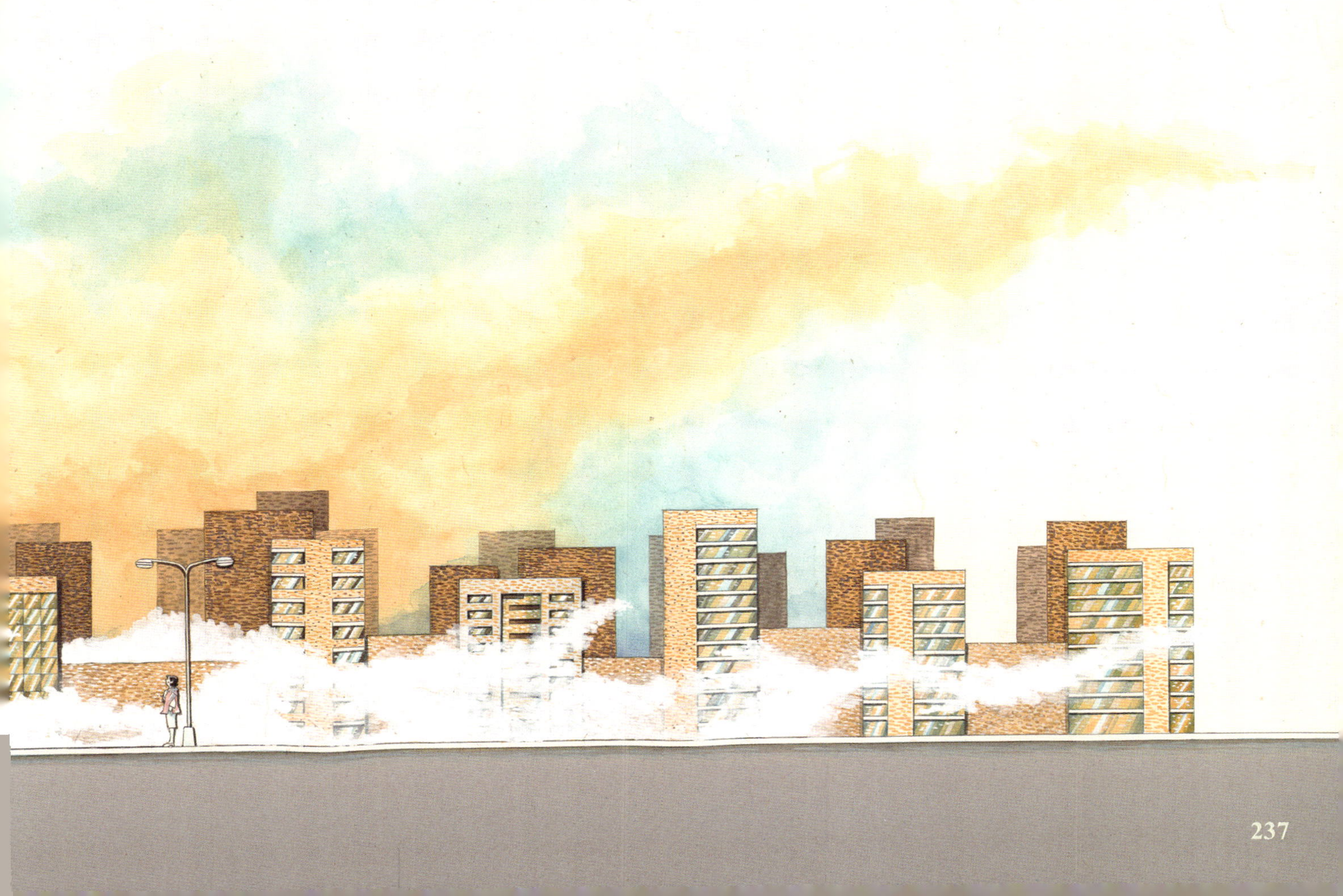

台北上河图

下册

姚任祥 ——编著
叶子 ——绘图

新星出版社
NEWSTAR PRESS

目 录

台北上河图缘起 / 姚任祥　　　　　　1
我的台北，爸爸的台北 / 王伟忠　　　8
陈进兴之路 / 李瑞　　　　　　　　　48
我与明星咖咖馆 / 季季　　　　　　　54
烟火般的夜市 / 林辉　　　　　　　　60
没有绯闻的年代 / 高爱伦　　　　　　76
我的老台北 / 张大春　　　　　　　　80
一个心脏内科医师的一天 / 陈肇文　　111
人在做，天在看 / 黄虹霞　　　　　　117
台北青春梦 / 詹宏志　　　　　　　　120
一条山路带来的养成 / 刘克襄　　　　144
千门万户是耶非 / 蔡康永　　　　　　151
土地公的脸书 / 姚任祥　　　　　　　157

食衣行住

老台北的舌头记忆 / 林君立　　　　　172
民主食堂 阿才的店 / 杨升儒　　　　176
衣切不一样 / 吕芳智　　　　　　　　179
衣然故我 / 洪伟明　　　　　　　　　182
台北 好行 / 王德频　　　　　　　　185
城市的协议 / 姚仁喜　　　　　　　　188

在各行各业对我们深具影响的精英，罗列于"台北人"单元；如有疏漏之处，也期望读者给予指点。

这一整套书，是以真实档案为背景的图绘工程，叶子与我的个人语汇不多。但在下册最后一张图绘，对于这个时代无所不在的无良媒体对我们下一代的影响，我啰唆地述说了我的忧虑。这画作好像与本书主题没有关联，但我一本初心，忠于所思，把耿耿于怀的心声陈述出来。

同时，我要感谢好朋友们为本册撰写各自的台北印象，他们在娱乐、文学、美学、商业、传记、运动、趋势等领域，借由精确的文字留住这城市的往时今事，其中还包括两则一度影响全民情绪的重大社会新闻。

另外，我也委请对食衣住行有独特记忆的朋友们，留下不同角度的台北生活印记，并依作者姓氏笔画的先后，分别穿插在重绘的老照片中。这些在各阶段留下各具特色的台北印象，也让这册书增加了更值得回忆的广度与温度。

最后，我要强调，从这套书的图绘与文字，明显地看出台北是一个不断在文化上融合的城市，而且改变的速度非常惊人。漫漫来时路，每一步足迹都让我们缅怀过去，了解先人的筚路蓝缕，才有现代台北这片好山好水的美丽家园。

因此，书的最后，我们隆重地编排了大跨页的现代台北夜景。这幅画取材自网络上找到的一张照片，它的取景角度，是从内湖碧山严的位置看台北盆地；它的正前方，是台北灯火最灿烂亮丽的东区；延续至远方尽头则是淡水河与万华区；左边图上是古亭、景美方向，图下是东湖、南港方向；右边是大直、圆山、士林方向，迤逦而去直至一片暗黑的关渡平原。这幅夜景如梦似幻，有的灯火华丽而辉煌，有的灯火微弱而温暖，我们就以它作为《台北上河图》对台北人的祝福：祝福辛劳了一天的你们有个好梦。

亲爱的朋友们，七年来，2500多个日子，我们费心费力，如今终于告一段落，也到了休息的时刻。

然而明天阳光照地之后，我们仍要为台北这个城市继续努力。

我的台北

爸爸的台北

王伟忠

台北，是个很微妙的地方。

我是嘉义小孩，第一次去台北，是十岁那年。

爸爸是空军眷村里的村长，任何疑难杂症他都有办法解决。十岁这年，他想尽办法拜托基地的朋友让我们当"黄鱼"，可以搭空的运输机去台北玩，我们都乐疯了！我缠着妈要她买顶草帽，因为去台北就一定要戴草帽！妈妈原本抵死不从，后来还是受不了我的缠功投降了。

去台北这天，我洋洋得意地戴着草帽、背着水壶，里面装满我妈特制的酸梅汤，早早就在机场等着搭机；等了半天，却接到通知说嘉义天气不好，不能起飞，我当场放声大哭！我姐我哥到了不能随意大哭的年龄，只能低着头，闷闷不乐。"有办法爸爸"当然不能让孩子失望，他摸了摸口袋里的钞票，决定搭火车去台北！

在这天之前，我搭火车最远只去过台南，从嘉义过去十几站，已经觉得远在天边；这趟从嘉义到台北，共花了十多个小时，真没想到世界上竟然还有这么遥远的地方。

当火车轰隆轰隆穿过"中华商场"旁的铁轨进入西门町，台北就在我眼前闪闪发光，大大的霓虹灯招牌闪亮耀眼，平交道旁还出现四个大字：点心世界。太不可思议了，居然有个"世界"，里面全是点心！当场许愿，未来一定要去尝一尝。

多年后参加大专新闻营队认识同届的刘和卿，才知这家店竟是她家开的，原来她就是"点心世界"里的小公主！

火车到站，心头怦怦跳，跟着爸爸兄姐走出台北火车站，立刻发现有个人在看我，那是挂在屋顶的绿油精女孩，眼中还射出绿光！炫得我心头一惊！台北果然是个了不起的地方！

这趟五天四夜之旅，我们住在西门町，去了圆山儿童乐园、中山北路、阳明山，当我看到中山北路笔直宽阔的马路以及路上的车子，小小心灵只有一个感想："原来台北就是'外国'！"

第二次去台北，是考上嘉义中学的奖励之旅，那次我跟邻居杨文杰一同北上，当晚就住在他姊姊杨文华家。

杨文华是我们村的传奇人物,她考进"中视"、当上主播,每次从台北回嘉义,家门外挤满人等着看她,对我来说,这就是光宗耀祖!也埋下我想进电视圈、当主播的梦想。

那天晚上,杨姊姊还进房间来帮她弟还有我盖被子!我兴奋得整晚不能睡,觉得人生好到不能再好了!

这趟旅程的另一个高点,是果庄带着我去"国宾戏院"看《宾汉》。果庄是我家隔壁的老邻居,先搬去台北,他不是亲戚,却犹如亲戚般亲近。

走进"国宾戏院",老天!世界上居然有这么大的电影院!感觉就像在现在的小巨蛋里看电影。那天果庄特别拎着他的大手提录音机Sony CF550进戏院,这是最红的机型,他在戏院里录下《宾汉》的主题曲,我们回到他家,反复听这首歌,心里觉得真了不起!所有不可能的事情,都在台北发生了。

第三次去台北,是高二升高三的暑假,我顶替旁人的名额参加太平山健行,回程下山在台北待一晚,再回嘉义。那时姊姊已经嫁到台北,我住在她永和的家里,晚上果庄带我参加生平第一场家庭舞会,也是我生平第一次摸到了女孩子的……背,吓出一身汗。

再去台北,就是考上文大,离家读大学。

离开嘉义那天,背着哥哥的黄埔大背包,先塞个脸盆打底,再塞进一条卷好的棉被,再放衣物,妈妈给我一条金项链跟两万块现金,要我用这笔钱完成四年学业。出门时,妈妈正在炒菜,我说:"妈我去读书了!"她没回头,就说:"好好好!"

这一天,现实,来得比梦想快。刚下火车,完全搞不清东南西北,连该上哪搭车都不知道,我急得全身冒汗,立刻体会到生活在台北的困难。后来总算找到忠孝东路、中山北路交叉口的站牌,搭上最后一班上阳明山的公交车。

这个搭车的地方,就是现在的东森大楼门口,日后我在这里开了无数次会议。

上车后，又花一个多小时才晃到文化大学，真不敢相信学校竟如此偏僻！下车已是半夜，宿舍全关，我跟朋友就在校园里躺了一晚。从大仁馆远眺市区万家灯火，灿烂辉煌，许下心愿："一定要让这万家灯火，统统认识我！"

大一刚开学，在宿舍见到的第一个人就是刘克襄。那时我还想象着班上应该都是大美女，但进入教室放眼一看……因为我年纪最小，女同学们对我特别照顾，大伙下山去重庆南路吃牛肉面时，她们会请我喝500ml的果汁，然后到西门町看电影。

多年之后，发现自己生活在台北这么久，还是有种"南部小孩"心情，很怕出糗，所以无论跟谁约，尽量都走同样的行程、做同样的事。

我的固定行程是搭公交车下山，在馆前路下车，吃碗重庆南路的清真牛肉汤面、喝果汁，然后走去西门町电影街的乐声戏院前台阶上等人看电影。跟朋友约如此，跟女朋友约，也是如此。唯一差别是朋友会准时出现，女友则一定迟到40分钟到一个小时。

后来我开始有了"台北男孩样"，知道要去青苹果咖啡听震耳欲聋的西洋音乐，知道要听艾尔顿·约翰（Elton John），知道要吃金园排骨，而且还知道大家口袋里都没钱，一片排骨，得三个人分着吃。

这段时间，我那"有办法爸爸"偶尔会独自从嘉义来台北看我。第一次来，是爸爸想为我的前途"活动活动"，说空军的陈燊龄司令过去是他的大队长，跟他很熟，绝对可以帮我在"华视"安插个位置。他来台北等了一个星期，连司令的脸都没见到，离开前还是不改自信地拍拍我的肩膀说："放心！我有办法！你就等通知吧！"看着老爸消失在南下月台，我心中的OS是："爸！少来这套！"

几十年后，陈燊龄早已退休，他家也住过嘉义眷村，有天陈司令的女儿听说我为村子拍了个纪录片，说他爸爸想看，我立刻寄了一份给陈司令参考，他则回寄一封厚厚的信，里面是他的回忆录。看着信封上写着"陈燊龄"三个字，我从心里告诉已经在天上的老爸："老爸！您真有办法，陈司令的'通知'，真的来了！"

爸爸第二次上台北是为了我的毕业典礼，他知道此行会与我女友的父母亲见面，还特别穿西装打领带，硬装出想象中的"派头"，想给女友的爸妈留下好印象。

他第三次来，则因为我遭遇了女友"兵变"[①]。

爸爸一直很喜欢我的女朋友，"兵变"后，他非常担心，立刻赶到景美的营区见我，还说他是顺路过来看看！最后他忍不住骗我说："没关系啦！我从来就不喜欢这个女孩！"唉！再有办法的爸爸，面对儿子的心碎，也无计可施。

退伍之后，我在电视圈从如履薄冰到如鱼得水，连续好几年，忙到整年只有过年得空回嘉义休息几天。其他时间，爸爸整天忙村里的事，也没什么机会来台北看我。

有一年，爸爸有事来台北，我专程带他进摄影棚看我录制《周末派》，他喜滋滋地跟主持

[①]在台湾，正在服役的男人被女友抛弃也叫"兵变"。（编者注）

人小燕姐拍了张合照，摆在家里，没事就秀给他的那些老朋友看。他们这种老式男人不习惯告诉朋友自己儿子事业做得不错，怕老友心头不爽快，但绝对可以拿自己跟大明星的合照吹牛。

1992年过年时，我特别买了支帝舵表送给老爸，那时家人觉得我忙着工作，怕我分心，没人敢告诉我，爸爸其实已经生重病了。

后来爸爸拿着表问我："这表怎么越走越慢？"

我帮他送去检查维修，表修好了，却完全没察觉他的人生也变慢了。来年，他就走了。

一年后，我下定决心要组个快乐家庭，在圆山大饭店办婚礼、开百桌。那天看着满场宾客，忍不住想到我的"有办法爸爸"，他一辈子当村长，主持别人的婚丧喜庆，却没机会看到我当主角，如果他来当主婚人，一定会说："我主持了一辈子婚礼，真没见过这么大的场面！"

20多年后我才知道，爸爸的台北，其实不止这几次。

最近，受邀去空军"司令部"演讲，讲完收到一份礼物，是一份装裱起来的《青年日报》报纸，上面有张照片，是爸爸挺个大肚腩，接受好人好事表扬，旁边还有当天的报道！眼眶瞬间红了。

记得那时我还小，爸爸告诉我们，他要去台北接受好人好事的表扬，听了半信半疑，因为爸爸平时就爱骗我们取乐。这天，拿在手上的剪报证明爸爸说的都是真的，他真的是好人好事代表，而且大肚腩跟我记忆中一样大，笑容跟我记忆中一样温暖。这是爸爸在、但我还不在的台北。

记得做节目时听罗大佑戴着墨镜现场唱着："台北不是我的家，我的家乡没有霓虹灯"，当时深有同感；可是在这里结婚、生子、生活了42年，连妈妈都从嘉义搬来台北，台北早已变成我的家，心情上，也从"去台北"，变为"回台北"。

不过我内在还是个南部小孩，怕丢脸，所以习惯走认识的路，吃常去的餐厅，台北还是西门町楼顶上那个眼睛射出绿光的绿油精女孩，看起来眼熟，但很多地方还是陌生。

像我曾在阳明山上住了四年，直到最近开始爬山，真正地走进山里，才知道，啊，原来台北有这样的地方！

台北就是个旧中有新、新中有旧的地方，好比我家住在南区，附近很多日式住宅老屋，跟嘉义老家破眷村对面的飞官眷舍一样！有一样的大杧果树、一样的大院子，仿佛转个弯，就能回到嘉义。

在台北认识的新朋友，也是新中有旧。老友阿三是打小玩在一起的哥们儿，后来变成女儿同学的老爸；预官朋友的老婆，变成合作对象的姻亲。台北就是这样，转来转去，大家都有些牵连、都有些关系，不管是人事时地物，都能牵来牵去，牵出个早就写好的故事来。

台北在我心目中，就是有钱亲戚住的地方，是当年邻居姊姊、也是我心目中女神杨文华的家，是有很多美女的地方，也是虚荣心作祟的地方。台北对我来说，比纽约重要、比洛杉矶重要、比伦敦重要、比东京重要，但未来是不是还如此，就不得而知了。

大航海时代

最早来到台湾的西方人，在16世纪的葡萄牙航海家口中为"福尔摩沙（Formosa）"，到了西班牙的航海家口中，则发音为"艾尔摩莎（Hermosa）"。

1582年一艘搭载西班牙及葡萄牙神父等300名乘客的船只在台湾北部海岸某处触礁后，船上人员被迫滞留在台湾岛上而与当地居民有过短暂的接触，这些人后来自行造船平安返回澳门，而这些幸存的西班牙与葡萄牙人，便成为台湾历史上最早来到台湾的西方人。

西班牙与荷兰在台湾的殖民，两者之间的差别在于：荷兰东印度公司在印度尼西亚巴达维亚城（Batavia）的总督支持荷兰人在台湾的殖民，而西班牙政府在马尼拉的菲律宾总督，则因为与道明会教会的政治斗争而千方百计想将台湾的西班牙驻军撤走。因此，荷兰人在台湾的力量越来越强大，而西班牙人在台湾的力量却日渐衰弱。

台湾西班牙殖民统治时期为1626至1642年间，西班牙帝国于北台湾历时16年的殖民统治。台湾荷兰殖民统治时期为1624至1662年间，于南台湾历时38年的殖民统治。

北：西班牙沪尾基隆长官辖区 1626—1642年
中：大肚王国 未知—1732年（台湾少数民族联盟）
南：荷兰台湾长官行政辖区，热兰遮城1624—1662年，
赤崁楼1653年建。

17世纪荷兰东印度公司总督——顾恩

顾恩（Jan Pietersz Coen，1587—1629年）在其荷兰东印度公司总督任内建设印度尼西亚巴达维亚城（Batavia）为东方总部（1619年），他采用武力、高压、独占政策以推展荷兰的东方势力，并于1622年派兵占领澎湖，以达与明帝国直接通商之目的。

顾恩（Jan Pietersz Coen）

文字来源：《艾尔摩莎：大航海时代的台湾与西班牙》《维基百科》

西班牙人探勘硫黄

扩 展

东印度公司贸易
鹿皮

1633-1660

台湾平均每年出口 71915 张鹿皮至日本……

1634年荷兰人输日鹿皮有11.2万张，1638年有15.1万张，1655年（明永历九年）有10.4万张，由此可知鹿皮贸易扩展之迅速与数量之庞大。

1645年（明弘光元年）后则规定每隔两年必须停猎一年；至1652年（明永历六年）禁猎有了成效，鹿群数量才告恢复。

荷兰人准许汉人恢复罠的使用，而筅仍在禁用之列，鹿皮在东印度公司台湾商馆财政上，均占有重要的地位。

叶子想象图：鹿皮经济

1652–1660

  在日本战国时代，鹿皮是很重要的军需品，故在荷兰人占据台湾之前，已有闽南汉人进入台湾少数民族部落搜购鹿皮输往日本，肉则做成鹿脯输入大陆，况且此时台湾已是中日走私贸易的会合点，日本商人也前来台湾购买鹿皮及其他货物，每年鹿皮交易数目约有1.8万张。

  台湾地区台湾史研究所以《近世台湾鹿皮贸易考：青年曹永和的学术启航》之名出版，曹永和认为：荷兰侵占台湾前后，每年大约出口20万张鹿皮（尤以输日本为大宗，初期20万张，末期3万张，清治期间年9000张，直至雍正时因量不足而消失取消）。

  文字来源：吴聪敏，2003年，《台湾经济发展史》，台大经济系；《台湾全记录》

比照《图说清代台北城》第 18 页图绘制

  凯达格兰人（Ketagalan）为台湾平埔人的一支，分布于淡水、台北、基隆一带，以台北盆地为主体。与兰阳平原上的噶玛兰人曾有着密切的关系，现因汉化而难以辨别。

  在三百多年前，台北盆地是凯达格兰人的领域，大约有30社（平埔人的聚落称为"社"），原本散居在各地以渔猎和简易农耕为生，后经荷兰人、西班牙人、日本人入侵和开垦，生活和族群发生重大变化。这些重大的改变，逐渐让凯达格兰人，甚至全台湾平埔人走向消失的命运。

  相传凯达格兰人的祖先是从台湾本岛最东境的岬角——三貂角登陆，17世纪康熙年间大地震前，文献指出仍为台北一带最主要部落结构。传统的平埔人社会，对于信仰，其实大多还停留在祖灵崇祀以及图腾膜拜的阶段，各族的祭典不尽相同，其中北部的凯达格兰人的祭典有农历六月十八日和农历八月十六日。六月的祭典是在祈求鱼获丰收，八月的则是感谢祖灵庇佑农作物收成，他们会以其神圣的植物山橄榄当作祭品。

  从婚姻与财产制度中可显而易见为一母性社会：男性必须入赘，家产也由女性继承，这与汉人文化有极大的差异。17世纪至18世纪，福建泉漳一带的闽南人大量进入台湾，平埔人因处平地，与汉人的接触机会较多，汉化较早。

  在《番社采风图》中载："番社"周围以木或竹做成栏栅，围出界线，防御功能相当明显。入口处则立起大木柱，并在村落外围设置瞭望楼。瞭望楼多以竹子为结构，上覆茅草屋顶。平埔人的住屋以柱子架高的干栏式建筑为主，底部通风，具有良好的防潮功能。

  据考证，现今台北许多地名为凯达格兰语音译而成，例如：大龙峒、北投、唭哩岸、八里、秀朗、艋舺等。

文字来源：《台番图说（番社采风图）》《维基百科》

照片来源：约翰·汤姆逊（John Thomson），1871年摄影
《法国珍藏早期台湾影像：摄影与历史的对话》

照片来源：贝尔托（Berthaud），1874–1882年摄影
《法国珍藏早期台湾影像：摄影与历史的对话》

照片来源：约翰·汤姆逊（John Thomson），1871年摄影
《法国珍藏早期台湾影像：摄影与历史的对话》

1695-1698

康熙三十六年（1697年）

郁永河，字沧浪，浙江杭州仁和人，生性好远游，足迹遍历八闽地区。今年以探硫黄来台，自郡治(台南)所在，经半线(今彰化)、竹堑(今新竹)，而至北投煮磺，沿途遍访当地居民聚落，探险内山，并采辑台中逸事，做成《裨海纪游》《番境补遗》等书，备述台湾山川形势、物产风土及生民情状皆生动清晰。《海上纪要》并论台湾时政。

郁永河著作，多半可采，尤其有关台湾平埔人的记录。清代所遗留文献中，以《裨海纪游》一书为最早且最可靠，因而成为后人研究当地居民聚落所必须引用的重要史料之一。

文字来源：《台湾全记录》

下乡巡视的清代官员

满人定鼎中原后仍然强调骑马射箭，这是"祖宗"根本，文官大多坐轿，武官则骑马。

文字来源：《壹玖壹壹：从鸦片战争到军阀混战的百年影像史》

叶子想象图：郁永河台湾行

郁永河一行人搭乘黄牛车，走陆路北上。
文字来源：《打拼：台湾人民的历史》

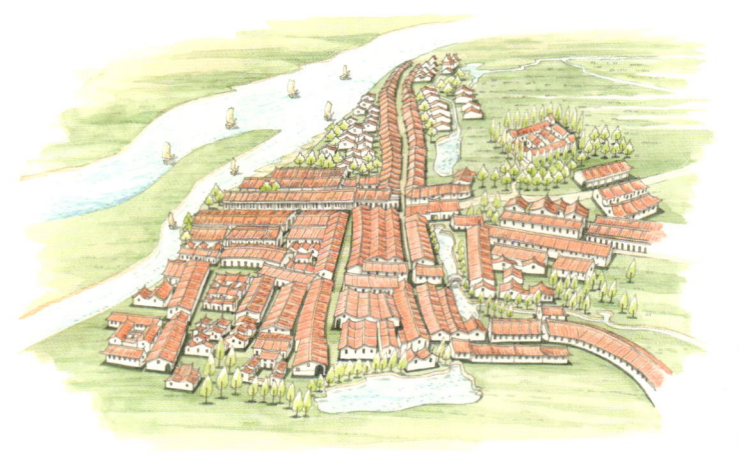

清代台北城
比照《图说清代台北城》
第 46 页图绘制

1894-1906

古老城镇，汉中

中国典型的传统城镇都会在城中设置鼓楼或钟楼，再由纵横的街道将城镇划分成几个部分。照片中的汉中旧街，用石板和鹅卵石精心铺设路面，两旁的房屋紧密相连。

文字来源：《壹玖壹壹：从鸦片战争到军阀混战的百年影像史》

堆砌的一砖一板

明末清初来台的祖辈

1868-1875
同治十一年（1872年）2月1日

加拿大籍的长老教会马偕牧师（Rev. George Leslie Mackay）今天偕同伴李床牧师（Rev. Hugh Ritchie）自打狗搭船北上，由淡水上岸。这一天也就成为长老教会北部设教纪念日。道光二十四年（1844年），马偕生于加拿大安大略（On-tario）省牛津（Oxford）县若拉（Zorra）村，毕业于美国普林斯顿大学神学院，于去年获加拿大长老教会总会通过，成为加拿大长老教会第一位海外传教士，远赴台湾北部传播教义。

台湾地处亚热带，气候闷热潮湿，人民久为各种传染病所苦恼，死亡率很高。马偕虽然不是医师，但很快就注意到医疗方面的重要性，因此，乃借医疗工作来推展教务。

马偕在台湾

1882-1884
光绪八年（1882年）7月26日

淡水理学堂大书院（Oxford College）今日举行落成典礼。

去年10月马偕牧师自加拿大故乡募得建设神学院的基金6215美元，返回淡水。不久，即在淡水炮台埔购得土地，开工建筑校舍。校舍东西长76尺，南北长116尺。约经半年，全部工程完成，于本日举行落成奉献暨开校典礼。该学堂所教，除了神学和圣经外，凡西文、西语及地理、地质、算学等西学无不毕具，与林乐知在上海开设之大学堂相似。

1901
6.2传教士马偕在淡水去世

加拿大长老会传教士马偕博士，今日因喉癌病逝，安葬于淡水，享年58岁。

马偕是加拿大长老教会教士，1872年3月9日搭船抵达淡水，利用淡水作为传教根据地，以大甲溪以北作为北部教会教区。他到淡水之后努力学习闽南语，并借为人治病传播教义，1875年与五股坑人张聪明结婚，至1880年止在北部地区设立21个教会，分布在淡水、八里坌（八里）、台北、基隆、桃园等地。1880年之后往宜兰地区噶玛兰平埔部落传教，至1894年共设立24座教堂。

马偕曾学习基本的医疗技术，因此，利用诊病施药以传播教义。他常巡回各地为人拔除病牙，据统计，1873年至1893年间共拔牙2.1万颗以上。他原先在淡水的住所为人诊疗，但因求诊者众，不敷需求，1879年获得一加拿大船长捐献3000圆作为筹建医院经费，9月间马偕医馆落成，成为北台湾最早设立的西式医院。

马偕将医疗与传教相结合，对北台湾新式医学的发展颇有倡导之功。

马偕传教极注重本地布道人才的训练，1880年他返回加拿大，提议在淡水设立学校，得到牛津郡居民的支持，募款后回到淡水，在炮台埔建造理学堂大书院，1882年9月14日举行开学式。另外马偕目睹台湾妇女地位低下，知识闭塞，认为有设立女学校以培养本地女传教士的需要。1881年得到加拿大本会提供经费作为建设女学校之用，1884年3月3日在理学堂大书院旁设立淡水女学堂。理学堂大书院后来迁至台北，更名为台湾神学校（即今之台湾神学院）。马偕在台湾29年的传教生涯，除了传播宗教外，对新文化的传播与改善民俗、启迪民智均有贡献。

文字来源：《台湾全记录》

西方的初接触

清末时期卖小吃的路边摊，这里传统美食应有尽有，老人小孩都喜欢。

比照《图说清代台北城》第 22 页图绘制

台北三市街

1920 年以前,不存在台北市或统一管理"大佳腊堡"(台湾北部自清治时期至日据初期的一个行政区划,其幅员辽阔,包括今台北市市区大部分地区:万华区北半部、大同区、士林区西南端一小块地区、中山区中南部、中正区、大安区、松山区、信义区及南港区——引用自《维基百科》)几个成片聚落的市政机构,对于这个大聚落(或者用日本人的术语叫"市街地"),大家只有通称"台北三市街",也就是艋舺、大稻埕、城内。

艋舺就是台北市最早的起源（但不是台北盆地最早的大聚落，至少新庄的发展就比艋舺早）。当艋舺成为台北盆地最繁荣的地段后，来自不同祖籍的艋舺人间打了一场很轰动的群架，也就是"顶下郊拼"，使得有一群人逃难越到艋舺沼泽以北，形成了大稻埕。

或许是风水轮流转，1860年开港后，洋商乘轮船溯淡水河来采买茶叶，大稻埕与艋舺的兴盛就翻转了。洋人的轮船，当然比台湾本土的帆船吃水重多了，艋舺那一带水浅，容不了大船。从清末到日据时期，艋舺在经济、文化上，都无法与大稻埕相比。

那城内又是怎么来的？远因来自清末台湾北部因茶叶、樟脑产业而兴盛，需要一个政治中心，近因居然是台湾尾恒春半岛高士佛社"生番"，砍了几个琉球人，造成"牡丹社事件"和台湾南北分治，北部另设一个"台北府"。

那么这第一个叫作"台北"地名的空间，范围从大甲溪以北到台湾头，还包含宜兰在内，但在当时那片可几乎全是乡下地方，只有艋舺和大稻埕两个比较大的市街，这个府城该放在哪呢？大稻埕跟艋舺之间当时是一大片沼泽呐，围哪个起来，似乎都有区域会不好施工；两个一起围把沼泽包进去，好像又太浪费。怎么办？1884年时台湾兵备道道台刘璈，精通风水堪舆，掐指一算就做了裁决。大稻埕或艋舺两个市街都不要围，再往东在一片稻田里万丈城墙平地起，盖这个新城西北通大稻埕，西南接艋舺，然后三市街包住艋舺沼泽。

刘璈盖的这个台北城不大，基本上是一个长方形（今日忠孝西路、中山南路、中华路、爱国西路包围的范围），长方形的中轴线对准草山的最高峰——七星山，大概偏转了一二十度，也是极有心思的。可惜之后的刘铭传就是不爱"前朝"遗物，硬把城内道路盖成正南北向。实际上一直到日本人侵占，城内的人口始终不多，还有大片草地，大稻埕或艋舺各两万多人，城内才两千多人。

1920年台北成立州辖市

1920年，台湾行政区划大调整与地名改变，彻底改变了台湾自明清以来的基层行政划分，影响所及直到现在。台湾今日乡镇、县市的格局根源于此，台北市也是此时成立的（行政层级为州辖市，与郡同级），当时台湾只设台北、台中、台南三市而已。1920年的台北市，相当于今日万华、大同、中山、中正、大安等五区。

1920年的台北市，已经比三市街扩张十几倍。我们有时会听长辈讲古，以前士林人进市区会说"去台北"。其实，更早以前住在今天信义计划区的人进市区，也要说"去台北"。因为今天的松山区和信义区（即1920年的松山庄），是晚至1938年才并入台北市的。自1938年至1968年间，台北市的范围因并入松山庄，比20世纪20年代扩张近半。这阶段的台北市，相当于今日万华、大同、中山、中正、大安、松山、信义等七区。在日据时期，州辖台北市下分64町与19大字（含原松山庄九大字，又1935年以后州辖台北市曾分区，数目最多达90区，仅作辅助性质）。国民政府接收后，提升为省辖台北市（与台北县同级），原町与大字重组为10区，即双园、龙山（以上及城中区西门町组成今万华区）、建成、延平、大同（以上三区为今大同区）、中山（今中山区）、城中、古亭（城中区扣除西门町与古亭区之半，组成中正）、大安（加上古亭区之半，组成今大安区）、松山区（分为今松山、信义）等10区。

1967年，省辖台北市又提升为院辖台北市，即直辖市，与台湾省同级。由于战后人口激增至百万，超过原先都市计划收纳人口，升格时就打算扩大台北市的行政区域，只是方案一时难决。几经与台北县的折冲，升格次年，"行政院"明令将原本分属台北县的景美镇、木栅乡、南港镇、内湖乡，与阳明山管理局管辖的士林镇、北投镇划归台北市管辖。然而这几个乡镇并入台北市也非一路顺利，麻烦就卡在阳明山管理局，一直拖到1974年才解决。

说到这个"阳明山管理局"，是为了山下士林官邸、山上草山行馆、中兴宾馆的安全所设立，局长由将官派任。老一辈的身份证如果有Y字开头，就是阳明山管理局核发。

此后台北市面积就不再扩大，维持272平方公里的土地，只是在1990年把16区调整为现行的12区，让每个区的面积、人口较为平均（重划前松山区还包含现在的信义区，人口多达五十几万人，而建成、延平区面积、人口均小）。

台北市都市计划大跨越

台北市都市计划的第一次大跨越，是1905年市街改正（台北厅第199号告示），将都市计划范围扩大到整个台北三市街（与周围都市外溢区），尤其重要的是规划填平"艋舺沼泽"，除把一片低利用区改造为寸土寸金的"西门町"（这是概称，1922年正式作为行政单位的西门町，比现在概念的"西门町"区域要小得多），更借这一片新开发区，把城内、艋舺、大稻埕紧密结合在一起。都市计划后新兴的西门町、东门外、南门外、大稻埕以东的三板桥等地，日本人的比例就特别高。

台北市都市计划的第二次大跨越，是在1932年，这次从三市街的概念，拓展到当时州辖台北市全境外加松山庄在内，完整的台北盆地最大一片平原统一规划。这次都市计划以当时的眼光来看，已经是"大都会区"格局的宏大计划，预定收纳60万人（1930年台北市人口才24万），设计了松江路与新生南路以西的各主要干线（敦化南北路除外）和公园预定地（公五今台北小巨蛋，公六台北中山纪念馆、公七大安森林公园），战后基本沿用，直接影响至少及于20世纪20年代的台北城市发展，影响力之大可以想见。

马路名称

走在台北街头，路名即有中国的地图投射，基于战后国民党当局要消除日本文化、发扬中华文化有关，台北于1968年升格"直辖市"前的全境，也就是相当于今日万华、大同、中山、中正、大安、松山、信义等旧七区的范围，达成了"台北路名"与"中国地名"的完美对应投射！比如说，抚远是中国东北端县治，抚远街就必定在台北旧市区东北角，东北九省的城市名就集中在中山区和松山区。至于西北的路名如库伦街、哈密街、兰州街，就发配到大同区。西南的路名如内江街、昆明路、成都路、康定路，就是万华区专有，而东南的路名如福州路、杭州南北路、永康街，就是中正区东部（旧古亭区）和大安区、信义区专属了。这就是Mini China在台北的印象。

另外，中山南北路、中正路与忠孝、仁爱、信义、和平、四维、八德路等名称，都有其典故来源的。

文案摘录自：黄清琪老师《台北在哪里？——天龙国的身世，超完整解说》

台北上河图

清朝时期一家人

岩疆锁钥

　　台北筑城之议，可追溯至沈葆桢光绪元年（1875年）上书的《台北拟建一府三县折》，但未获清廷重视。沈葆桢故向朝廷再建议设置"台北府"，使北部与南部（台湾府）取得行政同等地位。这项建议获得清廷允许，并准建台北府城。其后，沈葆桢保荐林达泉出任台北府第一任知府。林达泉奉旨试署台北知府，于光绪四年（1878年）到任，他选定艋舺与大稻埕之间的荒僻平野，作为未来台北城的城址。林达泉到任仅七个月，因积劳卒于官署。时间虽短暂，却是台北城的奠基者。

　　光绪五年（1879年），陈星聚于台北正式开府，开始拟定建城计划，但苦于经费不足，又受限于城址水田土质松软，于是先植竹培土，期三四年后，使基地扎实，然后再正式建城。（注：后来，陈星聚直接参与兴筑台北城，光绪十一年，卒于台北知府任期内。）光绪七年（1881年）贵州巡抚岑毓英调任福建巡抚，任务为"渡台筹边"，于是对台北府建城之事转趋积极，岑毓英"亲临履勘，划定基址"。光绪八年（1882年）1月24日，台北城正式兴工。同年五月，岑毓英奉调署理云贵总督，台湾事务遂交由台湾道刘璈负责。

　　刘璈，湖南人，为湘军将领左宗棠门下，同治十三年（1874年）来台处理牡丹社善后事宜，专办建筑恒春城工务。光绪七年（1881年）又来台，担任台湾兵备道。任职台湾道期间，《台湾通史》作者连横形容他"勇于任事，不避艰巨，整饬吏治，振作文风"。台湾尚未建省之前，行政区属于"福建省台湾道"。福建巡抚春夏驻台，秋冬驻闽，两地轮流驻扎办公。台湾道刘璈则为福建巡抚之下、台湾地区最高行政长官。

　　刘璈巡视台北城基后，推翻前人的规划。刘璈精湛于风水之学，又有修筑恒春城的实务经验。他认为岑毓英城基规划不妥，将使台北城"后无祖山可凭，一路空虚，相书属五凶"。于是刘璈乃更改城基方向，将整座城郭向东旋转13度，使北城墙后方有七星山可作为倚靠，台北城的城座方向变为向东北、西南倾斜。

　　光绪十年（1884年）11月，台北城完工。城墙周径1506丈，壁高丈五，雉垛高三尺，城墙上路宽丈二，可容两马并辔而行。开五城门，分别为东门（景福）、西门（宝成）、南门

（丽正）、北门（承恩）、小南门（重熙），建城石材则取自大直北势湖。这座城，经历沈葆桢、林达泉、陈星聚、岑毓英等人的倡议及规划，最后完成于刘璈之手。据德国人辛慈研究，台北城是中国最后一座依风水建造的城市。

刘璈是刘铭传的政治宿敌，两刘恩怨，最后以悲剧收场。刘璈为台北城的实际创建者，刘铭传为台湾现代化之父，两人治台都有功绩，均为不可多得之人才。然而两虎不相容，致使两人先后被迫离台，一流死于边疆，一黯然归故里。对此，连横深表惋惜，他感慨评论此事："法人之役，刘铭传治军台北，而刘璈驻南，皆有经国之才。使璈不以罪去，辅佐巡抚，以经理台疆，南北俱举，必有可观。而铭传竟不能容之。非才之难，而所以用之者实难，有以哉！"

明治三十三年（1900年），台湾总督府以交通建设为由，开始拆毁台北城的城墙及西门。其余各城门一度打算全数拆毁，当时台湾总督府图书馆馆长山中樵等学者坚决反对，才得以保留下来。这剩余的四座城门，成为台北城唯一的遗址。

1965年，这四座城门又遭浩劫。台北市政府以"美化市容"为名，将这几座已有81年历史的旧城楼全拆毁，改建成"北方宫殿式"的新城门，当时仅有北门幸免于难。这是因为都市计划即将在北门附近兴建高架道路，北门迟早要被夷平，所以没有拆除改建之必要。

后来学者极力争取，经过激烈争辩，市政府同意修改道路计划，将高架道路稍为偏斜，于是北门得以保留下来，但从此局促于高架道路的包夹之中。北门终能保有历史原貌至今，只是历史的偶然与运气而已。

二十余年后，逃过一劫的北门终于被列为台湾地区第一级古迹。今天，想要欣赏一百二十年前的台北城原貌，要看到"岩疆锁钥"这块饱经风霜的碑石，唯有北门而已。

文案摘录自：黄育志老师《北门沧桑，两刘恩怨》

1879–1884

光绪五年（1879年），陈星聚于台北正式开府，开始拟定建城计划，光绪十年（1884年）11月，台北城完工。

光绪十年（1884年）11月，台北城完工，城墙周径1506丈，壁高丈五，雉垛高三尺，城墙上路宽丈二，可容两马并辔而行，开五城门，分别为东门（景福），西门（宝成），南门（丽正），北门（承恩），小南门（重熙），建城石材取自大直北势湖，这座城，经历沈葆桢、林达泉、陈星聚、岑毓英的倡议及规划，最后完成于刘璈之手。

明治三十三年（1900年），台湾总督府以建设为由，开始拆毁台北城的城墙及西门，其原本一度计划全数拆毁，时台湾总督府图书馆馆长山中樵等学者坚决反对，才得以保留现余的四座城门。

1965年这四座城门又遭浩劫，台北市政府以"美化市容"为名，将这几座已有81年历史的旧城楼拆毁，改建成"北方宫殿式"的新城门，当时仅有北门幸免于难，是因都市计划即将在北门附近兴建高架道路，认为北门终要被夷平，所以没有拆除改建之必要因而逃过一劫；而后学者极力争取下，二十余年后，逃过拆除命运的北门终于被列为台湾地区第一级古迹，得以保存下来，今能欣赏一百二十余年前的台北城原貌，只剩北门了。

台北城的东门，又称景福门。
台北城的南门，又称丽正门。
台北城的西门，又称宝成门。
台北城的北门，又称承恩门。
台北城的小南门，又称重熙门。

文字来源：黄育志《北门沧桑，两刘恩怨》；《台湾全记录》

城　门

清朝时期的台北西门

叶子想象图：清末时期的洋商行

石坊街（今衡阳路）是台北市第一条大马路，路中央的"急公好义坊"建于1888年，远处为西门城楼。
文字来源：《台湾全记录》

清末刘铭传所建的大稻埕火车站
文字来源：《台湾全记录》

大稻埕码头，其后为观音山。

叶子想象图：清末渡台示意图
船只考据清朝的船图，人物为参考法国人摄影清朝的船上人家。

日据时期大稻埕河畔

台北旧城壁

台北府城城郭周围共长1506丈,城墙高一丈五尺,雉堞三尺,计高一丈八尺,厚一丈二尺,墙顶辟建为步道,东畔相当于今中山南路,西畔相当于中华路,南畔相当于今爱国西路,北畔约今忠孝西路,城外环以护城壕堑,壁体之石块相当整齐,为台湾最考究的石造城池。并辟有五座门楼,其中东门为"景福",日本人侵占台湾后便开始拆毁城郭。

文字来源:《法国珍藏早期台湾影像:摄影与历史的对话》

1895 年的台北北门（承恩门）与接官亭

1895 年北门外一景

台北城"承恩门"俗称北门，是连接城内政治中心——巡抚衙门、布政使司衙门与城外洋行密集的商业精华区——大稻埕之间的重要通道，且基隆通往台北的铁路，其车站也设在附近，日军既循铁路线前来，北门乃成为首当其冲的目标。图中保护北门的外廓（瓮城）仍然完好无缺，牌楼则是前往军装机器局（即今台铁旧舍现址）的通道。

从这张图片可以清楚看到承恩门外面还有一座瓮城，而瓮城北方则是迎接清廷官员的接官亭。

文字来源：《攻台图录：台湾史上最大一场战争》
宋彦升《被视为台北城门户的承恩门，为什么会两度险遭政府拆毁？》

戎克船

即使到了日据时期，戎克船仍是海上货运的重要交通工具。

洋人的轮船当然比台湾本地帆船（junk，有人翻译戎克船，而英文字就是来自闽南语的"船"）吃水重多了，艋舺（此名来自南岛语"独木舟"，与现今印度尼西亚语发音一样）一带水浅容不了大船，清末始至日据时期，艋舺在经济与文化上都无法与大稻埕相比。

文字来源：黄清琪《台北在哪里？——天龙国的身世，超完整解说》

清前期的淡水河畔

戎克船小档案

英文名：junk（中国式帆船），由马来语的"dgong""jong"所演变，另一种说法是由闽南语发音的"船"转音而来。

别名：福州船

诞生：传说在公元前200年的汉朝就已出现，在15至17世纪中，广泛出现于中国近海，一直到1920年代仍可见踪迹。

船型：长约33米，宽约6.6米。

特色：中国独创的帆船类型，并在船首左右雕有一双凸出的鱼眼。

功能：载运贸易商品之用，据说明朝特使郑和船队曾改良这类船型航遍东南亚，甚至还远达非洲呢！

文字来源：《穿越时空看台北：台北建城120周年：古地图 旧影像 文献 文物展》

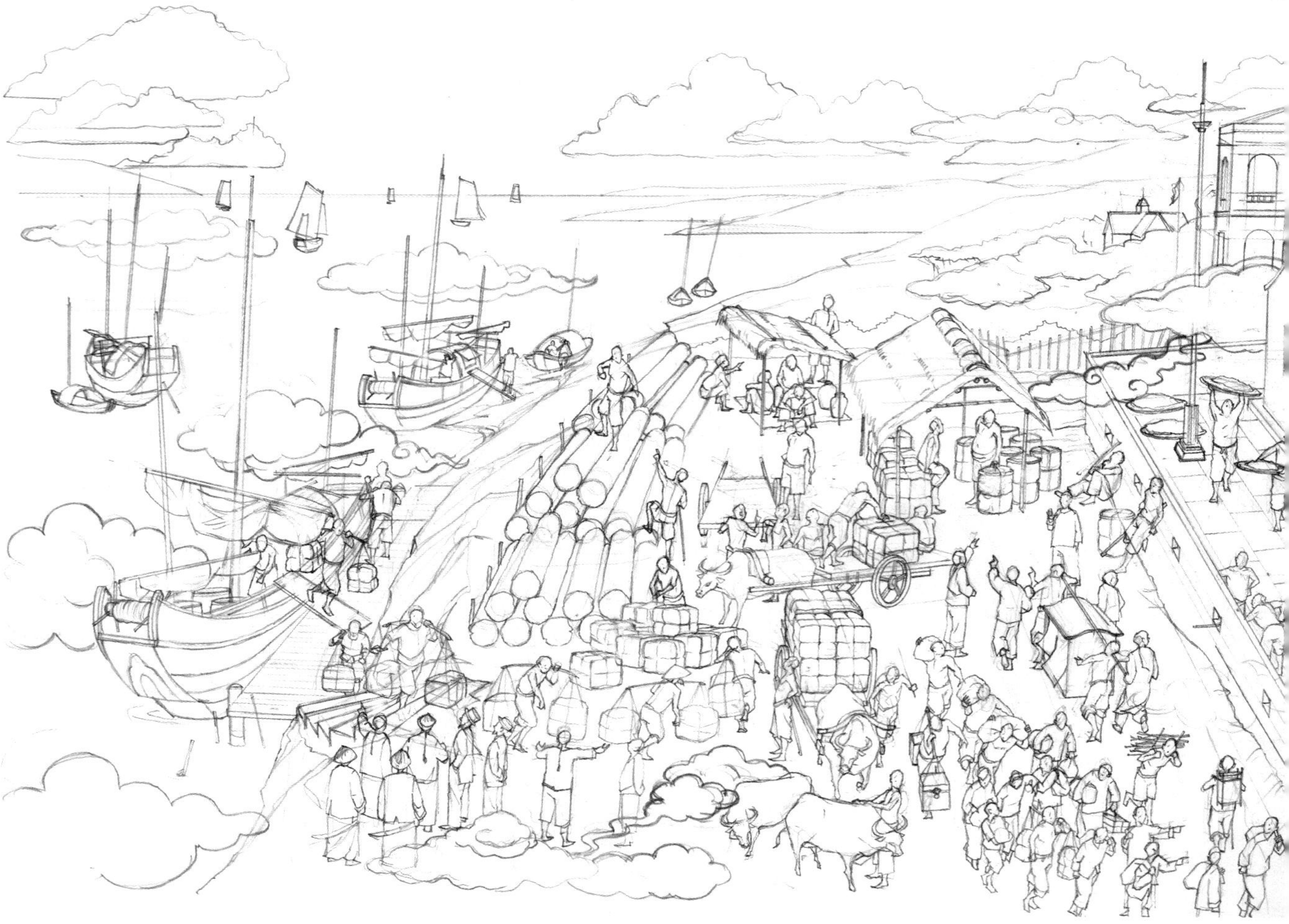

叶子想象图：清末的大稻埕

1920年以前，不存在台北市或统一管理"大佳腊堡"几个成片聚落的市政机构，对于这个大聚落（或者用日本人的叫法叫"市街地"），大家只有通称"台北三市街"，也就是艋舺、大稻埕、城内。

文字来源：黄清琪《台北在哪里？——天龙国的身世，超完整解说》

往萬華

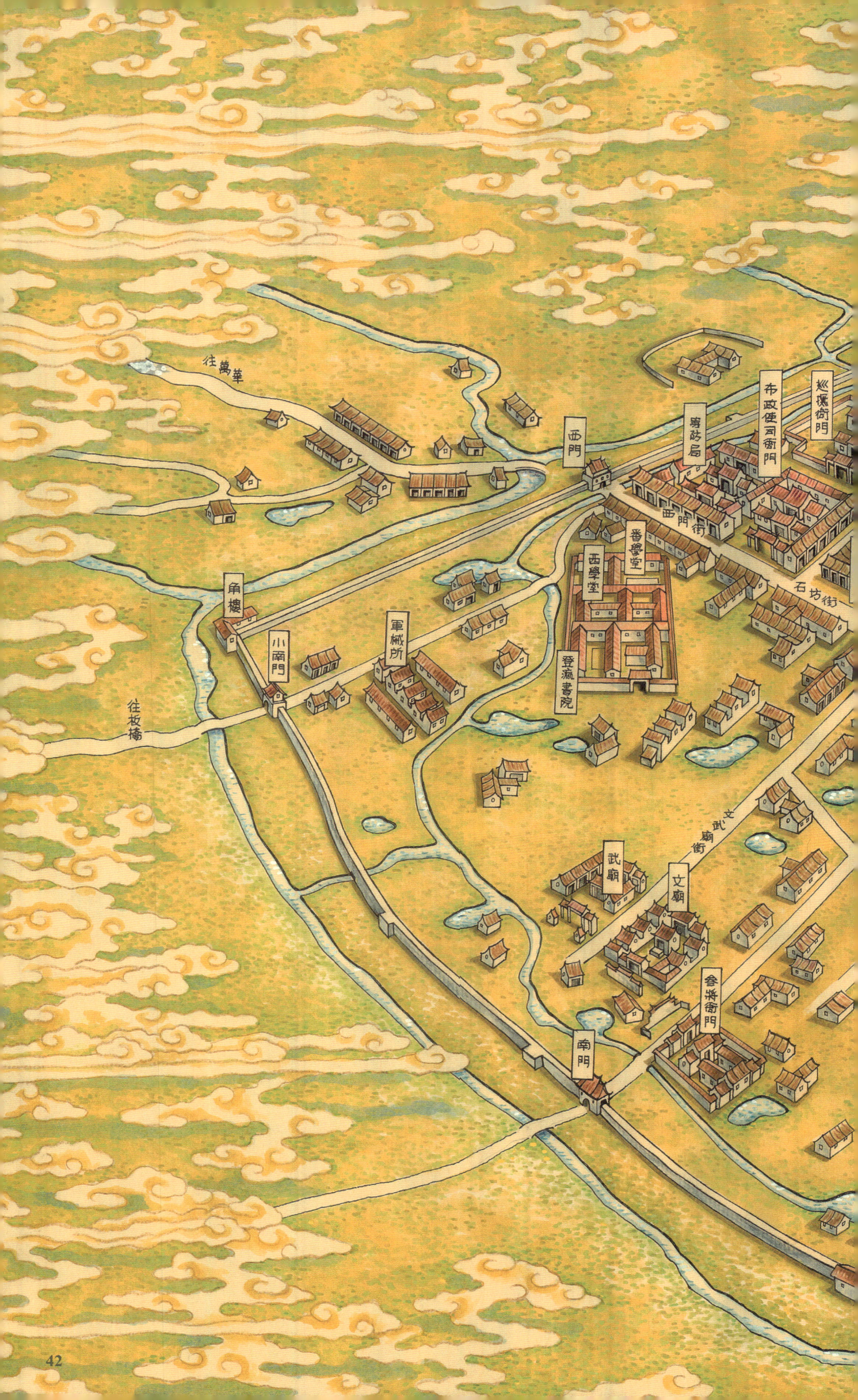

西門

巡撫衙門
布政使司衙門
軍裝局
西門街
番學堂
西學堂
石坊街
角樓
小南門
軍械所
登瀛書院

往枋橋

文廟街
武廟
文廟
參將衙門

南門

清代台北城

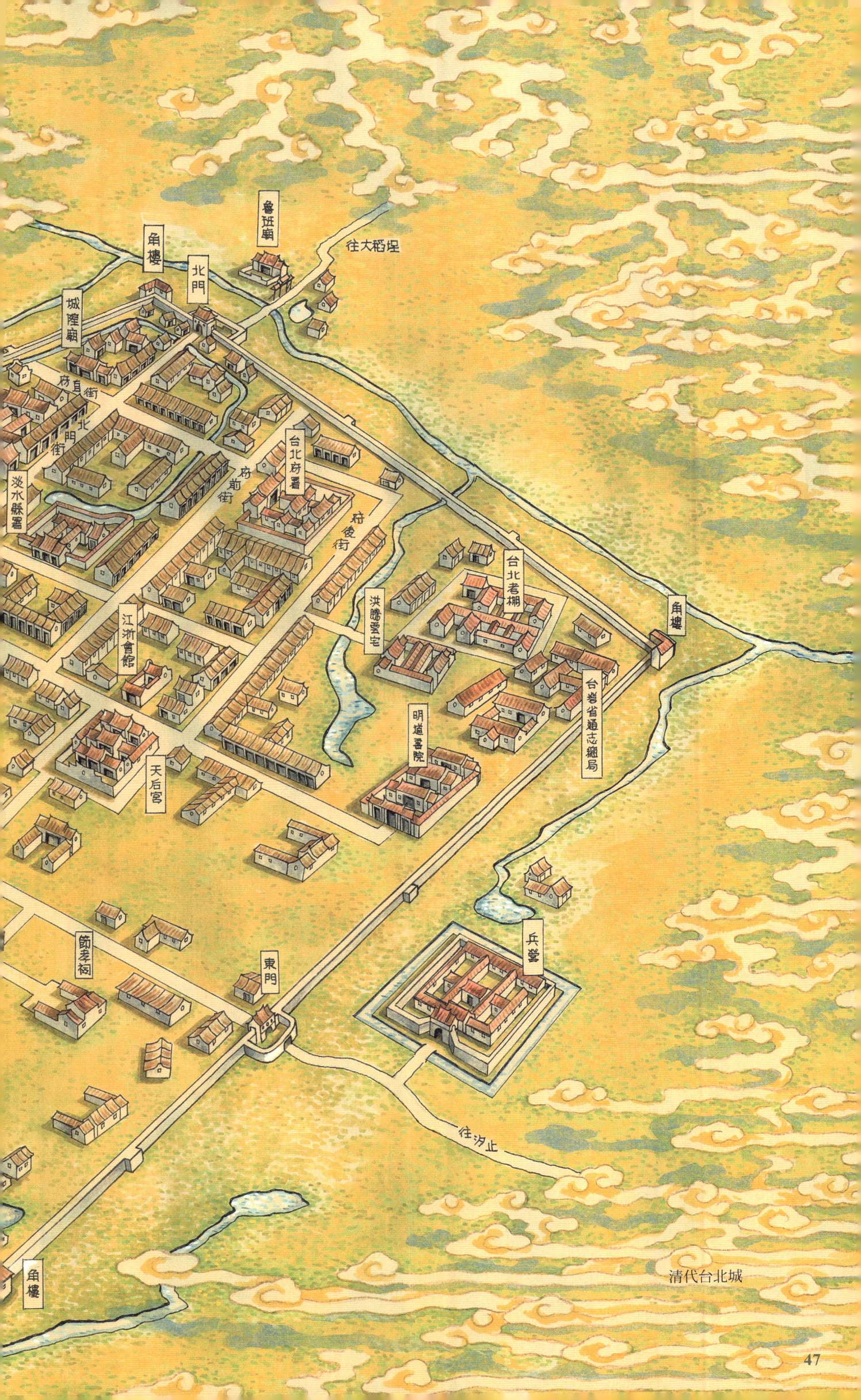

陈进兴之路

——台湾最长的"犯罪连续剧"

李 瑞

　　1993年我从永和搬到行义路后，有时下班较晚，从报社叫出租车回家，司机大多不知行义路。我从万华大理街搭上车，必须仔细说明行车路线：先绕到中山北路一段，直行至六段，到日本学校旁左转天母北路，到底见到福德庙右转行义路。有一次太累，上车说了"行义路"后忘记说明路线就闭目假寐。过了大约十分钟，直觉方向好像不太对，睁眼一看，不像是中山北路啊！我迷迷糊糊问司机：请问这是哪里？他说："信义路"啊，你刚刚不是说要去"信义路"？

　　1997年11月18日，陈进兴潜入行义路半山腰154巷22号南非武官官邸挟持人质，新闻轰动岛内外。其后下班搭出租车，一说"行义路"，司机即说："我知道，我知道，陈进兴那条路！"

　　——蜿蜒曲折通往阳明山的行义路从此名扬天下。"陈进兴之路"的故事之漫长复杂，黑暗恐怖，即使已事过20多年，也很难道尽全貌。

1997与台湾最长的"犯罪连续剧"

　　回顾"陈进兴之路"的关键年代，1997年确实有不少大事。1月20日，美国总统克林顿二度就职。2月19日，邓小平逝世。3月28日，捷运淡水线通车至中山站。5月5日，"民视"开播。7月1日，香港回归。8月18日，温妮台风，汐止林肯大郡倒塌，26人死亡，100多人无家可归。8月31日，英国黛安娜王妃车祸遽逝……

　　——另有两事也与"陈进兴之路"有关。一是6月11日至9月2日，"民视"播放60集八点档电视剧《菅芒花的春天》，那是白晓燕之母白冰冰前半生的传记。二是12月31日，南非隔绝与台湾的"邦交"。

　　在这些岛内外大小事之间，最让台湾人震撼的惊悚新闻，莫过于从4月14日绑架白晓燕，延续至11月18日挟持南非武官20多小时的"陈进兴事件"。这出台湾最长的"犯罪连续剧"，在台北街头巷尾演出七个多月，让"连战内阁"损兵折将：5月8日林丰正与马英九请辞；8月15日姚高桥下台。——即使如此，连续剧仍高潮起伏，接着演了两个多月才落幕。

"陈进兴事件"不止揪紧台湾人的心，也备受国际媒体瞩目，因为两个受害要角都有外国背景。其一在起始之端，被绑架的7岁少女白晓燕，其父是日本电影制作人、剧作家梶原一骑。其二在结束之端，被挟持的卓懋祺上校是南非武官；其时南非已决定与台湾"断交"，1998年1月1日后即将离台返国，却在卸任前夕遭逢大难，不但家中五人被陈进兴持枪挟持二十多小时，甚至膝盖被射伤，长女梅兰妮的腰、背也中弹……

如果不是20号邻居不在家

行义路邻近磺溪，周边多树，空气清新，水质尤佳（住户用水来自没有工业污染的阳明山水厂）。这样幽静的环境，吸引不少怡和洋行等外商公司员工租住；也有国泰蔡家等富户及蒋仲苓等高官。陈进兴投降后，对自己的逃亡生涯不无自豪地说："最危险的地方就是最安全的地方。"他举的例子，就是当时地位崇高的蒋仲苓：蒋的官舍位于行义路112巷，隐秘而宽阔，门口两个卫兵站岗；他曾躲在那幢官舍对面的楼顶电梯间，都没被警方人员发现……

但陈进兴闯入卓懋祺租居处是个意外。卓家住的是两排背对背的五层楼别墅，住户也多为在台"外交官"或外商公司人员。据他返回南非后所写回忆录《*Hostage in Taipei*》所述，陈进兴早已锁定外国人多、地形特殊、有助逃避警方追捕的行义路；经过多日观察，相中的行义路154巷20号是边间，住一对较为年轻的夫妻。11月18日黄昏六点多，陈进兴从一楼潜入，上下寻找，屋中无人，正想放弃下楼，却见一辆墨绿色TOYOTA雅歌驶入隔壁22号车库，遂临时改变主意，从20号后院翻墙入隔壁后院游泳池，再爬进洗衣间，慢慢地沿着一楼餐厅到二楼休息室；卓家三女克里斯廷（12岁）正在弹钢琴，首先被挟持。那时，卓懋祺抱着台湾养子查克（7个月大），与长女梅兰妮（22岁）在三楼看电视（19岁次女空服员不在家）；妻子安妮则在计算机前收信。陈进兴手持两把装有达姆弹的贝瑞塔手枪控制现场，要卓懋祺把男婴交给安妮，并开始以手铐、电线捆绑诸人；安妮要抱婴儿，只捆绑双脚。七点整，卓家五人全都失去行动自由……

从卓懋祺所述，外人才知11月18日陈进兴潜进20号时，那对美国夫妻不在家的原因是丈夫赴汉城出差，妻子则返美探亲。

卓懋祺在回忆录细述这个遭殃意外，不无慨叹之意——如果不是20号邻居不在家，他们一家何致遭此"无妄之灾"。

"失父者"之一：陈进兴

陈进兴与白晓燕相差22岁，却都是不幸的"失父者"。但因两人的成长环境贫富悬殊，导致一个变成加害者，一个成了受害者。

先说加害者的背景，陈进兴的生命，始于未婚妈妈悲剧。1957年，他母亲在三重做女工，未婚怀孕遭遗弃，1958年1月1日生下他，带回万华娘家交由父母抚养，自己仍在外做工。陈进兴终生未见过生父，也不知生父是谁，从小即因此遭同侪鄙视、嘲笑，逐渐养成以暴力报复的扭曲性格，初中只读一天即辍学。其后虽曾随王姓继父去寺庙做泥水工，学习庙宇雕塑，但14岁即因偷窃等案被少年法庭判感化教育。1976年18岁时，更因侵入民宅强盗案被判刑15年，曾在绿岛坐监10年。1988年，蒋经国去世，陈进兴获减刑出狱。那时正逢赌博电玩风行，他与在狱中结识的高天民、林春生等人，在三重天台广场共组"3D立体欢乐世界公司"，收益丰厚，并与张素真结婚，生养二子，过了几年较为平稳的家庭生活。

赌博电玩的龙头周人蔘，比他们更早在天台广场发迹；他以行贿检警人员而在台北地区拥有百家非法电玩店，日进千万元。陈进兴等人创业后，也有样学样，向检警行贿而"稳定"发展了几年。1995年4月，周人蔘行贿案爆发，一堆检警先后被捕，非法电玩界风声鹤唳，陈进兴等人的电玩店也受到牵连，终至关闭且债务缠身。

1996年3月，林口农会发生挤兑事件，群情激愤。正当农会人员焦头烂额应付提领人潮之际，白冰冰坐着劳斯莱斯抵达，由友人陪同抢先进农会，提领了大包巨款出来……陈进兴当时也挤在农会门口，记住了白冰冰以及她的豪车与巨款……

"失父者"之二：白晓燕

17岁受害者白晓燕的背景可说是空白的。如果她的母亲不是有名又有钱的白冰冰，也许她不致遭绑架致死。所以，我们得从她的母亲说起。

白冰冰（1955.5.17）只比陈进兴大三岁，生长在子女众多的贫困家庭。其父老芋仔，前妻去世遗留二子，续娶其母后生10个孩子。其父是基隆台肥二厂工人，入不敷出，排行老三的白冰冰从小就要帮忙洗衣、捡煤，10岁不到去殡葬业做童工，小学毕业去餐厅、工厂做女工；第一志愿是"摆脱贫穷"。职业学校半工半读毕业后，17岁考入康乐队，以歌唱与表演成名，20岁即雄心勃勃赴日本发展。

这一步，对她是巨大的转折点。赴日不久，她天真地陷入爱情，嫁给电影制作人、剧作家梶原一骑（1936—1987）。然而美梦不长久，怀孕后面临丈夫不断外遇与家暴，痛心之余，挺着大肚子回到台北，生下白晓燕（1980.6.23—1997.4.20）。她后来曾说，如果没有去日本，如果没有白晓燕，也许就没有让她痛苦终生的"白晓燕绑架案"。

为了生活，白冰冰1980年生下白晓燕半个月即去"中央酒店"主持节目。之后重回舞台唱歌、演戏、演电影、主持电视节目，成为当红的全方位艺人，对独生女极为疼爱。白晓燕稍长后可能知道自己的日本血缘，但也没见过其父（她7岁时其父病故）。

1993年，白冰冰以6000万元在林口买300坪土地，斥资7000万由其弟（建筑师）设计完成内有电梯的四层豪宅；庭院70多坪遍植水果蔬菜。从小立志"摆脱贫穷"的白冰冰美梦成真，满怀欣喜地招待影视记者去参观她的亿元豪宅并报道；最为欣慰的是接父母同住，并帮女儿晓燕布置了美轮美奂的50坪房间。

1996年7月，《菅芒花的春天——白冰冰的前半生》（白冰冰口述/曹铭宗撰写）由圆神出版社出版。这本励志书畅销一时；白冰冰在新闻版面与电视、广播里，已经成了奋斗成功、苦尽甘来的富婆。这一切，都让在林口农会门口见识过白冰冰的陈进兴，更确定了目标——那时他与林春生等人合伙的电玩店已停业一年，正处于无所事事且无收入的窘困状态。

一截小指头与五百万美元

1997年4月14日清晨7点半，就读醒吾高中二年级的白晓燕，在上学途中被两个歹徒掳上一辆厢型车，载往一秘密处所，以拍立得相机拍了三张裸照并剁下其左手小指头。然后绑匪要她写一张给白冰冰的字条：

"妈妈：我被绑架了，现在很痛苦，你一定要救我，也要五百万美元，不可以连号，要就（旧）钞票，不可以报警，要不然性命休矣。×××××××等候联络白晓燕。"

绑架者把那张字条、三张裸照、一截尾指，以及从白晓燕书包中取得的医院挂号证，放入浅绿色塑料袋，带到桃园县龟山乡长庚高尔夫球场入口旁的坟墓藏放。其后打电话到白家，但白冰冰不在。晚上8点42分再打，白冰冰仍未回家，是她哥哥白炎坤接的电话，遂嘱咐他去长庚高尔夫球场边的墓地找东西。那天是星期一，白炎坤及父母也正焦虑着白晓燕为何那么晚还没回家，接到那通电话颇觉怪异，立即联络白冰冰，一起去墓地找到了浅绿色塑料袋。

白冰冰不顾白晓燕"不可以报警"的提醒，立即打电话给相熟的刑事警察局局长杨子敬……等白冰冰回到林口，家门口已有一堆记者。新闻界私下相传，接着几天电视转播车也来了。陈进兴派人潜伏其中，看那阵仗即知白冰冰已报警。其后几天，虽曾几次去电约时间地点，均未敢前往取款。

4月25日，警方锁定陈进兴、林春生，晚上7点多赴三重天台广场附近的陈家准备拘捕，却因陈妻张素真及时示警，让正要走进家门的陈进兴转身逃跑。警方围捕失败，只好于4月26日凌晨两点召开记者会，公布绑匪陈进兴、林春生照片，正式发布白晓燕绑架案的新闻。

——那时，陈进兴已偕同林春生、高天民逃往五股乡西云路287号，收拾并放火烧掉藏匿（杀害）白晓燕的现场。等警方获报抵达查看，他们早又逃之夭夭。

同日清晨7点，白冰冰在家召开记者会，哭求绑匪放了白晓燕并痛斥台湾治安败坏。一公一私两场记者会，通过多家电视新闻转播，白晓燕绑架案全台皆知。

4月28日黄昏，有人在新庄、五股工业区的大排水沟"中港大排"中发现一具女尸，警方获报，通知检察官与葬仪社抵达现场。葬仪人员捞起女尸，发现颈部、双手、双脚都各绑两个大铁锤头，企图让尸体沉埋沟底。一年一度的妈祖生即在次日，也许妈祖灵力让女尸浮上水面。尸体虽已肿胀，葬仪人员在翻检左手时，仍发现少了一截小指，警方人员据此确认是白晓燕；检察官要葬仪社载尸体去板桥殡仪馆，刑事局也派著名法医杨日松前来参与验尸，并通知白冰冰到场。

杨日松进行解剖手术后，发现白晓燕已遇害八至十天；她的肝脏破裂，腹腔出血，身上也有多处皮下瘀血，分析生前遭受严重凌辱殴打，内脏破裂致死……白冰冰看着爱女的肉身遭此凌辱与切割，是一种怎样的心情？

街头连续剧与《菅芒花的春天》八点档交错而行

然而，4月28日发现浮尸后，陈进兴等人宛如人间蒸发，即使调查局也加入追查，仍然不见人影。民心沸腾，舆论痛责，为了17岁的少女之死，先后动员三次民众游行。一是性质大异以往的"五四大游行"，据估5万人走上街头，高举"五〇四悼晓燕，为台湾而走"条幅，边走边喊"总统认错，撤换阁揆"；林丰正、马英九5月8日辞职。二是5月18日，据估也是5万民众，强调"用脚爱台湾"，再度高喊"总统认错，撤换内阁"。但李登辉没出来认错，"阁揆"连战也稳居高位。三是5月24日，数千民众夜宿"总统府"前凯达格兰大道，高呼"陪台湾到天亮"。

然而，天亮之后，调查局北市调查站即约谈陈进兴妻子张素真与妻舅张志辉，指控他们也涉案，随即遭检察官收押禁见。陈进兴与高天民得知后，于5月28日写信给板桥地检署主任检察官施良波、张振兴，强调白晓燕案是他们和林春生所为，并无他人参与，请检察官不要冤枉张素真和张志辉。

但张素真、张志辉并未因此获得释放；陈进兴等人也仍逍遥法外，继续犯案。5月24日，他们绑架台北县议员蔡明堂，取得500万元赎款后放人。他们买了一辆凯迪拉克，托一小姐在闹市区租房子合住。6月11日，"民视"趁势推出白冰冰前半生奋斗故事的八点档《菅芒花的春天》，台湾民众跟着陈进兴等人的流窜与电视里白冰冰童年的眼泪，不知戏码何时结束。由于戏里戏外的剧情起伏，原本播放半小时的八点档，8月4日起应观众要求改为播出一小时。8月8日，陈进兴等人在北投富贵街绑架富商陈朝阳，勒索3000万，经过讨价还价，拿到赎款400万。陈朝阳获释后向警方报案，姚高桥遂于8月15日辞职。8月19日，"五常街枪击案"更耸人听闻，在街巷追捕攻坚中，警员曹立民中弹殉职，高天民快速逃逸，林春生则后退无路，自击六枪毙命。

9月2日，《菅芒花的春天》播满60集，警方仍不知陈进兴、高天民在哪里，陆续到观音山等山区搜寻均无下落。10月23日下午，陈进兴、高天民进入罗斯福路一段20号4楼方保芳整形诊所，高天民要求方医师替他整容，包括双眼皮变单，双颊垫高，上下唇缝薄。手术结束后，他们枪杀方氏夫妇灭口，陈进兴并奸杀护士郑文瑜。警方直到10月30日DNA检测结果出来，才确定三尸命案是他们所为，但还是不知他们藏匿何处。

然而，高天民整容似不成功，11月17日去北投石牌路买春，竟被眼尖的民众识破报案，在警方围捕中自毙而亡。

那时，白冰冰主演的电影《寂寞芳心俱乐部》在捷克"斯洛伐克影展"获得最佳女主角奖，导演易智言正在国外，得知消息想向白冰冰祝贺却联络不上，托他母亲代为联络。白冰冰接到易妈妈的祝贺电话，感叹地说："要是早半年得奖就好了，就不会让白晓燕说我毫无成就！……"言下之意，白晓燕对妈妈的演艺成就，似乎并不引以为荣。

行义路挟持之夜，创下台湾电视史访问先例

石牌路的尾端，衔接行义路1号福德庙。高天民在石牌路自尽后，陈进兴决定孤注一掷，骑着偷来的机车，上了两个大转弯的行义路，寻找绑架目标。这次不是为了勒索金钱，而是要救助仍被收押的妻子和小舅子，要向全世界宣泄满肚子的怨怒。

11月18日傍晚，陈进兴挟持了卓懋祺一家后，首先打电话到北投分局，表明自己是陈进兴，正在行义路半山腰，绑架了五个外国人，"看你们要怎么办？"对方可能以为是假借其名糊弄报案，挂断了电话。

与安妮约好时间的地毯销售员正好来按电铃，陈进兴去冰箱拿了两大瓶矿泉水，熄了所有的灯，屋内一片黑，气氛紧张而诡异。销售员改打安妮手机，安妮告以全家被挟持。机警的销售员立刻向另一客户巴天豪转告挟持之事，巴也是南非使馆人员，来台四年，会说点华语。巴随即来电，陈接电话，嘱巴转告警方，并联络CNN等媒体。巴要求与卓说话，卓以英文向巴说，陈有达姆弹，要警方小心。《The China Post》记者包杰生是美国人，也能说流利汉语，陈进兴对他更是滔滔不绝，抱怨警方胡乱办案，强调白晓燕案是他和高天民、林春生三人所为，警方不该刑求其妻张素真及他妻舅张志辉……法国通讯社记者布莱恩来电则说，同教会的会友得知消息后，都在为卓家及陈进兴祷告。卓懋祺于是也率全家颂唱《诗篇23篇》：

耶和华是我的牧者，我必不致缺乏。
他使我躺卧在青草地上，领我在可安歇的水边。
他使我的灵魂苏醒，为自己的名走义路。
……

他们的祈祷也许尚未结束，我已在电视新闻看到陈进兴挟持南非武官的跑马灯。啊，那不是在我家旁边的巷子吗？我立刻打电话告知我儿。那时他在《自由时报》跑新闻，陈进兴这种社会新闻不归他跑，但采访主任一听在他家旁边，立刻要他载着摄影记者赶回家。开车途中，他还转告以前的《新新闻》同事。如此辗转相告，等他穿越行义路的车流回到家，已有近10个同业先后而至。

他们回到行义路140巷停好车，先去154巷看究竟，途中发现140巷和146巷尾已停满电视转播车；154巷20至24号门前站着成排装备齐全的特勤警察，20号对面的三楼顶也挤满了人，可能也是来采访的新闻同业；24号住户听说是阿拉伯人，车库已被警方征用为指挥中心。

我儿家是七楼大厦的四楼，七楼顶与卓懋祺那排五楼边间成对角，中间隔一块300坪菜园。我儿带同业回到家，先上七楼顶，正好可清楚拍到那排持枪的特勤警察。儿媳生产未满月，仍与孙子住在松江路坐月子中心，我儿家于是成了新闻同业来来去去的发稿站；累了就喝点茶水，躺下来休息休息，看看第四台新闻有什么进展。我儿那时少开火，除了茶叶、开水无限量供应，冰箱没什么库存，同业饿了就去154巷口莱尔富便利店买泡面或面包、饼干、茶叶蛋，有时也顺便晃到20号附近，看看警方动员的新动态——据说，那个晚上"莱尔富"做了10万元生意，能吃的都被搬光了。后来"莱尔富"的人说，早知道有陈进兴事件，他们就多进一些货，做的就不止10万元生意。

我家在140巷尾，旁边有栋14层大厦；三楼开店未成，长期闲置。快8点时，我在阳台探出头，看到斜对面三楼阳台竟也站了几个警察，突然砰砰几声，红光闪闪，射向14层大厦对面的五层别墅。我后来知道，从那个位置可以射到卓懋祺家的后院……但陈进兴是在三楼屋子里，射到后院有什么用呢？卓懋祺在其回忆录里抱怨说，当时屋里一片黑，警方完全不了解状况，怎能胡乱开枪？这让陈进兴更紧张，8点40分发现楼下似有人影，立刻对外开了第一枪。

8点50分，台北市刑警大队长侯友宜到达，下令所有警察停止射击，并打卓家电话和陈进兴对话近一小时。陈还是痛骂司法不公，妻子和妻舅受到冤枉，侯也答应绝不让特勤人员攻坚……9点50分结束通话后，陈进兴恍惚看到一楼人影晃动，大怒连开两枪，却射偏了方向，击中卓懋祺左膝盖和梅兰妮腰、背。侯再与陈通话沟通，进去背出两名伤者，送往荣总急诊。法新社记者来电采访，陈说，不投降，也不准备活着离开，"只想痛哭一场，但已没有眼泪好流了！……"

9点55分，陈进兴接受《联合报》记者张宗智专访两小时。12点25分，接受"台视"戴忠仁专访两小时。然后，TVBS李四端，中视王育诚，民视廖筱君，东森庄玉珍，超视周慧婷，直至清晨五点多才结束。一个绑架杀人犯，一个晚上连续五个多小时在电话里接受六家电视直播采访，创下台湾电视史访问先例。

另外还有两件特别的事。一是警方从看守所押出张素真，让她带面包、随身听等物，于11月19日10点40分，由谢长廷律师陪同进入卓家见陈进兴。她对陈、谢说，警方对她的刑求，包括踢下体、光身坐冰块、坐针椅、电击，要她承认是白晓燕案共犯。二是那天黄昏，同意张素真要求，让离别七个多月的夫妻俩"单独相处"两小时，软化了陈进兴。

晚上7点58分，陈进兴释放最后一名人质安妮，交出最后一把枪，让侯友宜上手铐，由张素真陪同走出南非武官官邸，步入警车离去；一出历经七个月又五天的连续剧，至此告一段落……

我与明星咖啡馆

季 季

我19岁偶遇15岁的明星，算来已经55年。

但明星比我年长，我必须先从它的历史说起。

台北的明星咖啡馆位于武昌街一段5号，2019年10月30日届满70周年。如果上溯至1922年于上海霞飞路（今淮海中路）7号创办的明星咖啡馆，则其历史已近百年。再进一步说，如果没有十月革命，就没有明星咖啡馆；因为两处明星的关键人物，都是从1917年10月的俄罗斯革命逃出来的。

追根究底，明星的缘起是政治剧变与难民逃亡。俄共推翻沙皇尼古拉二世后，不少白俄人恐被追杀，通过西伯利亚东逃，在哈尔滨暂歇几口气又南逃到上海；1922年布尔林洛维奇在上海霞飞路创办明星（Astoria）咖啡馆。1949年5月上海解放，100多位白俄人逃至台北。到达台北之后，有人在大直外语学校教俄语，有人到中山北路大友戏院表演唱歌、跳舞、变魔术。会做火腿、核桃糕、俄罗斯软糖的拿到餐厅寄售，懂工程的替人修房子修厕所，擅做俄罗斯面包或玩具的到市场摆摊，他们为日益多元的台北文化增添了独特的俄罗斯色彩。

1949年10月，会做面包、火腿的白俄人与一个年轻的台湾人在武昌街一段7号一楼开设明星面包店，由艾斯尼担任经理。次年在楼上增设咖啡馆后，成了流亡台北的白俄人同乡会，不时相聚聊天叙旧。每年1月13日俄罗斯新年，更是全员到齐，喝酒唱歌跳舞解乡愁；蒋经国和他在俄罗斯娶回的太太芬娜（蒋方良）也每年都来欢聚一堂。

1950年至1953年间，中国大陆兵援朝鲜，韩国情势几度危急，美国虽于1950年6月底派第七舰队进驻台湾海峡，有些白俄人仍因"恐共症"再度发作，分别去了巴西或澳大利亚。

1964年，明星已是著名的"文学咖啡馆"；6月7日我第一次走进去时，只剩一个白俄老人默默坐在二楼靠窗的第一个位子。——后来我才知道，他就是开创明星的灵魂人物乔治·艾斯尼。而那个年轻的台湾股东简锦锥，因为白俄股东离台而股权重组，已经成了明星大老板。

简锦锥说，艾斯尼出身沙皇侍卫队，22岁即在西伯利亚当军事指挥官，十月革命后，他周梦蝶背书来去很沉重，后来他征得明星同意，在骑楼下靠墙钉了一个高三尺七寸、宽二尺五寸的书架，也取得了合法执照。

带一团人逃到哈尔滨，三年后辗转到上海，在法租界公务局工作，也投资布尔林洛维奇创办的明星咖啡馆；1949年5月一起逃来台北。

那年夏天，简锦锥18岁，刚从建中毕业，在中正西路96号（今忠孝西路100号）他哥哥经营的台湾特产行协助店务。因为店址离火车站不远，常有外国人来购物或拿美金来私下换台币。店里只有他会说英文，也因换美金而结识了57岁的艾斯尼及他的同乡；都是金发白肤，又都说英文，起先不知他们是白俄人。

换了几次美金后，艾斯尼对简锦锥说，他们几个同乡想开面包店和咖啡馆，请他帮忙找个合适的店面，并带他去金华街18号的租居处相见。他听不懂他们说的话，问起艾斯尼，他才坦承他们是从俄罗斯逃出来的白俄人。

艾斯尼住的两层楼是向上海人租的，楼下住布尔林洛维奇一家，楼上三个房间由艾斯尼和另两个单身同乡分租，一间月租180元。

艾斯尼向他说，布尔林洛维奇76岁，三个儿子也都会做面包；他在上海开"明星"时用的大冰柜已运来台北了，准备以那个冰柜投资入股；另外几个同乡预备投资7000美金，先开面包店，再开咖啡馆，简锦锥也获邀投资500美金；当时国民党当局刚发行新台币，7500美金约新台币3万元。他哥哥知道后劝他别跟那些俄国人来往，以免惹祸。但他说，已答应投资500美元并帮艾斯尼找店面，不能反悔。

要开店，当然得去人潮多的市区找。当时城中区最热闹，简锦锥找来找去找不到店面，后来发现武昌街一段7号一幢三层楼店门紧闭。他在附近店家打听，才知那个楼因为对着城隍庙，生意人忌讳"庙冲"，一直没人租。

他带艾斯尼和几个有意投资的人去看，他们有信耶稣教的，也有信天主教或东正教的，都不介意对着城隍庙，还进庙里烧香拜拜抽签呢。

简锦锥于是去5号楼上找屋主高玉树，洽定每月租金2000元。（高玉树是台湾精英，1954年继吴三连之后以无党籍当选第二任台北市市长，后来曾任"交通部长"等要职。）10月"明星开幕"时，是城中区唯一的西点面包店，轰动一时。彼时尚无电炉，用的是土炉烘烤。一次要烧50斤木炭，烧到400度时，取出木炭烤面包，300度时烤蛋糕，200度时烤饼干。下午4点多，武昌街一段两侧陆续排列着外国机构或贸易行的黑头车，都在等明星面包出炉。蒋方良也常派人来买。

〔以下是"明星"的六个合伙人：

1.布尔林洛维奇（Petter Noveehor），1873年生，1922年在上海霞飞路7号创办"明星"咖啡馆，与三子皆擅制面包。——1953年移民巴西。

2.乔治·艾斯尼（George Elsner），1892年生，曾任沙皇侍卫军团长。——担任明星经理12年，并任顾问至1973年在台去世；终身未婚。

3.拉立果夫（Laricve），1900年生，火药专家，曾任国防部兵工厂顾问。——1980年在台去世。

4.列比利夫（Levedwe），1902年生，擅做火腿、俄罗斯软糖。——1952年移民澳大利亚。

5.丽娜（Lena），1902年生，夫为"立法委员"张大田（1905年生）。

6.简锦锥，台湾台北人，1931年生。——2018年辞世。〕

说完明星与白俄的传奇史，才能回顾我与明星的文学史。1964年3月，我离开云林老家到台北职业写作，常去重庆南路逛书店。5月12日下午，在书店街免费阅读之后逛到武昌街一段，看到一座很古朴的庙宇，走近一看，是台湾城隍庙（现在已金光闪耀华丽贵气）。后来站在庙埕花园里（那时尚未加盖棚顶）浏览周遭，发现对面"明星西点面包"骑楼下有个清癯的中年男子，顶着光头手握书卷，坐在椅子上垂目阅读。街边坐读，神色肃穆，这陌生的影像仿佛一块磁铁把我吸了过去。男子手上握着泛黄线装书，看不到封面和书名，但他旁边立一个木头书架，排列着一些我读虎尾女中时没看过的诗集和杂志。我立即明白这是他的书摊，于是向他买了一本《现代文学》，五块五毛。不过我没跟那个卖书人说话。

第二天我打公用电话给我的笔友隐地，他是老台北，听完我的发现即说："那是有名的诗人周梦蝶呀，那家明星面包也很有名，是白俄人开的，楼上还有明星咖啡馆呢。"

周梦蝶书摊和明星咖啡馆,于是在我最初的台北记忆中留下难忘的刻痕。六月初,《皇冠》平鑫涛先生通知我签"基本作家"合约,我挑了一个星期天,请隐地、我的读者阿碧,以及我的男友小宝去明星喝咖啡,一杯六块钱。那时的稿费一千字50元,四杯咖啡差不多喝掉五百字。但是就算喝掉一千字,我也很高兴啊。

那天我还在明星三楼看中一个靠窗的位子,面对城隍庙,可以看到楼下的花园和香炉里袅袅而升的灰烟。后来在那里写了《没有感觉是什么感觉》《拥抱我们的草原》《我的庇护神》等多篇小说。

我初来台北时,在永和竹林路租一个小房间,月租200元,只有一张竹床一把椅子,没钱买书桌,双手俯在竹床上写没多久就肩颈紧缩,筋骨酸痛。发现安静的明星三楼后,我就常去那个面对城隍庙的位子,坐在宽敞的火车座,倚着冰凉的、墨绿花纹的大理石桌面,慢慢地写;那是我最放松、最愉悦的写作时光。

一个人在三楼写作,沉默而孤单,除了点饮料,几乎没和谁说过话。最早认识的笔友林怀民还在台中读卫道中学,他介绍我认识的马各、隐地、门伟诚等笔友都要上班,也很少来明星。明星的二楼很典雅,半卷的长窗帘,晕黄的灯光,散发着古朴悠闲的光影;加上那些色彩沉郁的白俄人油画,浓郁的咖啡香,以及当时少有的冷气,永远弥漫着一种慵懒浪漫的欧洲式气氛,每次我去都看到一桌桌的人似乎无忧无虑,闲闲地坐在那里谈天抽烟。或许其中也有知名的作家吧?可惜我一个也不认识,总害羞地穿过二楼爬上三楼,坐在那个面窗的位子写。写不下去时还可以站起来,贴着窗玻璃看城隍庙香炉里的烟,看久了身心渐渐沉静,脑子仿佛空了,新的想象又幻化而出,于是坐下来继续写。

三楼没冷气,但比二楼宽敞安静,左右两排隔着红木屏风的火车座,中间还有三个圆桌;常常一个下午只有我一个人,写累了就趴在冰凉的大理石桌面小睡。

明星咖啡虽然香醇,但我后来发现柠檬水更对我的胃口,一大玻璃杯也是6块钱。午后走进明星叫一杯柠檬水,慢慢地喝慢慢地写。傍晚又叫一杯柠檬水加一盘12块钱的火腿蛋炒饭,写到快打烊才下楼,从来没人来赶我。扩音器里不时播放着柴可夫斯基的《降B小调小提琴协奏曲》《天鹅湖》《胡桃夹子》,或德弗扎克的《新世界》。对一个在台北没书桌也没收音机和音响的乡下女孩来说,在明星写稿的感觉真是奢侈而又幸福。一个人守着一张桌子,自由自在想象,无拘无束描摹,每次写完一篇小说走下三楼,心里总是依依不舍,而且快乐又满足。——我写信给林怀民时,当然也告诉他这个自由快乐的写作新天地。

1964年9月,怀民考上"政大",住在木栅,星期六下午或星期天也到明星来写稿。一走上三楼，他就兴奋地说："嗨，我来了！"然后坐在我后排的火车座。隔着屏风，听到他窸窸窣窣摊开稿纸，听到二楼服务生送来柠檬水，然后又安静了下来。他写他所想所见，我写我所见所想。写得不满意，他会大声叹口气，窸窸窣窣把稿子揉掉。有时他会走过来，拿着他正写着的那页问："这个字这样写对不对？"有时则会坐在圆桌边，靠着绿皮圈椅，把脚搁在另一只椅子上，悠闲地点燃一支烟。"先休息一下，"他充满期待地说，"我念一段刚才写的，你听听看！"

那一刻的明星三楼，像个小剧场；怀民是唯一的演员，我是唯一的观众。演员结束了演出，总要急切地问观众意见。但是观众口才不好，常常词不达意。演员最后总是看着自己的稿子，慢慢地说："我感觉，这样比较好。"

怀民后来带着"云门"演出，有了更大的舞台，更多的观众。有些老朋友偶尔会问他："什么时候再写小说？"我从不这样问。我知道，他一直在写，把他的小说用身体写在舞台上；因为，"我感觉，这样比较好。"他带着"云门"到世界各地演出时，也总会对当地的粉丝说："嗨，我来了！"

怀民所说的"这样比较好"，是一种理想的追求；"我来了"，则是一种行动的实践。

回头来说吸引我走进明星的周梦蝶，他是"文学咖啡馆"的领头人。后来和他熟识之后，我曾问起到明星门口摆书摊的事。一向满脸肃容的诗人竟幽默地说：

"我这是愚人节的故事啊，我第一天到明星门口卖书是1959年4月1日，最后一天是1980年4月1日，不都是愚人节吗？"他哈哈大笑起来。

"到明星之前呢？"

"逐水草而居啊，每天背一箱书带一块布，找个警察比较不容易发现的地方，把布摊开来，书就放在上面。"

逐水草而居那两年，因为没执照，常被管区警察驱逐。有个警察是同乡，劝他最好找个固定的地方，取得合法执照。他第一天到明星骑楼下，仍是把书摊在布上，"简太太看到了我，还拿了一块蛋糕请我吃，对我非常友善。"

每天背书来去很沉重，后来他征得明星同意，在骑楼下靠墙钉了一个高三尺七寸、宽二尺五寸的书架，也取得了合法执照；"如此21年，除了农历年假，每天都去明星，在那里认识了很多朋友……"

——2014年5月1日，"孤独国王"周梦蝶以94高龄辞世。他的门生于2016年创设"周梦蝶诗奖"鼓励后辈，赠奖典礼都在明星三楼举行。

除了周梦蝶，明星还有两个著名的文学故事。先是1960年3月，白先勇与王文兴、欧阳子、陈若曦等人就读台大外文系三年级时创办的《现代文学》双月刊。听说他们也常去明星三楼一起讨论封面专辑，轮流看稿交换意见。

我很爱读《现代文学》，但无缘看到他们在明星的编辑身影。1964年6月我走进明星时，欧阳子、陈若曦等女生早就赴美留学，白先勇、王文兴等男生服役两年后也已赴美留学。直到1977年我进入《联合报》副刊组工作后，因为约稿等编辑事务，才有缘结识这些可敬的《现代文学》前辈。

另一个是尉天骢、陈映真等人1966年10月创办的《文学季刊》。他们筹办期间就来过我家聊天约稿。后来偶尔听他们说起在明星三楼开编辑会议，有人因意见不合拍桌而去，或有时太穷，叫一盘火腿蛋炒饭，两人分着吃也很香。他们认真选稿，彼此鼓励，发表新人作品。王祯和、黄春明等人的乡土小说，后来都成了经典。

1968年爆发"民主台湾联盟案"后，陈映真系狱七年，《文学季刊》也被迫停刊，简老板一直很关心。1977年陈映真结婚，为了纪念当年在明星编辑《文学季刊》的岁月，唐文标订了明星蛋糕送去耕莘文教院礼堂，简老板特别把那个蛋糕"做得像一本打开的书"。

2002年，简老板买下隔壁5号楼，两楼打通重新装潢，明星更为宽敞明亮。海外老友返台，都想再去这个"文学咖啡馆"坐坐聊聊，重温"没有人赶你"的旧梦。有些没去过明星的文友来台，也总指名要去这个闻名已久的圣地朝圣。

我有了书桌之后，较少再去明星写稿，但是媒体访问、录像或座谈会，一定约在明星三楼。有一次还应学生要求，带他们在那里上了两小时的课。——当然，我总难忘情地指出当年写稿的位置。

2005年10月，《写给你的故事》新书发布会，我也选在明星三楼，并邀简老板与林怀民站台叙旧。怀民一走进来就大声地说："嗨，我来了！"

发布会结束，我们坐在当年的位置聊天。聊了两个多小时，也依然没有人来赶，直到天色渐暗，怀民站起来说："唉，我该走了！"

烟火般的夜市

林　辉

　　我太太秋珍跟我生长于福州，三十几年前从亲友口中听得的台北是保健制度好，食物好吃，钱滚滚淹脚目，让人心生向往。我们后来因为投奔父亲，于1995年来台湾。

　　刚到台湾，的确，看到满街上都是做生意的店铺，早上的蔬果鱼肉市场，中午的午餐小贩、便当，下午三四点出炉面包的香味，晚餐的慎重，还有宵夜清香，那一份饱足丰盛的感觉，好令人满足。而这一个繁忙的市面，却没有人争先恐后，人跟人之间有礼貌，讲话斯文，搭公交车还排队，保健制度好，医疗水平高……对我而言，感觉上是来到一个所谓的"大同世界"吧！

　　我们就是在这台湾经济最鼎盛的时候来台北的，那时的台湾地区可是亚洲四小龙之首。台北的每一个人都勤奋工作，早出晚归，处处可看到家庭工厂。那时候秋珍在一家鞋店打工，她的老板在夜市开了三家鞋店，门庭若市。秋珍每天从下午4点上班一直忙到深夜12点，忙得连吃饭、上洗手间的时间都没有。

　　老板很会照顾员工，每周都会安排员工活动，半夜收工后不是在店前烧烤，就是去郊外野营，深得员工们的喜爱。秋珍工作一阵子后，身体实在撑不下去了，就转到夜市另外一家服饰店上班，这是秋珍的本行，也是她最擅长的事，她如鱼得水，游刃有余，把这老板的店当作自己的店来经营。

　　后来民进党执政后，台湾的一些企业、中产阶级开始慢慢移往大陆，夜市的摊商们被温水煮青蛙一样，不知不觉中，生意渐渐开始下滑。但秋珍却也因为这个大环境的因素，谋到了一个自己的摊位，开始经营起自己的服装生意。

　　早期生意兴隆，每到假日，都要找帮手，忙得她不亦乐乎。若是农历春节前，服饰业最旺的时候，每天都可以做到上万元的生意，数着皮包里面每天不停膨胀的新台币，非常有成就感。但随着网购市场的盛行，原本在夜市淘宝的年轻顾客，都转变了采购的习惯，夜市摊商也因此出现了经营危机，其中又以服饰业为首，秋珍只好直接去广州进货，又苦撑了几年，但后来还是只能转型，才可以生存。

　　那时，秋珍开始做起饮料的生意，我们家的厨房变成所有水果切分与果汁原汁的工作

叶子想象图：20世纪80年代北部的夜市

室，全家出动帮忙。起初还算顺利，但整个夜市其他摊位也都不好经营，纷纷改成饮料生意，相互竞争之下，搞得大家的利润都变得微薄。景气与夜市的关系是，景气的时候夜市最晚才会感受到，不景气的时候则是最快感受到的。恶性循环的结果，让小摊贩更加辛苦了。

夜市就是一个小世界，什么样的人事物都有，浓缩了整个人性的组合，夜市边上的警察局，特别忙碌，因为这些民间小事，摊贩都去找警察讨公道。景气的时期，或许因为钱来得太容易，许多摊商开始热衷于当时兴盛的六合彩，很多摊贩越玩越大。有一位经营自助餐的老板，生意很好，但他嗜赌成性，虽然赚得多，但赔得更多，后来不仅把赚来的钱赌光了，最后连命都赔上了，留下可怜的母女三人艰难度日。

不景气的时期，却也有好人好事，我们自己就遇见好心助人的故事。秋珍一个人顾摊位，经常是手忙脚乱，有一天我接到一个没见过的电话号码打给我，原来是她求救于一位逛到她摊位的年轻人，请他拨给我，才知道是她的手机不知道什么时候不见了，而且麻烦的是她怕算账不专心，把电话关了静音。当时我没有带计算机，手边也忙着走不开，就请秋珍让我跟那位年轻人通话，我跟他说："糟糕，我一下子来不了……可不可以用你的电话拨一下我太太的号码？"这年轻人很有经验地问："有没有设定定位追踪功能？"我说："有，但没有开启警示功能！"他说："试看看再说。"

年轻人在秋珍的摊位上打开他的计算机与无线接收器，成了帮她追踪手机的侦探！只见计算机画面沿着台北的忠孝东路大街一路移动，最后到了火车站停下，不动了。我们这一头就一直打电话去，且一直发出讯息："你拿了我的手机，请你回电××××号码。"但始终没有接到回应。年轻人说："只知道这个人在火车站，怎么办呢？"秋珍说："怕你饿，我去隔壁给你买吃的！"她真实的意思是"拜托你别走……"

秋珍买了大餐加上珍珠奶茶，这年轻人好为难，这时，画面又动了，只见这手机自火车站上了往北的高速公路，"年轻人你好人做到底，来来，先吃先吃……"这好心的年轻人真的又陪了秋珍约40分钟，确认手机在基隆爱三路附近停了下来。我这边就猛发讯息，威胁利诱，说做人，谈仁爱，甚至说因果，请对方回复我们。这位好心的年轻人也抱歉地说，他必须离开了。

当天晚上，有一位年轻女孩子打电话给我，跟我说她在阿嬷买的新衣服袋子里面看到了这个手机，秋珍立刻想起当天是有一位老太太，买了很多衣服，为什么手机会掉到她的袋子里，至今仍是一个谜，女孩说抱歉她阿嬷很糊涂……但秋珍居然没有问问这位好心的年轻人姓名，也没留下这年轻侦探的电话，让我们有机会报答。对我们而言，夜市就是会遇到好人的地方。

夜市里从岛外嫁来的新娘很多，秋珍认识一位隔着两个摊子以外的越南新娘——阿珠，她拥有玲珑的身材，姣好的脸蛋。因为家里要让她弟弟继续念书，需要钱，才让她嫁来台湾。男方是一位行动不方便、坐着轮椅的生意人，这摊子的里里外外都靠这位越南新娘去沟通，阿珠的口音很怪，但倒也可以沟通。因为她的身材，走过的男人都会多看她两眼。

秋珍加入了她的群组，因此认识很多嫁到台湾的外地新娘。秋珍加入的第一天，她给我看她们的群组组员们是这样介绍秋珍的："只有一个先生的秋珍！"我看到气坏了，什么话嘛！成何体统？我不准秋珍跟她们做朋友，她安慰我，并跟我讲这群外地新娘的故事，让我感觉到这也是一个奇怪的社会现象。

外地新娘本来就是一件极为矛盾的事情，是一种交易，通常是没法娶新娘的男方，去外地买一个新娘，想的是多一双手，帮忙打理家里事业，传宗接代，但女方因为贫穷，总希望到了这里以后，可以让娘家好过，能够寄点钱回家乡。问题就出在男方要的跟女方想的通常都不一致，有时年龄差距大，有时文化差异不能兼容，婆媳没法沟通，新娘不能照顾孩子学校的事务……

各种不协调的故事都有所见，有把新娘锁起来的，有一直要新娘生产的，有不给新娘一块钱的，各种不公平、劳务不均的状况也就因此产生了。有些新娘拿到身份就逃走了，有些在外面交个男朋友，也有很多就离婚自立的，在这一个夜市，幸福的倒不多见。反倒是三十年风水轮流转，有些新娘的娘家，因为土地征收，开发成新市区，反而有钱起来，看着女儿过得不好反过头来要人的也有。这真是一个矛盾的起点，造就出另一个社会形态的角落。

早些年，12月31日放烟火的晚上，夜市可以做到清晨，因为年轻人看完烟火，就来吃夜宵，再等着一大早去升旗，那时我都得去帮忙。但这两年，不知不觉地，看到台北的年轻人也累了，烟火放完就早早回去休息，夜市的生意变得非常惨淡，跟以前门庭若市成了强烈的对比。

往年的烟火，秋珍都因为忙着照顾摊子，无缘去看，就是我一个人站在街头录了影给她看，现在她因为生意做不下去，改行做绣眉与美容的新行业。新年夜总不可能有人来绣眉吧，终于，我们一起度过了来台湾后的第一个烟火新年夜。烟火虽然美丽绚烂，好比这25年的夜市生活，精彩多元，却是不能持久不变的。

陈法是住在北门外，以卖芋粿维生的妇人。
文字来源：《攻台图录：台湾史上最大一场战争》

賞賜獎狀

臺北府北門外農婦

陳　法

諭名於去明治二十八年六月初七日當我官兵進入北門門扉緊鎖之時汝陳法敢冒敵彈搬竹楷椊來助力攻打本師團長深嘉汝以一婦身有此美事其効可賞茲賜銀五圓以賞其美併獎勵庶後日報効無惧

明治二十八年七月五日

近衛師團長能久親王

賞賜奖状

1896年，日据时期，穿着制服的日本警察。

乘坐蟹轿的日本官员

1901

日据时期的总督府为了增加财源，不仅不加取缔，反而鼓励台湾人吸食鸦片。

7·15 降笔会由福建传至澎湖再入台湾，原只宣讲劝善，扶鸾降笔药方治愈病人。1893年始由广东惠州陆丰县传入扶鸾祈祷戒烟之方法；1898年冬，广东陆丰县鸾生彭锡亮等五人来台，传授扶鸾戒烟方法。1899年春起，全台除东部外，到处盛行。

由于日本人实行鸦片专卖，禁鸦片自由输入，各地鸦片价格上涨，又发给烟民执照，榨取台胞，而盐、樟脑、鸦片专卖之后，民间营业逐渐衰退，税捐增加，人民怨怼，降笔会成员乃以此加以弘扬扩大成戒烟运动。

降笔会戒烟运动的结果，使得鸦片专卖收入锐减，地方政府与总督府之财政大受影响。一方面各地又发生反抗日本鸦片政策的全面性鸾堂降笔戒烟运动。

降笔会戒烟运动被日本人认为对其财政收入有极大的影响，而采取缔行动，终使鸾堂降笔会消失无踪。

事实上，戒烟者在本月18日止计有37072人，其中经降笔会而戒烟者，占总戒烟者92.7%，显见该会在戒烟运动的推行上，成果是非常可观的。

1911

2·11日本侵占台湾初期，即视吸食鸦片、辫发及妇女缠足为台湾社会三陋习。日本舆论也强调，应该实行严禁鸦片、断台人之辫发及解放妇女的缠足三事。

一老者正躺在床上用烟管抽食鸦片

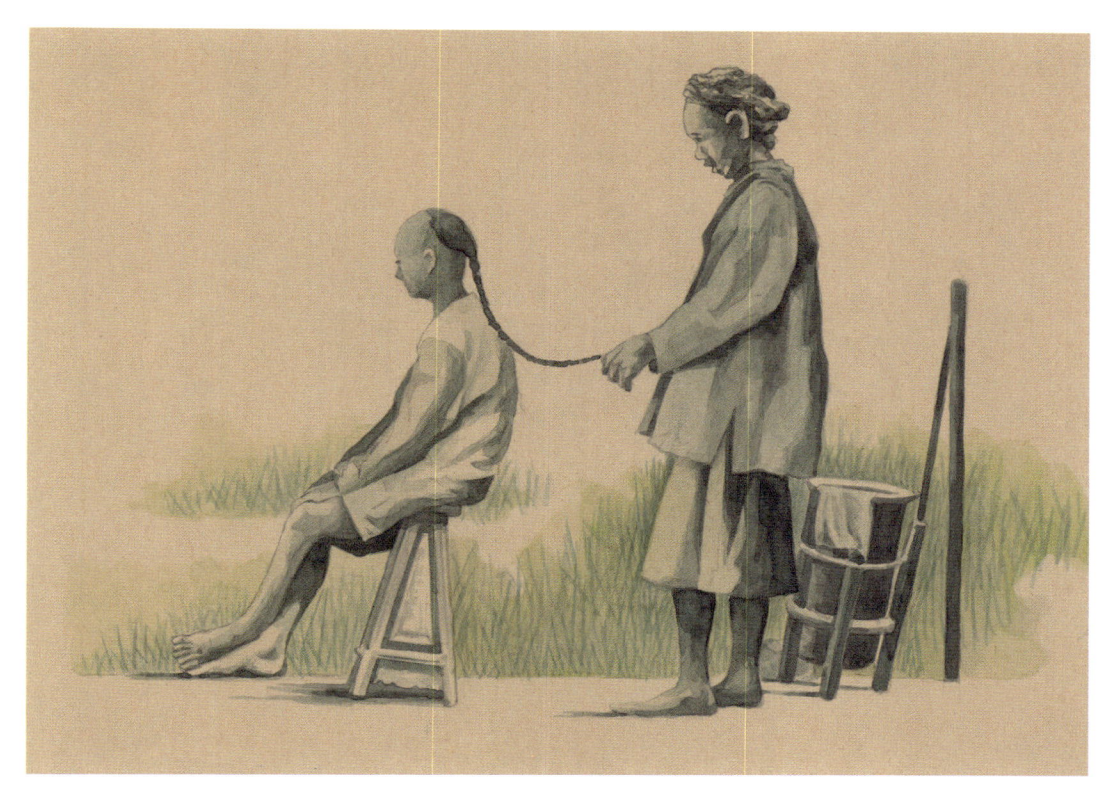

剃头师傅正在为一位少年结发辫

今年年初，大稻埕区长黄玉阶和《台湾日日新报》记者谢汝诠发起断发不改装会，且定于1911年2月11日红元节举行第一次断发大会，其后会员每超过10名，即继续实施；而会员之义务只限于断发，并将会员姓名刊载于报纸上，以资鼓励。

1930

台湾民众党向国联控诉日本鸦片政策

1·2日本政府据台初期，对鸦片的禁绝似乎极为积极。1897年公布"台湾鸦片令"，对吸食者予以管理，但实际上自1900年才开始全面实行。

鸦片公卖确立之时，只限于鸦片中毒者，新的吸食者决不允许，但后来当局为增加收入，借口调查疏漏，登记未周，连年续增特许者，自1898年至1903年共增加17万人。对30余年来无人过问的台湾鸦片问题，尤其是鸦片渐禁政策予以重击，引起日本政界注目。

1944

4·6总督府公布"鸦片制度整理委员会规则"，计划明年度开始禁吸食鸦片。

文字来源：《台湾全记录》

1891-1989

第一代台北车站

位于大稻埕市街南侧，于清光绪十七年（1891年）10月20日随着分别往新竹与基隆的铁路相继通车而启用。

第二代台北车站

为配合铁路改线、市区改正计划与考虑日本人需求，将车站位置向东移至台北府城北侧城墙（后来城墙被拆除，改筑为"北三线路"，即今忠孝西路）附近，车站正门开在"表町通"（今馆前路），并与台湾总督府博物馆（今台湾博物馆）遥遥相立。带有文艺复兴风格的第二代车站，于1901年8月25日随着淡水线通车及新竹至基隆铁路改线完工而启用（当时称为"台北停车场"）。

第三代台北车站

由于原有的前站空间不敷使用，因此自1939年起原地改建为带有现代主义风格的方块型水泥建筑。第三代车站，1941年落成，当时改称"台北驿"。

第四代台北车站

于1989年9月2日随着铁路地下化工程完工通车而启用，也就是现在的台北车站大楼。此为台湾第一座地下化铁路车站，由建筑师沈祖海、陈其宽、郭茂林共同设计，建筑主体系仿中式传统建筑设计，其屋顶采单檐庑殿顶，建筑中央并设有天井。月台配置有全台湾第一套的列车到站警示灯，当列车到站时会闪亮以提醒乘客，一楼大厅中央售票厅上方则装有两面从香港引进的翻牌式时刻表。

文字来源：《维基百科》

台北火车站

台北火车站原设于大稻埕之河沟头，为刘铭传巡抚任内所建；后经日本人迁建于今忠孝西路上，1901年落成。1939年，日本人再予扩建，直到1986年因铁路地下化工程，本站始拆除，而于其东边改建现代化新站，嗣于1989年9月2日完工启用。

文字来源：《台湾全记录》

清末日据初期的一家人

野台戏的演出是从前台湾农业社会最主要的娱乐活动，此图片原摄于日据时期。
文字来源：《看见老台湾》

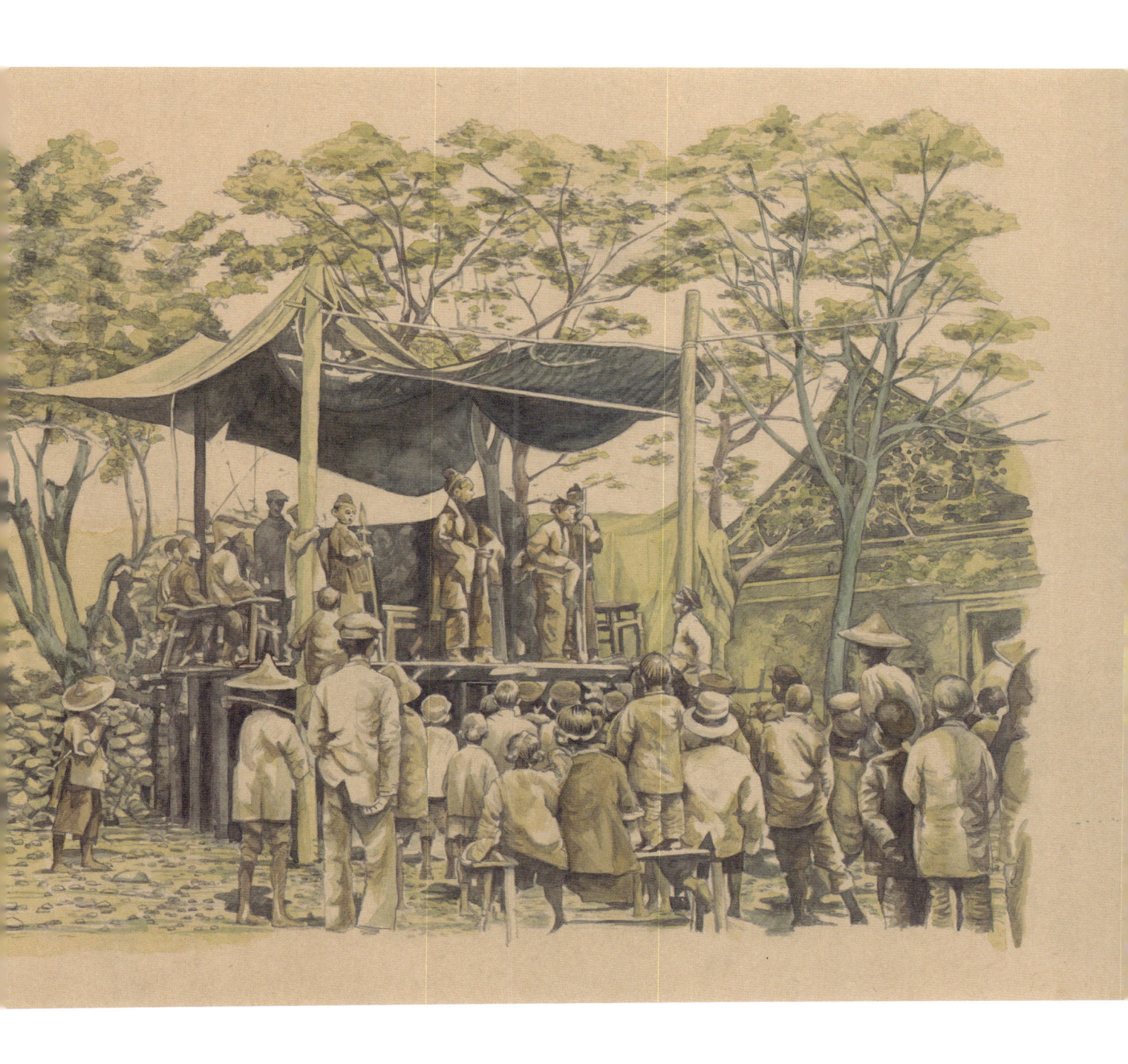

没有绯闻

的 年 代

高爱伦

当我还是孩子时，我跟现在的追星族一样，喜欢看香港的《银色世界》《银河画报》，台湾的《东南电影》《真善美电影》《电影世界》，知道明星大大小小芝麻绿豆之事。也是看完《梁祝》10遍后，会继续听着黑胶唱片学会从"彩虹万里百花开"序曲唱完全本插曲。所以，我自世新编辑采访科毕业后会走上影剧新闻采访之路，实在是顺理成章又有一点圆梦意味的选择。

我心里的超级巨星是邵氏电影王国的邵逸夫爵士与嘉禾电影公司的邹文怀总裁，因为他们，我们直到现在还有数字修复的经典作品可看、气质无与伦比的明星可追忆。

没错，现代再也不会出现的片型、年轻人看来是残片的老片，对我仍是"极度好看"的往日情怀，而曾经在银幕上鲜活的台港明星，也依然是重叠在那个年代的我们心中不凋零的明星，虽然演员、艺人，是现在的职业称谓，但是我坚定认为对曾经的他们，唯有明星二字才能贴近那样的闪亮度。

在二秦二林疯迷全球华人的年代，一份号称"家庭第二份报纸"的《民生报》创刊了。那是1978年2月18日。

在影剧版一向只占报纸半版篇幅的年代，一份24版的《民生报》，一天推出8个影剧版，电影剧照、演员相片本来只是邮票大小的篇幅，霎时升级到全版大幅刊登的状况，那，真是银幕上下都惊喜的创举。

《民生报》虽是家庭第二份报纸，但毫无疑问成了明星报纸，在创刊总编辑石敏与续任总编辑陈启家的领导下，直破53万份实销量，其间举办各种公益活动回馈社会或照顾弱势，募得善款金额之大，始终无媒体可取代。

周令刚制片、屠忠训导演、宋项如编剧的《欢颜》，因是起用新人胡慧中担纲女主角，所以一再被台湾片商轻忽，始终上不了院线，结果这部电影从海外红回台湾，而且是爆红，齐豫唱的主题曲《橄榄树》到现在还是不分年龄层的在传唱。

明星化的年代，连记者都沾光地被明星化。

1980年随着"中影"组团到新加坡参加亚太影展，新加坡的粉丝面对林青霞、胡茵梦、周丹薇、邓美芳、恬妞、郭小庄、秦汉……真的只有"疯"字可言，当红乍紫的胡慧中当然也是走路有风。

从机场一路走来，所有明星都被簇拥着签名，没有一个不是在被包围状态，我静静在旁边等候与观察，然后，突然，就像麻雀上下枝头的瞬间群飞，一群女孩转向我拿出本子对我狂叫"签名签名"……我笑了，指指明星们："找他们，明星在那儿，我不是演员，我是《民生报》记者……"

"《民生报》记者？要签要签，我们知道《民生报》……"

最终，我还是坚持没有签名，那时总认为签名是明星的特权与荣耀，我虽觉得被这么多本子呈上眼前很有趣，但的确不敢做这么三八的事。

两日之后，在新加坡影展期间发生重大事故。

晚宴时，林青霞没能准时出席，结果是因安眠药性未退，在房里昏睡不醒。影展期间随团采访的唯二记者是我与《中国时报》的宇业荧大哥，我俩挤进青霞的房间，看到第一小生秦汉声声焦虑地轻唤：青霞青霞……

我和宇大哥竟然……真的是"竟然"，我们没有留守一旁，默默退出房间，默默站在走道上无语……后来，宇大哥先开口："就咱俩，这新闻别发了吧？免得真的弄出事情。"

我们是唯二的现场记者，我们不但没有发新闻，也没有向报社回报新闻。

次日，台湾报纸全部大幅刊登新加坡林青霞新闻……派任记者出访的《中国时报》《民生报》却只字未见，我俩，傻眼！完全没有警觉到影展团里会有随行者爆料。

最不可思议的是这次的"漏新闻"，我们都没有受到报社的惩戒与压力，可以想见当时的媒体、传播业、报人，对自律的规范具备多大的认同与支持。

我们愧对报社，有关此一事件的后续报道，力图将功折罪，在随之而来的几天，新闻讯头不但冠以"新加坡传真报道"，而且全程没有出现一次"听说""据闻"这样的漂浮字眼，相信得到读者更多的信赖。

在"新闻"上我们失职了，但在"报道"上，我们保留了忠实与诚实的完整性，即使到今天，我也无法确认当初知而不报的选择，到底算不算违背作为记者的专业？

别问我再重来一次会是怎样的选择，我的答案无法用是非圈叉来决定，因为这只能以申论的方式陈述：我深深庆幸我有过这样"放掉新闻"的非专业行为，即便这可能是错的。我也深深同情后来的世风与竞争，让新闻工作变得如此嗜血，甚至把"宁可错杀，绝不可错放"当作不得不的轻率之权。

文艺片当道的时候，男主角与女主角天天相见，再加上场场戏都柔情相望，入戏就会动情实在难免，至于杀青后能不能顺利出戏回魂，就各凭功力了。

那时，没有"绯闻"这样鲜红又有贬抑意味的字词，读者也好，记者也罢，听写与阅读之间，属于爱情的美好是被相信的，没有人为了知名度捏造关系，也没有人会隔空放话。银幕上的爱情很美，银幕下的情爱也不会乱糟糟。

刀剑片、拳脚片兴起，票房景气，电影圈是一座有暴利的矿脉，于是黑道进来了！影视记者开始像社会记者，有些时候，会遇到很有点风险的采访报道，但是无冕王有宿命的受讯，也有特享的殊荣，黑白两边都有庇护的背景，倒也没有谁被真正地"动"过。

赌片、教父片，是电影圈黑道换血的界线，这时新来的一批大哥跟过去的大哥作风不同，反而开始维持秩序，甚至助弱济贫，当然，一如记者的原罪，大哥们还是有着让人又爱又怕的威仪。

香港吴思远导演与台湾"中影"公司联袂打造一批自美学电影回来的新浪潮导演，这是导演地位最受推崇与尊荣的世纪，在责任光环簇拥下，人文与人道选材成为电影主流。很遗憾，这样任重道远的诉求，很明显与商业利益有所违背与冲突，而且鸿沟日渐扩大，加上盗版与出租带方兴未艾，本土电影难以抗拒地进入沉寂的岁月。

电影没了，电视可期。

很多拍大银幕作品的导演转战小屏幕求生，电影演员陆续从单机作业走进摄影棚三机作业，所有的不适应一旦驾轻就熟后，电影演员的确在电视荣景上产生极大的贡献。

八卦报入境台湾，颠覆质报概念，在新闻取向与受青睐的新标准中，有的工作者觉得无地自容，有的工作者嗜血成性得到满足，良禽无树可栖，从网络报、捷运赠阅报、自媒体、网红、网军……一路开发的结果，操纵媒体的人，终于被媒体操控到上瘾成性的型格，所有的选择，唯点阅率是问。

针孔偷窥是社会新闻，而后演变成登台卖艺的影视新闻。

最兴而不衰的戏码是年年发生好几起艺人深深一鞠躬，向社会大众道歉做了对不起妻子的不良示范，阅听大众遭受视听虐待之余，不但不逃离，反而被训练出锲而不舍的追剧精神，这样的错乱哪里是影视新闻使然？这样的错乱是社会价值崩盘，谁该负责？真的是媒体的错吗？

最大且仅有的安慰，是台湾的影视艺人终于进入国际舞台。在自家夹缝中生存不易的行业，这些年迸裂一股闪电的光芒，能见度、参与度、接受度、知名度，都写下惊喜成绩。

演艺与新闻，都是特别的行业，都充满指标性的光亮，处于一个有能力让社会更美丽的位置，你们，我们，都不要轻忽自己角色的价值，在台北、在台湾、在世界，用人人懂得的语言、作品，宣告非优越但优秀的民族风范，让不喧嚣不杂乱的刚好音量，滑进每一个接收讯息的心灵中。

台北上河图

日据时期的一家人

我的老台北
—— 辽宁街116巷的三轮车、电话和邮筒

张大春

我的老台北没有一个固定的时间坐标，它就在那儿——有三轮车行经一人高的邮筒和铁框玻璃电话亭的那个年代是其中之一。

三轮车要到1960年9月才会逐渐消失在台北街头。三轮车夫报缴了车，可以领3000块钱现金。最早一批车的解体仪式公开盛大，100辆三轮儿堆挤在中山堂前的广场上，居然也有一种壮大的声势。接着，你听到不知何处一声令下，公开拆毁。外县市拆三轮儿的工作似乎推宕得很晚，一直到80年代，透露着那种无声无息便再也看不见的况味。而我印象中最后一次乘坐三轮车是四岁闹肺炎的时候。

那时我住的复华新村在辽宁街116巷，距离每天早晚要到街口去打针的松元西药房，了不起两三百步的距离。可那是一个台风天，天上泼大水。慢说是走，用我妈的话说：雨大得都看不见鼻头了。可偏偏这时门外来了一辆三轮儿，车夫原本大约也没有料到可以做成生意，骑过家门口的时候一按铃，我妈就冲出去，叫住那车。从此说好了：只要是下大雨，这车一早一晚地就来门口接我去打针。我那场肺炎起码闹了一个月，早早晚晚打消炎针的日子还真碰上不止一个台风天，到后来和那车夫都熟了起来。大风大雨之中，上车才要坐定，就听见他隔着油布车篷问道："太太啊！孩子好些了吗？"

那车夫姓郭，后来我才知道：他和我们村办公室的工友老孟是一对不知怎么样交好的朋友，俩人都是大清朝年间出生的四川老乡，经常在辽宁街靠近12路公交车起站的小面馆门口的长凳上一面喝太白酒，一面看瘸子老板在大铝盆里刷碗，仿佛那样刷碗是个下酒的娱乐节目似的。老孟喝着酒，还会在作废的日历纸背面涂涂画画，在我们村口上开着杂货铺的村干事徐伯伯看见了，总会咧起嘴笑着说："老孟，认字儿啦？"

至于瘸子面馆，据说是方圆多少里以内最便宜的面食铺子，牛肉面五块钱、排骨面五块钱，当时我都还没吃上。我爸说：咱们吃不起，俺一个月的薪水凑足了让全家吃80碗，别的干什么都不能再花钱了，没有了，光蛋了。这是我爸的原话。

老郭和老孟有些时候会蹲在村办公室的小院子里乘凉或晒太阳，而且悉心防范着村里的孩子们去玩电话。村办公室是一户宽窄的一间通厅，当间儿拼凑着几张方桌，铺着灰不灰、蓝不蓝的大桌布，那是全村开动员月会的地方，至于什么是动员月会，我到今天都不太清楚。而这办公室根本没有人办公，室内永远弥漫着一种发霉的，或者是蜜饯的气味。拼起来的大会议桌上什么也不许搁，此外就是一个报纸架子，和一部手摇电话机。人说老孟住在"后头"，还说老孟在"后头"藏了一把刀，他用那把刀赶过好几回小偷。

村里没有哪个孩子不想去摇通那一部电话的，然而老孟看管得极严密，没见谁得逞过——顶多顶多，有人能蹭到话机旁边，伸手摇那曲柄几下。老孟不喝酒的时候，除了看管电话、不让孩子们接近之外，似乎只有两件事可做，其一就是到了每隔周周末下午，他便摇着串铃，走在棋盘格子似的巷弄里，挨家挨户门外喊报："看电影喽！看电影喽！"意思是说：当天晚上龙江街封街，跨马路张挂起大白布幕，全村甚至村外的人都可以搬把小椅子、小凳子，坐在布幕的两边看免费电影。

摇铃之余，老孟会干的另一件事，就是当他一个人的时候，总是拿一支毛笔蘸着黄铜盒里的墨丝，在旧报纸上涂抹些横线、直线、斜线、大圈儿带小圈儿……直到把一整张报纸图画得密密麻麻，才作势吹吹干，折叠成巴掌大小的方块，收拾到"后头"去。

就我来说，毕竟还是那一部黑得发亮、始终放在嵌入墙身的木架之上的电话，是最有趣的东西。在当时，那话机是一个极丰富的象征物，它既是通往神秘世界的渠道，等待着被揭发或启动禁忌的密码，也是陌生远方铺向脚下的门径，甚至——在某种被催化和夸饰了的想象力鼓荡之下，它还会带来令人不安甚或危险的消息。

我的肺炎痊愈之后不多久，老郭的三轮车报废了，但是老郭并没有消失，他不但领了一笔补偿金，还转业成了水肥队里的一员。只不过从此以后出入复华新村就不走前门巷子了，也不踩车子了。他头上多了一顶竹条箬叶编成的斗笠，手上多了一根长柄铁杓，肩膀上多了一根扁担，扁担两头各有一只木桶。隔三岔五的，老郭就这么打扮着从我家后门更窄小的巷子里钻进钻出，挑大粪。

有一天我听见他和我爸隔着后纱门聊起来，听见老郭说："我这是神圣的一票啊，当然要投给周百炼的。"我爸后来老是跟朋友说起这事："挑水肥的都说要选周百炼，可是选出来的还是高玉树。"那是我平生第一堂政治课，我爸的结论是："无论选什么举，千万别问人投什么票。"选高玉树有什么不好呢？十多年之后，这个无党无派的政治精英不就成了深受执政党倚重的阁员吗？

那些年，投开票都在临龙江街的复华幼儿园里。高玉树当选的时候，我已经是小学二年级的学生了。选后没有多久的一个周日，我在幼儿园的跷跷板底下捡到五毛钱，这是天上掉下来的礼物。

当下揣起那铜板，经过村办公室，我往里看一眼，暗道："你那电话有什么好稀奇的呢？"这是想说给老孟听的。再往辽宁街走，看见了牛肉面店，暗道："还是吃不起你。"这是想说给瘸子老板听的。可是我知道我有五毛钱，而且我也决定了我可以用它来找个什么乐子——从辽宁街右转，直走到南京东路上，我拍打了一下那一座铸铁的绿色大邮筒，看看四下无人，抢步冲进行人道边上的公用电话亭。我翻开黄色（特别强调：不是白色）纸页的那一本号码簿，找着了分类项目标注着肉脯店的字段，随便点了一家，拨号。

"喂？"

"猪肉店吗？"

"是，请问找哪位？"

"你有猪头吗？"

"有啊。"

"那就赶快把帽子戴起来，不要让别人看到了呀！"

我若无其事地挂回话筒，从原路往回走，发现松本西药房对面新开了一家冷热饮店，正在贩卖一种我想都没有想过的食物，叫芝麻糊，一碗也要五块钱。"反正就是吃不起你"，我跟自己说。一分钟之后，我还没走到村办公室门口，发现前面两个巷口都是警察。这一下我慌了，那恶作剧电话才挂下，就被发现了吗？我猛转身绕上辽宁街，往长春路狂奔了几个巷口，再从光复东村那一头绕回来。到家的时候发现我爸也像是刚从外头回来的模样。他往衣架上挂了西服外套，沉着一张脸对我说："老孟拿菜刀把自己劈了。"

这件事应该还有些后续，像是邻里间的少不了的闲话什么的，只不过我都不记得了。唯一有印象的是：据说南京东路电话亭旁边那个大邮筒里，老是被人塞进去一堆一堆的废纸，只不过形式奇特。废纸都有信封装裹，里头放的则是墨染淋漓的旧报纸。寄件人、收件人、信件内容都像是鬼画符。然而，知道这件事的人在老孟自杀之后到"后头"去看过，发现老孟床下都是那样不成字迹的书信。

也算是恶作剧罢？谁作谁呢？

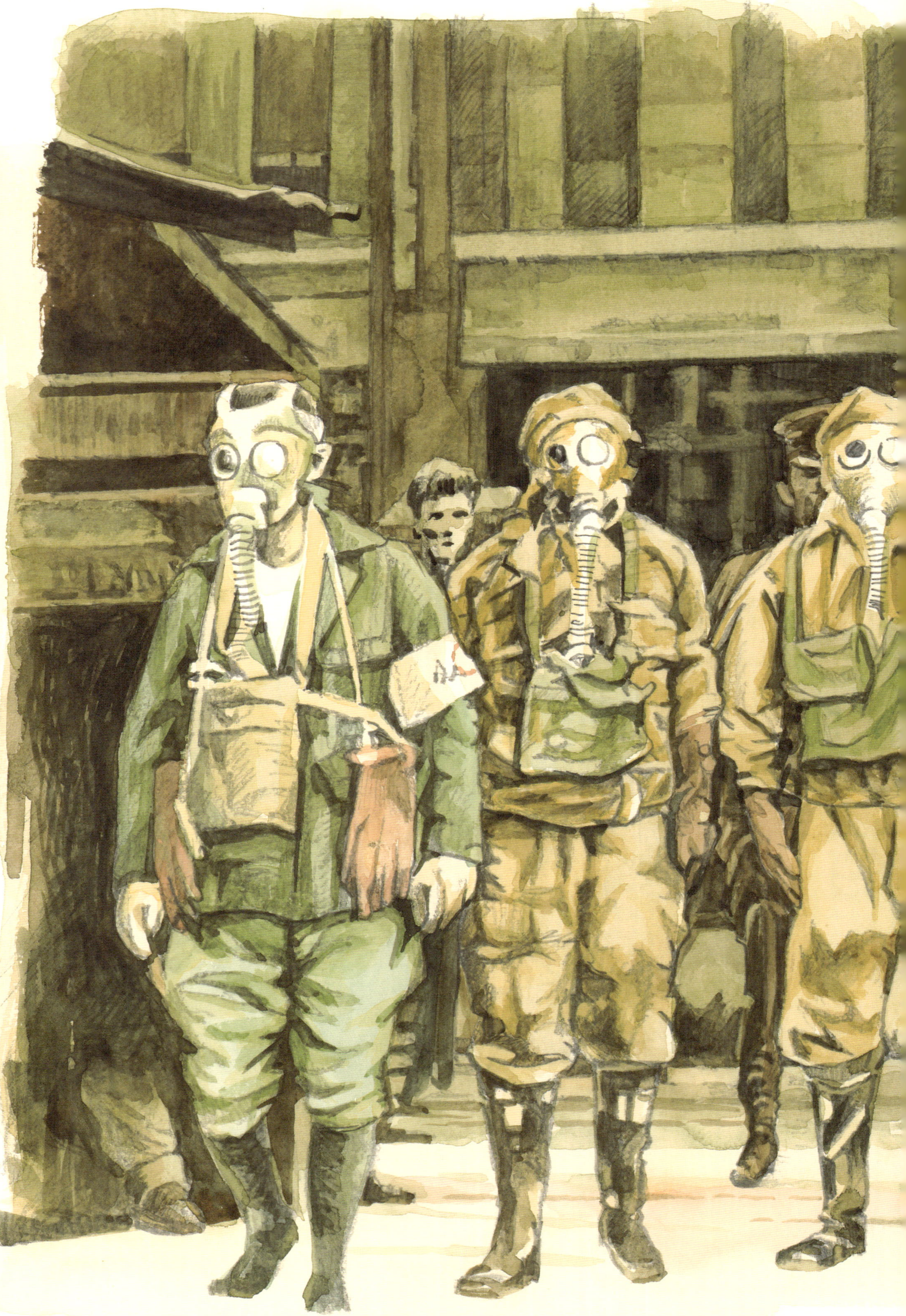

1934年消防人员戴上防毒面具，在新富町（约略在龙山寺的东方）做瓦斯防毒练习。

文字来源：《典藏艋舺岁月》

1900年代至今沿用的建设与活动

摘录自《台湾全记录》

电力：

1903　首座水力发电所于龟山落成。

台湾之电气事业，始于1898年1月，台北城内西门街制药所制造鸦片，开始装置七千瓦之直流发电机，供应照明设施之用。同年三四月，利用上项设备在总督府官邸、长官官邸、总督府衙门前等地装设电灯，其灿烂美观，颇令市民惊异。后来电灯装设增加，原发电机不敷供电，1900年再装设22千瓦发电机一架。翌年，总督新官邸落成，再增设两台25千瓦发电机，共计可供应79千瓦的电力。

今年日商土仓龙次郎和荒井泰治，在深坑厅文山堡龟山附近发现新店溪支流——南势溪，有数十尺之水位落差，于是计划组织会社。经募集资本后于本年2月12日成立台北电气株式会社，该会社之发电供应台北市街使用。

时值总督府企划各种水利事业，以开发殖产工业，认为电力事业具有公共性质，宜改民营为官营，使设备周到，而扩张其规模。

嗣后总督府以训令第202号自行开设台北电气作业所，建龟山水力发电所，用南势溪49米之落差，发电660千瓦，1905年开始供电台北，次年供电基隆，是为台湾水力发电之初创。

1905　9・11 台北市街开始装设电灯，使用户有569户。

1919　7・31 由官民合营的台湾电力株式会社于今日正式成立，成为台湾工业发展的基础。台湾电力株式会社开始进行收买各地小型电厂，并着手日月潭水力发电工程。

1934　5・1 台湾瓦斯公司成立。

水利：

1901　公共埤圳与水利重建。

日本据台后，于1901年7月制定"公共埤圳规则"，从此台湾的水利建设快速发展，在往后的数十年间，陆续完成许多重大的水利工程。

7・4 埤圳登记簿中详载：水源、经过地方、终点、新设或变更改线年月、投资方式、埤圳尺度、受益地名、受益甲数、官方认定年月日、权利关系、管理方法、管理人员、修缮方式、水租等。

此项登记后更推及于一般埤圳。次年登记公共埤圳共69处，灌溉面积共40395甲，1912年又重新作埤圳之登记及调查。

1907　4・18 台北自来水工程兴工。

1909 3·25 总督府发布"台北自来水规则",自本年4月1日起供水。

1913 北投一地,最初饮用水不仅缺乏,且水质恶劣。因疟疾发生的恐惧,使北投休养地蒙上不利阴影。即后在民政长官内田嘉吉的赞助及地方官民协力之下,1911年6月从前山的山仔脚源头处敷设2115尺的水管,供应北投全部用水,又修改道路桥梁,拓地兴建公园。并选在公园附近,以伊豆山温泉之设计为原则,建筑一两层楼的建筑,楼下设宽18尺、长36尺的男女浴场各一。各槽设有适宜的附属设备,楼上则有广阔的休息间,在其四周设有乘风纳凉的阳台。

1929 "河川法"公布实施,成为台湾防洪工程的划时代改革,使主要的19条河川全部纳入管理,并建立包括日月潭在内的水力发电厂,使全岛水力发电在1937年达到16.5千瓦。1937年至1945年日本投降以前,虽受太平洋战争的影响,但日本对台湾基本水利的建设和规划并未停止,奠定了光复后台湾经济得以迅速复原的基础。

电讯:

1909 2·21 台北、台南间直通电话开通。

1917 1·11 总督府发布"台湾电话规则"。

1930 6·17 台北邮便局暨电信局厅舍于本日落成启用。

1932 3·1 台北、马尼拉间无线电信完成。

1933 2·2 台北、东京间无线电话试话成功。

1934 6·20 台湾地区与日本无线电话开始通话。

1935 10·8 台湾地区与日本定期航空邮件开始。

1936 5·2 台湾地区与日本无线电传真成功。

1941 4·2 台湾地区与大陆东北之间电话线路接通。

交通:

1901 8·25 台北至桃园间铁路改良线及淡水线铁路开始营业。

1907 4·1 台湾地区与日本间每月有两艘轮船往返。
日本侵占台湾时,台湾与日本间并无商船通航,只有陆海军用船勉强运输联络,同时,香港、厦门、汕头、淡水及安平等各路航线,亦由英商太古公司独占。日本为了驱逐外商,垄断台湾资本,乃采用保护政策。
本日,总督府发布"台湾命令航路",规定基隆、神户线轮船两艘,每月往返两次。

1908 4·20 南北纵贯铁路,全长405公里,全线通车。

1909　4·21 6120吨的定期航轮镰仓丸，初航入基隆港，为基隆港栈桥筑造以来，首次停留6000吨级船舶。

1911　日本侵占台湾初期，所修筑的道路均以军事目的为主，工程粗简。1904年，日本政府决定悉毁台北城垣，以其废基辟筑三线道路。去年城垣拆除后即开始修筑，本年底竣工，此为台北市近代道路之滥觞。

所谓三线道路是指中间为一快车道，两旁复有慢车道，路面铺煤脂，各路宽约40米。自此，台北市始有良好道路系统之基础；并以此为中心逐渐扩筑东郊及南郊各干线。

由废城基改筑之三线道有四条，即后来的中山南路、忠孝西路、中华路及爱国西路，由此奠定了台北市道路建设之基础。此后，即以此四条三线道路为中心，逐渐筑成东部及南部各干道，如后来之信义、仁爱、徐州、济南、杭州南路等道路。

1913　1·2 台北市区至圆山间公共汽车开通，为公共汽车通行之始。

10·24 台北明治桥（现中山桥）至台湾神社间道路竣工，桥亦完成。

1916　4·1 北投至新北投新铁路线及新北投车站竣工，并开始营业。

1917　1·18 总督府发布"脚踏车取缔规则"。

1919　5·1 台北、基隆间复轨铁路试行通车。

7·20 台北市内公共汽车开始营业。

1920　4·3 架设在淡水河上的木造台北桥，行竣工通车典礼。

1924　6·12 日本神户、基隆间直航船蓬莱号首航。

1925　6·18 台北桥改建为铁桁架桥，于今日完工通车。

1929　11·10 台北市交通整理开始。

1930　5·1 台北市营公共汽车通车。

1933　3·15 位于台北市圆山，横跨基隆河的明治桥（现中山桥）于本日改建完工通车。此桥连接市区与士林、北投、淡水、草山（阳明山）等地，于1930年1月8日动工兴建，为钢筋混凝土结构，全长92.7米、宽17米，中央为车道，旁设人行道，两侧并有花岗石栏杆及青铜制路灯。

1935　10·25 台湾南回汽车路线完成。

1936　3·30 台北松山机场竣工。

4月日本航空公司主办台湾地区–日本定期航空对开，飞行成功。

7·1 大阪商船承办之京、滨、台北间直航线开始航行。

1937　6·1 台湾船坞公司成立。

7·8 台湾自产汽车公司成立。

日据时期艋舺地区女性学生制服

教育：

1897　5月"国语"学校附属学校女子部设立，为女子教育之滥觞。

1898　7·28 "台湾总督府小学校官制"及"台湾公学校令"公布，以区别台湾地区与日本地区与日本儿童初等教育。

1902　4·1 上月，总督府将小学校移归地税收入项下经营。本日，总督府颁订"台湾小学校规则"，使本岛小学校制度与日本内地并行。小学校是日本子弟在台湾的教育机构，1896年在芝山岩设置"国语"学校；1897年6月，设置"国语"学校第四附属学校，专收日籍学生；1898年7月28日，以敕令第180号公布"台湾总督府小学校官制"，同年8月以告示第55号设置官立小学校于台北、基隆、新竹、台南四地。1899年3月，再以告示第30号在台中、淡水、宜兰设立小学校，"国语"学校第四附属学校改称台北第二小学校。

5·1医学校举行第一届毕业典礼，有三名毕业生。

1914　4·1 淡水长老教会创办的淡水中学开学。

1917　4·16 私立静修女学校开校。

1921　10·27 台湾文化协会在台北市静修女学校举行成立典礼。

1922　4·21 总督府公布"公立盲哑学校官制"；5月1日发布其规则。

6·27 总督府发布"私立学校规则"。

1928　3·17 台北帝国大学官制公布。

4·1 总督府设立台北帝国大学，即今台湾大学。

日本对殖民地的教育起先是愚民政策，因为他们清楚地知道教育将使被殖民者觉醒而造成统治上的困扰，故直到1910年尚未在台湾设立公学校（台湾人小学）以上更高级的普通教育机关。

1930　3·24 台北盲哑学校新建落成。

1943　4·1 台湾开始实施义务教育制。

10·1 台北帝大工学部开课。

1945　12·25 台湾大学（前身为台北帝大）首次招生发榜，共录取36名。

1948　台湾省图书馆（前身为总督府图书馆）改隶省教育厅，更名为台湾省立台北图书馆；1973年改隶"中央"，是为"中央图书馆"台湾分馆。

美术：

1915　4·18 台北市新公园中之儿玉源太郎暨后藤新平纪念建筑物今日落成。后将此项建筑物转赠博物馆，即后来的台湾省立博物馆。台湾光复后，博物馆亦经接收，旋改称为台湾省博物馆。

1916　9·23 台北美音会在台北荣座戏院举办两天的演奏会。

1925　本年陈澄波入选日本帝国美术展览会。

1927　10·27 第一届台湾美术展览会（简称台展）在台北桦山小学大礼堂隆重揭幕。
台展的出现主导了日后台湾美术的发展方向，从此以后，画家们便全心全意以台展为创作目标，成为跻身画坛的必经之途。

1931　4·3 台北开赤岛社美术展览会。

1932　日籍美术教师石川钦一郎辞职离台。

1935　5·4 台阳美术协会于今日至12月29日期间，在台北市教育会馆举行第一届展览会。本协会成立于去年11月10日，由陈澄波、廖继春、颜水龙、李梅树、杨三郎、陈清汾、李石樵及日本人立石铁臣等八人组成，并且得到蔡培火、杨肇嘉等在社会上极具声望的人士的支持。

1938　3·19 台湾MOUVE美术家协会举行画展。

体育：

1903　1·11 体育俱乐部成立，民政长官后藤新平任会长，警视总长大岛任副会长，台湾银行董事长柳生任理事长。

1910　2·9 首次全台撞球比赛在台北铁路饭店举行。

7·3 体育俱乐部在台北古亭庄河川设游泳场。

1915　1·24 台北成立北部棒球协会。

3·14 台北射击大会于北投举行。

	11·19 台北江濑街广场举行竞马大会，为台湾赛马之始。
1916	4·22 全台围棋比赛在台北举行。
	4·23 由台湾日日新报社所举办的全岛马拉松大赛今天在台北开赛，且为台湾掀起运动的高潮。
	5·7 全台网球比赛大会在台北举行。
1917	12·29 日本早稻田大学棒球队来台，与台北棒球队比赛，从此台湾之棒球热进入高潮。
1921	1·8 美国职业棒球队来台，在台北与全台湾棒球队比赛，后赴中南部巡回比赛。
1926	7·1 台北市营游泳池开放。
1927	9·10 第一届全台棒球赛开赛。
1940	9·20 台北市举行全岛体育大会。
1943	5·1 健民运动周开始。

娱乐：

1914	4·5 圆山动物园开园。
1920	1·14 台北记者俱乐部设立。
1934	5·6 台湾文艺联盟成立。
1935	10·5 日据时期在台北大稻埕与"永乐座"同享盛名的"第一剧场"于今日落成。

设施：

1898	8月新建于北门街之台北医院落成，在大稻埕之原址改设分院。
1913	6.17 北投公共浴场落成。
	10·30 台北大稻埕公学校舍落成。
1915	总督府图书馆自1915年8月9日正式开馆，迄1945年8月15日日本战败，台湾行政长官公署接收为止，共31年。对于台湾文献及华南地方志极为注意，不惜重资广为搜罗，使该馆成为研究南洋、台湾地区的图书数据中心。太平洋战起，即将珍贵图书预先疏散。故该馆被炸时，仅仅损失少部分图书。从1922年起，总督府图书馆开办图书巡回文库，将图书分装分送到台湾各角落，每箱盛书60册，每处停留4个月，一直延续到1945年台湾光复为止。对本岛读书风气之推展，居功甚巨。
1936	9·5 台北新公园竣工。
11.26	台北公会堂（今中山堂）于本日施工完成。坐落于旧总督府厅舍的旧址（即刘铭传时代之布政使衙门）。
1938	6·5 下淡水溪治水工程竣工。
1940	12·16 台北市政府为解决住宅问题，着手建筑市营住宅450座。

其他：

1899　11·26 赤十字会（红十字会）台北支部假台北县厅举行成立开办大会。

1902　8·2 台湾医学会成立。

1905　6·16 台湾名家林本源之主人林维源殁于厦门。

　　　10·1 彰化银行开始营业。

1911　3·28 梁启超由日本神户搭船抵达基隆港。

　　　11·23 台湾瓦斯株式会社行开业典礼，开始供应台北城内及西门一带用户。

1912　1·5 台湾商工银行合并储蓄银行。

　　　3·2 台北厅召开市区改正协议会，选定市区改正委员，并于3月8日着手改革台北市区。

　　　12·26 基督教马偕纪念医院开幕。

1915　7·27 台北温度高达华氏99.5度，为日据台以来最高温。

1918　6·1 孙中山由汕头乘船抵达基隆，住台北梅屋敷旅馆，次日离台。

1919　1·29 华南银行（资金1000万元）开成立大会。3月15日开始营业。

1920　11·12 连横撰《台湾通史》上、中二册出版。

1921　7·31 气温高达华氏101.5度，为日据台以来之新纪录。

1922　4·1 台北市街改名称，以町代替街。

　　　5·5 "台湾酒类专卖令"公布，7月1日实施。

1923　6·12 "台湾茶检查规则"公布施行。

　　　7·28 新高、嘉义两银行合并改称台湾商工银行。

1924　11·1 台北大稻埕妈祖庙建醮。

1926　1·2 台北市营渔市场开始营业。

1930　3·1 台北市市场实施"十进制"。

　　　10·2 第二次户口调查实施。

　　　第二次户口调查结果，总人口4594161人，男2354607人，女2239554人，共809078户。

1932　11·2 全台图书馆代表大会在台北召开。

　　　11·28 台湾最早之百货大楼（菊元百货）落成。

1933　3·1 台湾地区与日本通婚相关规定实施。

1937　3·19 台北市实施新市区计划。

1938　9·28 台湾空瓶会社成立，为物资缺乏尽量利用废物之举。

1939　3·31 总督府公布"台湾家屋税令"及施行细则，4月1日起实施。

　　　5·13 台湾化成工业会社成立，资金500万元，设水泥厂于苏澳，将生产电涂、醋酸、人造橡胶等化学品。

1940　4·18 台湾高级玻璃新竹厂开工。

1944　7·15 总督府进行户口检查。

博览会

　　1935年是日本侵占台湾第40年，文治武功已经稳固，各项建设也达于巅峰；对正急剧扩张帝国版图的日本而言，台湾的战略位置对其"大东亚共荣圈"梦想具有关键的重要性。日本一方面为夸耀其在台的殖民成绩，另一方面也为展现帝国的实力，遂举办规模足以媲美当时欧洲万国博览会的"始政四十周年纪念台湾博览会"。博览会由当时总督中川健藏为总裁，总督府总务长官平冢广义任会长，统筹一切实际事务。展期为10月10日至11月28日，共50天。

文字来源：《台湾世纪回味 Vol.1 时代光影》

城 内

表町通（今馆前路）、本町通（今重庆南路）、荣町通（今衡阳路）一带，是日据时期台北城内街景最整齐优美的地段。

日据时期的台北府前街和文武街（今重庆南路），街道宽敞，街屋整齐优美，是人力车的时代，也是台湾城市的黄金时代。

由街坊的电线杆瓦球可以判断出这条街的市貌与繁荣。

文字来源：《看见老台湾》

99

菊元百货公司

　　菊元百货是台湾第一家百货公司,坐落于日据时期的台北市荣町(今台北市中正区衡阳路与博爱路口),于1932年12月3日开业。楼高七层,因此在当时俗称"七重天",是当时台湾第二高楼,仅次于总督府厅舍。加上配有台湾首座商用载人电梯以及许多现代化设备,是日据时期台北市荣町繁荣的象征。

文字来源:《维基百科》

大稻埕太平町

　　日据时期台北最繁荣的大稻埕太平町（今延平北路一、二段），是当时台湾的茶叶交易中心，商机热络，人力车往来不辍。

文字来源：《台湾全记录》

1931年（民国二十年）的大稻埕，正在拣茶的妇女。

第二代的明治桥（现中山桥），花岗石护栏，配置青铜路灯，建造精美，为当时全台之冠。

文字来源：《看见老台湾》

江山楼建于公元 1917 年，是日据时期台北市大稻埕著名的饭店，旧时此类包含酒肆与艺旦的饭店亦称"艺旦间"。

文字来源：《维基百科》

大稻埕新舞台剧院。为了保持中国的传统戏剧，原名为"淡水戏馆"的俱乐部，被辜显荣自日本商人手中买来，并更名为"台湾新舞台"，地址为现今太原路附近。此戏院毁于二次世界大战美军轰炸台湾时。

文字来源：辜公亮文教基金会

日据时期的学生

从三重这一端的"台北大桥"桥下眺望对岸，昔日的大稻埕，沿着河边而兴建的建筑物，大都是经营进出口的洋行或大商家。

文字来源：《看见老台湾》

市　　场

西门红楼

　　西门红楼位于台北市万华区的成都路上，在日据时期俗称八角堂，紧邻西门町徒步区。建筑为两层高的红砖洋楼，其外观为每正立面8米，1908年所建，现为市定古迹。八角堂主建筑体后面连接着的是十字形外观的一楼砖造楼房，而结构不太相似的这两栋建物合称西门市场，红楼则为市场入口。日据晚期，该市场范围拓展到周围成都路、西宁南路、内江街围成的梯形区域，并维持此一格局至今。战后，接收八角堂的沪商业者因建筑的红砖外观，改名为"红楼剧场"。

文字来源：《维基百科》

学 校

艋舺公学校

　　1896年起，总督府在全岛各重要城市设置"国语传习所"，迫使台胞接受日语。1898年，将各"国语"传习所改为"公学校"，之后，为提高就学率，又分别放宽就学年龄及调整修业年限。第二附属学校自1898年创校，于1907年改称为"艋舺公学校"，并迁校至莲花池畔（老松小学现址），第二年从原先的六年制公学校改为八年制。

文字来源：《典藏艋舺岁月》

日据时期原本日本采用愚民政策，直到1928年才成立台北帝国大学（即今台湾大学）。

文字来源：《台湾全记录》

日据时期1904年创立的台北州立第一高等女学校。

蓬莱丸

蓬莱丸是台湾人最熟悉的定期客船之一

　　快一百年前，台中清水海边长大的少年说他"对于海是司空见惯的，并不稀罕，可是浮在海上的东西，以前曾经见过的却只有渔民用来打鱼的竹筏而已"。在学校，冈村校长却跟他说起"轮船"这种新鲜名词，他很惊疑："据说轮船比我们的房屋还大，这么大的东西，怎么能浮在海上走呢？"有一天，他就要前往东京留学，他将看见校长口中神奇的"轮船"，行前疑惑还在心里反复："这么大的一座城，怎样能弄到海里来呢？""铁造的城怎能浮在海上？"

　　这位清水少年杨肇嘉（1892年生，战后曾任台湾省民政厅长），1908年，在基隆港见到轮船那一天，"巨轮"果真把他"吓了一大跳"。

文字来源：《台湾西方文明初体验》

蓬莱丸

叶子想象图：1945年后在台日本人的遣返
比照《20世纪中国人的山河岁月》照片转绘日侨登上
运输船，踏上返乡之途。

1903 林本源邸举办首次园游会

11·15 北台士绅林尔嘉联合台湾士绅11人本日在板桥林本源花园举行园游会。

林尔嘉系台北板桥林家之后。板桥林家之祖林平侯于乾隆末年渡台，初居新庄经营米盐贸易致富，继而购买土地，招佃开垦，渐成北台首富。嘉庆年间因台北漳泉械斗而迁至大料崁。

1845年平侯之子国华、国芳再迁至板桥，建造三落旧大厝，以本记、源记为店号，经营米、盐、樟脑及航运、钱庄等业，获利可观。

林家继三落大厝之后，在1888年完成五落新大厝，1888至1893年建造完成林家花园，除了三落、五落大厝外，另有弼益馆、白花厅、汲古书屋、方鉴斋、戏台、来青阁、观稼楼、香玉簃、月波水榭、定静堂等名胜，集亭榭楼阁之美，成为台湾名园之一。1898年8月2日，总督儿玉源太郎曾前往林家访问。今天林家第三代林维源的长子林尔嘉联合台湾士绅11人，在林本源花园举行园游会，招待日本文武官员与士绅共150人，是为台湾人招待日本官民之始。

文字来源：《台湾全记录》

1936 年的一家人

景文曾和堂兄赴厦门经营食堂。其叔为武秀才林卿晖之子（直兴街人。今贵阳街二段）经营丽生照相馆，为艋舺极少数的照相业者，理所当然的，一手包办了记录亲族的家族照。

文字来源：《典藏艋舺岁月》

一个心脏内科医师的一天

陈肇文

"今天的天气真好！"公元2000年3月18日，一个周六的上午，我起床打开窗户，望着远方的蓝天白云。心想："看来运气不错。今天假日天气好，事情应该不多，也许可以偷得浮生半日闲！"

身为一个心脏内科医生，我（当时）的专职是心导管介入治疗，必须轮流负责医院24小时及假日值班。如有急诊病人或病人情况紧急，特别是急性心肌梗死，就要立刻进行紧急心导管检查及手术，也就是通称的气球扩张术及置放支架。

其实每年的这个时候，台北的气候多不稳定，时阴时晴还偶尔有点雨。在这种乍暖还凉、气温变化大的日子，我们就特别忙。这两个星期以来，我已做了五天心导管，放了十来个支架。这是心血管疾病变化大、最容易发作也最不稳定的季节。

然而这几个礼拜，也刚好是"总统"选举前夕，正是台湾政治气候最混乱也最诡谲多变的时候。这一次国民党、亲民党及民进党三足鼎立，紧张热闹。三方各为其主，相互攻防，其中却仍有许多混沌不明及阴暗权谋之处。这也是台湾政局第一回有大翻盘的可能，人心浮动，全民为之沸腾。

打开电视，正大声地放送着选举的新闻，还不忘提醒大家赶紧去投票。今天是"中华民国"第10任"总统"选举的日子，也是我值班的日子。

自从来到医院（荣总）担任住院医师开始，只要逢年过节或是什么特别的日子，大家都要放假时，就是我值班的日子。毕竟科里大部分同人，或远或近都要回家乡团聚，而我从小生在台北长在台北，又一直住在医院旁，正是值班的最好人选。连续多年的除夕都是我在值班，这次大选，选情紧张胶着，大家各拥其主，都要赶回家投票，我自然也被安排值班，没有例外。

还在想着早上偷个懒，下午再去医院的投票所投票，家里电话就响了起来。吓了一跳，原来是大学同学打来问我今天要去投谁。"当然不能讲！"但还是和他对选举的情势及各个候选人品头论足地讨论了一番。来到医院这么多年，大家都认为这是蓝营的铁票区，而我当医生的同学却是偏绿的多，每每在言谈间都免不了好奇探问，甚至游说我投票的意向。可是他们不知，医院并非大家以为的那样。除了"国防医学院"的毕业生，更多的员工及医师来自全台各地及各医学院校，自然也不乏绿营的支持者，只是在平日的氛围下，大家不表现出来罢了。事实上，历年来医院院区内就设有投票所，听说每次大选所开出的票，其中非蓝营的选票也总是超过三分之一，近来更有逼近四成之势。这回选情如此紧张激烈，各方动员力道之大，我想选票之分散一定更为明显。

接完了同学的电话，爸妈也打来催促我要去投票。然而今天好天气，管他蓝橘绿三方各自叫嚣，他们不会知道我要投给谁！心里还在偷笑着。电视声太吵，还是闲闲去听听音乐吃点东西吧！

"铃——铃——"电话又响，是谁破坏了我倦倦欲眠的午后？睁开眼看看天色微阴，风吹来不似早上燥热。原来是医院病房打来，说好几位住院病人想请假回去投票，想必也是耐不住电视的鼓动及朋友家人的催促，趁着午饭后精神不错天色尚好，赶去共襄盛举。身为主治医师的我自然没有不准假的理由，只是交代病房护士提醒病人："晚饭后一定要回来。"

昨晚在病房忙到九点，还在犹豫着再打个盹睡一会儿。突然，一阵阵凉风吹来，天色瞬间阴暗下来，我赶紧关上窗户，看看时间才不到下午三点，心里不禁嘀咕着："天气变了，刚刚应该要病人投完票就赶紧回来。"我自己是不是也该出门去投票了？还在想着，想着。

"铃——铃——"家里电话再次响起。心中暗叫一声不妙，这回果然是急诊室来电，通知有一位胸痛病人刚到，初步心电图检查看来是心肌梗死，要不要启动紧急心导管的流程？——就是要通知值班的心导管团队立即就位准备紧急心导管检查及手术作业。而我这个值班主治医师，就是此时团队的领导人。霎时间，睡意全无。

"好！赶紧通知值班人员，准备送病人去心导管室！"

紧接着就要打电话去加护病房，请他们赶紧腾出床位来给这位病人手术后入住。

等一切交办妥当，我匆匆出门，10分钟内到达心导管室门口，只见大门已开，值班的住院总医师就等在那儿。随后值班心导管团队的护理师及放射师也陆续到达，随即启动机器开始作业。

下午4点差10分，一切准备妥当，病人送上检查台。这个不到40岁的年轻人，脸色苍白地躺着，双眼紧闭，额头上冒出豆大汗珠。陪同他来的一男一女，年纪也不大，神情紧张惶恐地站在一旁。简单地问过发病状况，才知道病人是南部一所专科学校的老师，前晚坐夜车赶回台北老家，预备今天早上投票，也顺便和朋友一聚。没想到晚上宵夜欢聚竟通宵未眠。上午略事休息，中午又和朋友一同到投票所，排队排了快一个小时，才投下神圣的一票。走出投票所，还没回到家就开始胸口紧闷，喘不过气来。实在受不了，才由朋友护送到我们医院急诊室。

我请他们在门外等候，随即进入心导管室，在放射师和护理师团队的协助下，迅速地做完初步冠状动脉血管造影。果真是一条最重要的左冠状动脉完全被血栓阻塞了，于是迅速地把血管打通，置放了一个支架。此时急速搏动的心跳渐渐慢了下来，病人也睁开双眼。

"还胸闷吗？"

"现在好多了。"

我看着他逐渐恢复血色而没有皱纹的脸，告诉他："已经帮你打通了阻塞的血管，放了支架，等会儿就送你到加护病房观察，顺利的话，二天后就可转到普通病房。"病人轻声道谢。然后问道："投票结束了吗？开始开票了吗？"我看看壁上的挂钟，时针已指向5。无奈地告诉他："别想太多，好好地休息吧！"心里不禁想着："是啊！投票结束了，我终究也没能去投票。"

走出心导管室，和病人的好朋友及女朋友说明了手术状况及病情后续处置。看着他们一起送病人离开转去加护病房，才发现自己也满身大汗。正想转身脱掉厚重的铅衣，喘口气，却听到：

"咚……咚……咚咚……"

原来是值班住院总医师匆匆跑来，上气不接下气地说："陈大夫，急诊室又来了几个胸痛病人。其中一个已经在送来导管室的路上。"

我看看在导管室收拾器械的护理师及放射师，才恍然大悟刚才在做心导管手术的时候，值班总医师没能来帮忙，是一直在急诊室忙着看新来的病人。不到20分钟，下一个病人就躺上了心导管手术台。又开始了另一个紧急心导管手术。

这回是一个五十几岁的中年男性，身材壮硕，有着高血压及糖尿病史，来的时候，嘴里还念念有词："阿扁一定要当选！阿扁一定要当选！"说着说着，他声音愈来愈小，气若游丝，赶紧接上心电图，才发现突发心律不齐，血压下降到量不出数值。就这样手忙脚乱的，我们还没开始做心导管，就紧急CPR急救。

不知道是他的运气好，还是我们的运气好，急救不到5分钟，病人心跳血压逐渐恢复正常。我们赶紧进去打通阻塞的血管，10分钟内放了两个支架。只是病人的三条冠状动脉都有问题，虽然打通了这次急性阻塞的一条，不过另外两条也有严重狭窄，就等过几天病情稳定后，再安排处理吧！

毕竟这位病人的状况较严重复杂，我们不敢掉以轻心，还是在导管室多观察了半个多钟头，等到确定病人清醒，心跳血压都稳定，才让他转去加护病房。离开的时候，他还神情激动地说："我一定要看到阿扁当选！"也许是坚定支持阿扁的信念，才让他渡过这次难关吧！

走进休息室，我打开墙上的电视，刚好看到屏幕里开票的数字。已开了大半的选票，阿扁的票数正微幅领先另外两位候选人，此时已近晚上八点。我打电话到加护病房交代病人的术后状况，也顺便请病房护士帮忙找人去买盒饭，给在心导管室值班的我们三人。一连忙了四个多小时，这会儿才真觉得有点肚子饿。但还是停不了，因为下一个病人已经在心导管室门外等着进来手术。

就这样又接连替两位病人做了紧急心导管手术，放了两个支架。送来的盒饭早就凉了，大家也都没了胃口，还是勉强扒了几口饭，不然等下又要胃痛了。

已经快半夜12点。导管室门口一阵喧哗，其中还间杂着大哭声。"该不会是病人出问题了吧？"我心头一凉，赶紧冲出心导管室，只见一个头发斑白的老先生，正卧坐在推床上号啕大哭，嘴里还用乡音咒骂着："都是李登辉，都是他，国民党才输了。""我没希望了。""呜……呜呜……"旁边老老少少七八个家人正围绕着劝慰他。

"怎么一回事？"我满脸疑惑地望着送他来的一脸疲惫的值班总医师。"又是一个急性心肌梗死的老人，要做紧急心导管！"总医师小声说。我心想："天啊！这已是今天第五个病人了。"

"到底还有几个病人？"我问。

"急诊室还有三个病人在等，刚刚又来了一个！"总医师说。

"好吧！你赶紧回去急诊室处理！这里我们来接手！""不过，你要先通知明天值班的人员，请他们早上6点来接班。我们尽量撑下去。""你自己也别忘了找时间吃点东西！"他点了点头，快步离去。

我回头看了看身旁眼泛血丝的值班护理师：

"吃饱了吗？我们继续干活吧！"

在家人的好言劝慰下，这位80岁的老人被送进了心导管室。所幸一切顺利，我们帮他打通了两条血管，其中一条放了支架。

没时间让我沉浸在自己的情绪里多久，另一群家属又护卫着一个病人来到心导管室门口。奇怪的是，躺在推床上的中年妇人披头散发，还不时和她身旁的白发老先生互相叫骂。原来他们是对老夫少妻，旁边的儿女们都早已成年，却只能满脸愁容地在一旁看着，谁也不敢开口。

我竖起耳朵听他们的对骂，啊！难道这又是一个严重的选举后遗症？看来这次选举结果真的打开了潘多拉的盒子，释放了无数恩怨情仇，但愿能有朝一日洗涤人心，就像我们现在需要打通他们阻塞的心脏血管一样。

临床上中年妇女常有心绞痛，但血管真正严重狭窄阻塞的并不多见。所幸这名妇人这次虽然发生心肌梗死，但在用气球扩张、清除血管内血栓后，血流看来都很平顺，也不需要再置放支架。只是她每条冠状动脉血管都显得细小，有可能是在争吵盛怒之下，心脏血管严重收缩，导致部分血管壁的小斑块破裂，形成血栓，瞬间阻塞了血管，造成心肌梗死。

我们于是速速将她血管打通，只花了不到20分钟。然而为了平复她的情绪，避免血管再次痉挛收缩，引发心肌梗死，只好一方面持续为她打血管扩张剂，一方面在心导管室放江蕙的歌给她听，总共用了一个小时，才送她离开心导管室去加护病房。其间也正好趁此，将前一天下午做完心导管手术的第一位年轻心肌梗死病人由加护病房转到普通病房。这真是不得已！通常此类病人都会在加护病房观察一到二天，好在这位病人病情稳定也同意转出。事实上是：这晚加护病房大爆满，已经没有床位给这位刚做完心导管手术需要严密观察照护的女病人了。

实在是累透了。在等待转出病人的同时，坐在椅子上几秒钟不动，就自然睡着了。我趁机眯了几分钟，也要一起值班的护理师及放射师，在这病人交替的短暂空当，轮流休息一下。夜很深了，时间已过早上3点，这是人通常最困最累的时候。我们还有一个病人要做心导管，最怕的就是过度劳累，精神不集中，一个不小心，犯下严重错误。

本晚第六个病人在早上4点准时进入心导管室。我喝完第七杯咖啡，戴上辐射防护的头罩进入心导管室。虽然每周总要戴上四五个半天，却从来不曾觉得这么沉重过。我的头几乎抬不起来，心中不断地对自己说："加油！加油！"这是为自己也是为病人祈祷打气。

就在要开始做气球扩张术之前，刚刚得空在值班室休息了半个小时的值班总医师走进心导管室，我请他别忘了等会儿联络今天白天值班的心导管团队，务必在早上6点半前来接班，以免耽误了还在急诊室等待心导管手术的两个急性心肌梗死病人。

真是托天之福，病人血管状况并不复杂，但我还是刻意放慢了动作，以免一时疏忽造成难以弥补的失误。手术就在时针要指向6时，完美地结束了。病人的状况良好，我仿佛听到公鸡在心中喔喔地啼，告诉我这漫长的一天一夜就要结束了。

没有换下手术服及铅衣，我拿下头罩就走了出去，一方面和焦急等在心导管室门外的家属报佳音，一方面也想看看这久违了的早晨阳光。病房送早餐的餐车"隆……隆……隆……"地从心导管室前的走廊通道经过，传来馒头、稀饭和炒蛋的香味，只听到路过的早班工友们大声议论着昨晚大选的结果，一个眉飞色舞，一个忧心忡忡，却都是同样涨红着脸，说得口沫横飞。我知道这是一个新的时代来临了，无论好坏，都是要在台湾的我们，一同承担。

换好衣服，我等着和今天值班的心导管团队交班，谢谢他们提早两小时来接班，不但是为了我们，更为那些还在急诊室殷殷等待的病人。还要去加护病房和一般病房走一趟，在我离开医院之前，看过这一晚所有做过心导管手术的病人们，也交代一下还没完成的病历。希望他们都能早日康复，忘了这生死交接的一晚及恩怨情仇的选举之夜。至于这是台湾人的"共业"，还是台湾人的福分，就让未来的历史去决定！

走出医院，灿烂的阳光照得我睁不开眼。

"啊！"我脱口而出，"今天的天气真好！"

后记

2000年时的我，刚从美国斯坦福大学进修回来一年多，还不能算是资深主治医师。平日除了研究工作，临床上则是以心导管检查及介入治疗为主。当年3月18日这一天的值班经历，躬逢其盛，令人印象深刻，感慨良多。个人的小经验和时代的大历史在无意间交会，一生难忘。感谢当天和我一起值班的医院同人们，他们辛苦努力，我们一同见证了历史。

人在做，天在看

黄虹霞

    光鲜亮丽的城市总会包藏着阴暗与罪恶。20世纪70年代台湾经济蓬勃发展，台北城的快速商业化带来了繁华便捷，然而，世风日下人心不古的犯罪也随之而来。

    台湾第一宗持枪抢劫银行案发生在1980年台北金华街，犯案人李师科手持抢来的警枪，头戴假发、鸭舌帽、口罩，闯入台湾土地银行古亭分行，抢走新台币540万余元后逃逸，23天后落网。1988年出现的"台北之狼"张正义，假冒出租车司机，连续性侵杀害6名女性并弃尸于台北街头，让台北女性闻风丧胆。1997年台湾最重大的刑案——白晓燕命案，凶手陈进兴、高天民、林春生在台北县市流窜；陈进兴甚至闯进北投行义路挟人质自重，震撼全台。

    人说，在台北这样的花花世界，"随人顾性命"，而我却以为，只要我们不袖手旁观，心怀人溺己溺的仁爱心，坏人就难生存，好人也可以得到保障。

    1995年，我是一个执业律师，因缘际会为一个被控抢劫及强奸未遂的出租车司机辩护，这是我人生中的第一宗公益辩护，冥冥之中似有一股力量引导，为无罪者平反。

    1995年10月的一个中午，我如常从法院开完庭后坐出租车回事务所。才上车，司机就叹气埋怨生意不好，他说，一整个上午只载了三组客人，"你就是第三组客人。"他自顾自地说，"世道真是不公平啊！"早上第一个客人在刑事警察局上车，是一位怀里抱着小婴孩、手里还牵着两岁儿子的妇人，她去刑事警察局找为她先生作证的警察，但警察说她先生不是"出租车之狼"的有力证言，却不被法官采认，她先生正被关在牢里。第二组客人则是4位妙龄女子，嘻嘻哈哈地要赴远东百货周年庆去大采购。

    我的脑海里马上闪过"警察居然会为被告做出有利的证言？！"基于正义与好奇，我追问司机知不知道那位妇人的先生叫什么名字？该案件在哪个法院？司机当然并不知道。

    几天后，我在《中国时报》读到一篇整版的分析报道，正是司机口中所说的案子。事件的过程大概是这样的，2月22日凌晨4点多，位在民族西路口的台北市政府警察局大同分局民族路派出所，一位女子前往报案。这位被害人姓林，凌晨3点，林小姐在天水路与华亭街口搭上了出租车，前往林森北路。

司机将车子强行开往重庆北路三段，林小姐发现司机意图不轨，急着想下车。此时，司机不但不准她下车，还拿出尖刀，翻越到后座，自称通缉犯并要求林小姐交出身上财物。

受到惊吓的林小姐不敢抗拒，把仅有的一万元交给戴着墨镜的司机。没想到司机拿走了钱却没有罢手，用尖刀与绳索胁迫，想进一步侵犯她。林小姐以正值月事苦苦哀求，可能因为害怕被人发现，司机放弃强暴，把林小姐载到延平北路与民族西路口释放。

死里逃生的林小姐立刻前往大同分局民族路派出所报案，依据林小姐的事后笔录，她下车前记下了车号，同时看到放在车前方登记证上司机的姓名"罗××"。警员据报后，当日下午3点钟，就在罗某新庄住家将他逮捕归案。

被捕的罗某在警方审讯时，坚持否认曾抢劫及意图强奸被害人。他告诉警方当晚在家睡觉，有妻子可以作证，加上自己视力不佳，所以从来不在夜间营业。

罗某还供称，当日上午9点多在家中接到电话，说他的出租车（福特全垒打1.3型）挡住出路，要他前往查看移车；他发现车子曾被移动，右后车门被破坏且车内留有槟榔渣。但因为并不严重，所以就直接开去修理而没有报案。他强调自己绝对没有犯行。

同一时期，大台北地区正有"出租车之狼"四处作案，尚未缉获。"出租车之狼"习惯窃取福特全垒打1.3型出租车，犯案人会先破坏右后车门把手，作案后将窃得的车子开回原停车附近。"出租车之狼"有吃槟榔的习惯，而从过去其他被害人身上留下的体液检体显示他的血型为A型。

一审庭讯结果，罗某被判有罪，处以有期徒刑13年。一个让媒体愿意以全版分析疑点的抢劫及强奸未遂案，必有蹊跷，我决定主动联系罗家人，想知道他们"需不需要帮忙"。当得知他们需要帮忙时，我告诉罗太太："我愿意义务帮你们辩护。"

诉讼过程冗长，且一度陷入胶着，我决定自己着手调查。当时，我向法官提出要求将槟榔渣送DNA检验，由于DNA检验是刚开始引用的新技术，法官认为槟榔渣是采集不到DNA检体的，因此驳回我的要求。

巧的是几天后，我带小孩去齿科矫正牙齿，遇见一位主治医生与一位年轻的实习医生，我就请教主治医生："槟榔渣是否能检测出DNA？"主治医生说："没听过，不太可能吧。"但到了晚上，我却接到那位实习医生的电话，他说："我听到你在询问DNA检测的事，我知道我在高医的教授有在做这方面的研究，可能可以，你要不要试试看？"

于是我立刻请罗太太回到那出租车上去找槟榔渣，它就放在前座的抽屉内，用一张卫生纸包着，放在一个夹链袋内。我如获至宝，即请法院送检，虽然时隔这么久了，但因为在车内有挡风玻璃与抽屉存放，并没有潮湿变质，可以检验。结果验出血型为A型，而罗某的血型是B型。由衷感恩老天爷让这一个当时警方不肯采取的检体状态完好，让本案有转机的第一线天光。

同时，我又发现本案被害人从未到法庭与罗某当面指认，仅在事发当天傍晚采隔街一对一指认，因此要求法院一定要让被害人到庭当面对质。当我面对林小姐时，非常严肃地请她看清楚，庭讯时，林小姐看了其旁的被告罗某，并对法官表示："不能确定，事隔太久，体型、发型均不太像。"

令人错愕的是，即使有了以上新的事证，但法官心证已成，居然二审仍然维持一审有罪判决。判决后，我担心罗先生无法承受，到看守所探视他，我只简单跟他说："你要相信司法，司法一定会还你公道。"

人在做，天在看，冥冥中，一切自有定数。这个案子是典型的"出租车之狼"犯案手法，我想找其他"出租车之狼"的受害人。无巧不巧的是，有一天，我去发廊洗头，和我的设计师聊到了最近在处理的这个案子，她忽然神秘地说："我们楼上住了一位曾经被'出租车之狼'强暴的小姐。"我听了之后精神一振，央请她帮我探询能否拜访这位小姐。

这位曾经受创的小姐给了全案很大的帮助，不仅详细叙述受暴过程，同时答应为我出庭作证、指认。她只有一点犹豫："如果被告就是'出租车之狼'怎么办？"我清楚地告诉她："如果是，当然是要直接指认。"出庭的那一天，看到罗某后，她坚定地告诉我："虽然长得有点像，但罗某绝对不是'出租车之狼'。"我当下即要求传讯她作证，但是法官拒绝。不解，难以接受法官的决定，惟罗某没有犯罪，我了然于心，更坚定要努力还他公道，纠正司法的误判。

事后，更一审法官在审阅全案内容与新事证后，推翻原判，罗某获无罪开释。检察官随后虽提起上诉，"最高法院"仍于2001年4月12日驳回上诉，罗某获判无罪定谳，找回清白。

这是我的第一个公益辩护诉讼，冥冥中几个巧合，都让我深觉人在做，天在看，得以救回了一个无辜被羁押了832天的人。公益诉讼从此成为我的使命，让我无法坐视可能发生的冤狱，保护被害人很重要，守住无罪推定的原则，不可冤枉被告也一样重要，这是司法界的天职。在数十年的律师生涯中，我深深相信，善者天佑，如果看到有人需要帮助，我们就该伸出援手，这是每一个人都被老天爷赋予的天命与责任。

* 本文作者为台湾第一位由律师"直接"转任的"大法官"。

台北青春梦

詹宏志

那是1974年10月的某日,太阳依然炽烈,我背着半条棉被,两套换洗衣裤和一本《荒漠甘泉》乘坐平快火车来到台北,准备要到考上的大学报到。但为什么是半条棉被?因为我和大我一岁的哥哥同年考上大学,我们都要离家了,妈妈把家中一条旧棉被剪成对半,一人一半,让我们带着远赴他乡;我们当时对即将前去的城市一无所知,也不知道这些遭遇将要如何改变我们的命运。

我在嘈杂的台北车站下车走了出来,看到一个奇特的景观,车水马龙的站前道路旁,有一张突兀的座椅,两边各站一位警察,旁边则排了长长的一列队伍,椅子上坐着一位面容愁苦的年轻人,有一位平民装束的人拿着剃发的电推剪,正在推剪那位年轻人的头发;仔细看,那一长列的队伍全是长发及肩的年轻男子,而不远处,穿制服的警察吹着哨子,继续逮捕路上的长发人士。

和其他正要上大学的男生一样,我刚从"准兵役"的成功岭回来,度过约两个月的团体军事生活,肉体上和精神上已被霸凌碾平,头发更早就被剃成醒目的极短平头,此刻我并不需要担心警察打量我的眼神,但那个街头上"有吏昼捉人"的画面仍然让我感到无比震撼。

虽说我抵达台北的第一刻并不是美好经验,但在此之后,我将在"这个城市"长居45年,超过我生命四分之三的篇幅,远比我任何其他"家乡"或"客寓"都要久长;而且在此之后我一直留着昔日要被捉去当街剃发的及肩长发,成为一个永远的"叛逆"姿势。究竟,我在台北发生了什么事?台北之于我,到底是什么样的意义?

首先,我想,并不是我选择了台北,而是台北选择了我。我是一个来自乡下的愣小子,糊里糊涂因为考试"落点"于台北;我之前当然也听说"台北居,大不易",它是万物价昂的tough town。我刚抵大城,吃饭付钱让我忧愁,光看房租也觉得心慌,并不知道如何可以生存下去。

但很快我就发现,台北有着各种赚钱机会。我先是得到担任家教的机会,教两位小学生数学和应付考试,就得到足以糊口的生活之资。然后我就发现还有各种写稿机会(并不是文学创作,而是接近工具性的写作),可以让我运用自由的时间赚取一些额外的收入。

有了生存的条件，我就开始享受大城所拥有的丰富文化生活：我买最便宜的票到中山堂看"云门舞集"和到台北中山纪念馆听音乐会，还初次接触了舞台剧（我看的第一部戏是张晓风的《武陵人》）；我付比戏院票价更便宜的费用在试片间观看市面上不会上映的经典影片（当年有这种生意头脑和独特门道来办这类映演活动的，就是后来的知名作家韩良露）；我自己的大学有藏书无比丰富的多个图书馆，对借书者非常友善，更不要说城中还有好几个整条街都是书店的"书街"，供你去搜罗探寻……

我像是个饥渴的吸收者，台北就是我的"大苹果"；它的经济富饶给了我生存所需的收入，它的文化富饶给了我心智成长所需的养分。

在一次我与诗人杨泽的文学对谈中，他提及"老台北"的议题，当时我是这样描述自己如何逐步变成今天的我："我并不常想到自己是台北人，反倒常常向别人解释自己的乡镇出身。但出身不如安身，台北可从来没有排斥我这个农村来的小愣子，没把我当成盲流，没把我当成低端人口。它给我求知机会，让我结交各地聪慧多闻的朋友（这也包括你在内，杨泽）；它给我工作机会，提供各色各样跌跌撞撞的舞台（包括各种我不曾想象的奇缘与奇遇）；它也给我生活安慰，我在其间娶妻生子，酬酢亲友，寻书觅食，饮茶咖啡，高谈阔论，集会游行，悲欢交集，不知老之将至……"

但当我这样描述的时候，台北仿佛是"恒定"的，我们都从它身上撷取所需。但事实不然，台北是时时刻刻都在变动的，它是众人投入的总和。如果有一个人盖了一栋大楼、开了一家店、做了一个活动，台北就多了某种元素；倒过来说，台北也不管你的爱恋，某些店家说倒就倒，某些活动说停就停（还记得台北的"牛肉面节"，轰轰烈烈的活动在柯文哲市长手中突然就停了），不由分说，你再心碎也救不了它。

也没有一种"全知的"台北，像神祇俯瞰的台北，因为我们大部分人都是"偏食的"台北使用者；有一些区域，我很少去；有一些时段，我不太使用（我常嘲笑自己是"日间部"的台北人，那些夜间部最时髦热门的夜间蒲点，就是我的罩门）；也有一些朋友喜欢的餐厅，我很少想到要去造访；有一些题目或角度，我也很少想到（像舒国治或谢海盟笔下的台北）。尽管我在台北居住了45年，我仍是很小范围的摸象者。

但我仍可以很自豪地说，如今我是台北城的一员，虽然我总是说"我是南投人"（而我根本不是在南投出生的）；我也自觉我是台北的一种"成分"，因为世界上的确有一些友人是因为我的缘故，觉得必须来到台北，"我就是台北"。

我住在信义路上一栋年岁已高的公寓（有时候觉得有"都更"之必要），我在滨江市场与信维市场买菜；我到中山北路的"御鼎屋"买"信功猪肉"，在内湖的"美福超市"买Snake River Farm的沙朗牛排；请朋友吃日本料理时，我选择到"高玉"或"子元"；请朋友吃法国菜的时候，我选择到"帕特里克"；吃中菜的时候，我喜欢去"三分俗气"或"天香楼"；吃台菜的时候，我选择到"山海楼"或"明福"；吃早餐的时候，我会想到"卖面炎仔"或凉州街的无名米粉汤小摊。清晨散步的时候，我沿着忠孝东路向东，越过台北中山纪念馆和附近的菜市场，一直走到捷运昆阳站，我还先弯进一个小巷吃"黑美人米苔目"（一份清汤米苔目加一份肝连）；然后我再抄远路转往101大楼的背后，清晨时刻，这些地区人流稀少，鸟声与虫鸣倒是不少，我再慢步沿信义路走回家；这样一程约莫25000步，折合14公里半，足以出汗。这些餐厅不一定是台北最厉害的餐厅，但我已经习惯了使用它们，它们像是我信赖的朋友；这条散步的路径也没有更有名堂的景观或理由，我只是走在我熟悉的城市里，这些平凡事物构成我微不足道的生活。这是我的台北，我的城市使用指南……

叶子想象图：时代生活形态——一刀剪的发型

日本投降后，才刚结束日本"皇民化"教育的台湾孩童，重新学习"国语"。

首批美军顾问团来访，1953年3月8日成员与眷属一共143人搭舰由基隆上岸。

1965年11月25日第一批自越南来台度假的美军53人抵台。

叶子想象图：上／1960 年代到邻居家看电视；下／1960 家庭即工厂年代

眷村

1949年后，随着国民党来台的大陆人，被统一安排住在所谓的"眷村"里，形成特殊的"眷村文化"。

文字来源：《打拼：台湾人民的历史》

叶子想象图：童趣嬉戏

杂货店

　　年幼时，家境穷困，很喜欢看故事书，却没有钱可以买，只好站在小店前痴痴地望着，看着故事书的封面，揣想书中的内容，用望梅止渴的心情，欣赏店铺中的糖果或玩具，想着——不知道什么时候，可以在地上捡到一笔钱，来买《诸葛四郎》。

文字来源：《怀念老台湾》

童趣嬉戏

旧书摊上的好时光

　　战前，今牯岭街一带邻近日本人宿舍区，战后，这里成了临时旧货市集，待遣返的日本人贩卖带不走的家当。随后，大陆来台人士进驻，也将随身物品摆卖起来，沿街排列的书摊，让牯岭街成为旧书重镇。1973年年底，当局将摊贩迁往光华商场，牯岭街上看书好风光从此落幕。

文字来源：《台湾世纪回味 Vol.3 文化流转》

这是1960年代台北西门町巷弄里的"露天书展"。一个租书摊，加上几张板凳，沿街摆放起来。架上有让孩童神往的漫画书、故事书，只消几毛钱，就可以坐上板凳，晃进一个充满奇幻的午后时光。

文字来源：《台湾世纪回味 Vol.3 文化流转》

台湾各校共通校训：
礼义廉耻

战七胜

　　克难队是1950年代台湾篮坛的代名词，集结了七虎、大鹏、警光、铁路、海军等队精英，1955年克难队远征韩国，七战七胜，所向披靡。图中16号球员为最佳中锋霍剑平。

文字来源：《台湾世纪回味 Vol.3 文化流转》

说书

　　说的多半是《七侠五义》之类的章回小说，是电视机还未普遍时，一般民众晚上常有的娱乐。说书人说个20分钟，就会暂时休息收一次钱，想要继续听下去就得再交钱。一个晚上大概要花两个小时才能把故事说完。

文字来源：《台湾世纪回味 Vol.2 生活长巷》

1979年民歌演唱会节目单，左上起顺时针方向为韩正皓、王梦麟、任祥、吴楚楚、李蝶非、胡德夫、陈屏、陶晓清、杨光荣、杨弦、赵树海、钟少兰。
文字来源：《台湾世纪回味 Vol.3 文化流转》

广播界大将陶晓清在1970年代中期以后投入现代民歌运动，并成立"民风乐府"，为民歌运动有力的推手。图左起陶晓清、任祥、钟少兰练唱情景，1979年。

文字来源：《台湾世纪回味 Vol.3 文化流转》

相传恒春调《思想起》的节奏与唱法来自平埔部落，图为手持月琴的平埔部落歌手，1930年代。

文字来源：《台湾世纪回味 Vol.3 文化流转》

一条山路带来的养成

刘克襄

在猴山岳游荡半甲子后，我对生活的意义仿佛才稍有领悟。

这山海拔约五百五，不算什么名峰大峦，但从木栅一带抬头遥望，犹若一座梯形的绿色大屏风，傲视周遭山峦。其西侧有指南宫依傍，日据时期以来即享誉全台。名庙为大山加持，无疑也帮它增添不少知名度。

指南宫虽是观光景点，周遭森林还颇葱茏。翻过猴山岳，方有大面积的茶园和梯田。但我在那儿来去时，茶园多半已还诸自然，梯田所剩也不多。只有少数几条农路残存于森林间，隐隐透露着昔时垦耕的情形。这些山径如今成为一般城市人休闲假日运动的路线，有的还被地方政府规划为健行步道和景观园区，希望创造多样的乡村产业活动。

我最熟悉的一条，百年前的地图里即存在，当时被视为保甲路，如今称为茶山古道。有此名称不难分析，过去周遭一定分布许多茶园。只是近几十年，茶园持续荒芜，人口外流严重，放眼仅剩四五位老人家，继续留下来，种茶栽竹，甚而勉强栽作水稻。

昔时有耕作，必有路来去。但路被踩踏久了，难免有些损毁。再者，长年雨水冲刷，路面容易变形，形成崎岖之样。此时自是要定期维护，小月轻修，大年重整，一如家电用品的保养，才得以维持畅通。

早年修路的人多半是当地农民，自愿前来分摊劳力。修路的美好传统，遂能一代传承一代。或许其间，有人兴过修筑水泥石阶的念头，所幸这里的泥土路况保持良好，此地又偏僻，终而逃过了此一生态浩劫。

如今老人家体力愈来愈差，多半不适合做粗重活儿。村里人丁又少，修路便不复以往。茶叶产销班蔡班长，晚近便意识到这一缺乏承传的严重性。于是发起了志工运动，希望常来此健行活动的山友能够发挥公益精神，一同加入修路的行列。

这几十年来，登山口蔡班长老家古厝，以及中途的林家草厝，都充分发挥奉茶精神，免费服务山友。常来此爬山的市民，多半受过热情款待。过去为了维护在地农耕，蔡班长也陆续办理不少活动。以山村作为小学堂，跟山友分享农事经验。修路之事一经提出，反应更是热烈。在他的号召下，许多山友都乐意前来参加，我也是其中之一。

连着五六年，冬季农闲时，手作步道便固定在此展开。大家牺牲假日，集聚在此劳动。昔人耕山铺路，后人承前启后，一个古老技艺的传统便这样美丽地持续了。

但说实在的，刚开始大家只是一股脑热情，委实不知如何修筑，还是得仰仗村里长辈的教导，现学现做。大家一路修筑下，真是劳心费力，但从中获得许多无可取代的身心启发。

以前在此参与割稻、采茶和种地瓜，都是点状的有趣认识。一条山路的修补，意外地把这些产业有机地联结。它仿佛一条精致的项链，串起了这些珍珠。参加者也乐此不疲，日后隐隐把此一每年的修路，当作必须参与的自然修行。当我们厌恶过多水泥化设施于森林出现时，努力维护一条原始土路的现况，无疑地，展现了具体而美好的契机。

修路并非一日可竟之功，而是要时时不断地进行。初时，我们先从登山口检视路况，逐一修补上去。每回报到的志工都有一二十人，先在古厝集合。修路的器具非常多元，蔡班长会先从护龙取出，摆在院埕。众人各自拎着铁棍、圆锹、短锤、锯子、凿子、竹棍、粗绳和十字镐等上山。

志工们不贪多，每次工作一整个早上，修筑二三十米。另外有一批未上山的志工，在古厝传弄丰富的割稻饭。中午下山时，大家可在院埕享用，交流施工的心得。

早年山路的修筑都会依造地形就地取材，如今亦是。猴山岳一带几乎是砂岩，凡遇到陡峭环境，昔时村民便以砂岩材质，打造长方形石块，铺成石磴。但砂岩容易剥落，敲打时得悉心慢敲，才能适中取得。打得用力，岩屑反而掉落愈多。这种砂岩的切割功夫，可非生手之能事，目前技艺也多流失。村里只剩一人还懂得，有他带头，我们才知道如何切割。

我常惊叹，在早年缺乏机械的年代里，农民们如何挑选、制作石材，再辛苦地搬抵施作现场。有空时，我更爱独自一人站在山路静静地享受。手作凿切的石块，大抵形状不一，排成阶梯时，往往形成错落的美感，贴切地融入自然环境。怎么凝视端详都舒服，绝非水泥石阶可以取代。一条石磴古道忽影幽影地横越森林，那样的雅致质朴，最能代表人类和自然和谐的互动。

石阶部分除了堆砌的美学，最重要的还是行走安全。此山区多雨，石磴容易生苔，因而常要用刮刀去除藓苔，凿出各种长条石痕。踩踏者使用时，鞋底多此摩擦阻力，才不易滑倒。

有时得适时添补一些泥沙、细石，或者再挖坑，借以固定松动的石块。这一桩细腻工作，老幼妇孺都适宜，手作步道绝非全然粗活，而是一门全家皆可参与的慢活工艺。

在缓坡环境，一些走久了的路段，容易踩得愈来愈宽，周遭环境都破坏了。针对这些肥胖的山路，我们也按地形找出过往的路径，设法瘦身回来。砂岩石块有限的情况下，我们会尽量利用周边树林的枯木和风倒木。

过往，相思树可当煤矿坑之梁柱，或当烧炭之木柴，不能随便伐取。如今煤矿业消失，城市住家多用瓦斯，木头没人珍惜，往往横躺于林中。但我们要取用，当作保甲路的木阶，还是得征求主人同意。旁边的森林，过去都是农民的水田和茶园，目前虽然荒废，还是他们的土地。

他们知道修路是为了公益，多半乐于答应。森林里的枯木，也不尽是倒木。有时枯木仍直立，必须以电锯切断，乍看仿佛容易。然木头粗大，直径30厘米时，切割就辛苦许多，倒下时充满危险。

每次安置木阶，都要先挖土，掘出一条适合容纳的凹坑。每根欲放置的木头，少说都有70斤，重者达80斤。有些外表可能出现腐朽之迹，但只要树心仍旧结实，仍是良材。放置前，先刨净上头的青苔和腐朽部分。木阶的高度和宽长，都要考虑走路者可以踩踏得舒服。安放后，再把石块和泥土填回，进而不断以粗木捶打，夯平周遭泥土。

挖坑、锯木兼置妥木阶，若十二三人一组，一个上午约能处理10根。除了修石铺木，不管石磴或者泥土路，还要逐段做些引流的排水沟，不要让雨水直接冲刷而下。尤其是豪雨之时，山路边很容易形成深沟，造成巨大破坏。

我们会先观察地形环境，决定哪些弯道足以作为挖掘之处。经常在木栅爬山的人想必也常目睹，当地老人家行山，都会顺便修整路面，清理水沟。毕竟，这是他们经常来去的地方。

整体观之，手作或维护一条山路，往往会带出修路的美善信念。生态环保的意义不只更为全面，郊区美好生活的重要基础也隐隐跃出。人们透过一条友善的路，对周遭农村会充满好感，进而更愿意互动。如果是一条宽阔的柏油产业道路在前，当地人标榜农作有机或无毒，你心中势必会浮升一个问号。但看到一条蜿蜒的泥土路，心里想必踏实许多。

更重要的，这是桩美好的公益，村里的农民和外来者共同学习，扩大家园的认同，实践以前的换工精神。台北盆地周遭，如今都有类似的市民体验活动。健行多年后，我终有此心得，尝试以手作步道作为思考核心，渴望更进一步地学习。

千门万户

是耶非

蔡康永

《台北上河图》最前页所绘制的图当中，可以明显地看到太平轮，关于太平轮的一切，对于小时候的我来说，都很陌生。

我隐约知道，家里有一些东西，原本是轮船上使用的。

轮船上用的东西比较坚固，造型也比较严肃，放在居家的屋子里，有陈列品的气氛，好像从某个电影的布景里借来的。

有一次我忍不住问起，爸爸才告诉我，他以前跟朋友合伙开过轮船公司。后来发生了太平轮船难，轮船公司结束。

一直到读研究所时，我才在完全巧合的情况下，再次接触到这个话题。当时很意外地收到了小说家白先勇先生手写的来信。白先勇先生当时任教于加州大学圣塔芭芭拉分校，而我念的研究所在加州大学洛杉矶分校，两家学校同是加州大学体系，我顺理成章地应该称白先勇先生为老师。

白老师的小说《谪仙记》，当时即将被拍成电影。白老师听说我学的是电影，就慷慨地给我机会，叫我去参与电影剧本的改编。当我到白老师家报到时，白老师拿出一些旧报纸的影印稿。我这才第一次看到了当时对于太平轮船难的报道。在《谪仙记》的故事里，女主角的父母就是死于太平轮船难，所以白老师搜到了一些相关的数据，作为编剧的参考。

白先勇老师所创作的经典作品当中，我看得最熟的是短篇小说集《台北人》。这些年来，我虽然看了数不清的杂七杂八的杂书，但是少年时阅读《台北人》，永远是我最奇妙的阅读经验之一。我在看其中两篇时，仿佛看到自己认识的人跑进了书里面去，演出他们的人生故事。我既想要跟他们相认，又觉得那样会打扰他们的梦境。

这两篇小说是：《永远的尹雪艳》与《游园惊梦》。

《永远的尹雪艳》里面，那些边应酬边感叹的人物，都是我小时候看惯了进出家门的叔叔伯伯。另外因为我10岁就开始有机会登台唱京剧，《游园惊梦》里面那个昆曲构成的平行宇宙，也悄悄地成了我珍藏的平行宇宙。

白先勇老师的《台北人》，是十几篇关于失去的故事。我一边在迪士尼动画里见识进取与奋斗的人生，一边在《台北人》的文学故事里，预习人生到底有多少东西可以失去。依照我当时的年纪，照理说应该根本搞不懂《四郎探母》或者《锁麟囊》这些沧海桑田的故事，但是整本《台北人》作为启蒙我心的文学名作，容许了我窝起身子取暖的脆弱，又鼓励了我打开脑门幻想的勇气。

　　我隔空想象着，所有那些千门万户的背后，我永远没有机会过到，或是我早就已经在想象中尝过的生活。

　　对于人生，我始终有一种刚好路过的感觉，这也许是因为我太早就发现，人生迟早要被提炼成：一颦一笑，一声叹息。

土地公的脸书

姚任祥

那天是我54岁的生日，傍晚要搭飞机去东京，第二天出席一个排了很久才商定的会议。

一大早，仁喜把我拉到计算机前面，与在美国的孩子们一起上Skype，看他们唱《祝你生日快乐》。那几天我没睡好，屏幕上看到自己眼睛浮肿着勉强响应他们，心里却还忧虑着家里的两只狗已经走丢9天了！孩子们问我要什么生日礼物，我忍不住大哭着说："什么都不要！我只要狗狗赶快回家！"然后把屏幕里的孩子们当成心理医生，开始述说我的内疚："我对不起它们！我都没有花时间在它们身上，如果它们真的有个三长两短怎么办？如果它们被人抱走了，欺负它们怎么办？9天了，它们一定很饿很冷！呜呜呜……"我跟孩子们继续说，"我太忙了，每天进进出出的，没时间多关心它们，陪它们丢个球玩玩什么的，我是一个烂主人，没有尽责！现在失去了它们，我好后悔啊，呜呜……"孩子们陪着我一把眼泪一把鼻涕的，那个生日祝贺就在哀戚的气氛中收场。

我们家共有6只狗，走丢的两只是Simba与Kuro。Simba是两年前仁喜送给我的生日礼物，金色毛，三角眼，个性很挑剔，有着不为三斗米折腰的个性；Kuro比Simba小半岁，黑色毛，胸口有个白色蝴蝶结，跟那位红遍天的足球运动员梅西一样机灵，见缝就可钻出个名堂来。这两只都是柴犬，也都是公狗，为了争谁是我们家大王子Jazz名下的二王子宝座，常常打得头破血流。我难得闲暇在家时，总是摸着Simba，口里安抚着"Kuro宝贝乖"，让它俩之间有个安全距离。不过它俩还是常用眼角互瞄，找机会挑衅对方。后来送去结扎，以为性情会好些，但也只是由一周互打四次变成一次罢了。

假日在家，遛狗是我的大事，6只狗通常必须分两批出去遛。但是生日之前那个周日太忙，索性一次带出去。哪知Simba和Kuro趁乱挣脱，一只往东跑，一只戴着狗链往西跑。我一时慌了手脚，一阵混乱把另外4只搞定；跑掉的两只则早已不见踪影。该从何处找起？

平常它们偶尔也会出去撒野,但大多是一只溜出去,晚上回到房子边徘徊,我半哄半劝地请回家。有一次这两只一起溜出去,夜深了,我出去找它们,竟在对面邻居的花台上;原来它们趁邻居大门没关,大摇大摆地进去要东西吃。那个深夜,它俩回家后,好像自知做错事的孩子,乖乖地躺下来,闭起眼睡了。我们才知道,这两个冤家在家像仇人,出了门后竟会结伴而行,壮着胆子一起四处溜达、串门子,体力耗尽才回家。

但这次一只往东一只往西,怎么分头去找呢?Kuro还戴着狗链,容易被缠住,很危险的。问了附近的人,有些说东边山头有听到狗打架的声音,有些说西边山头曾经看到一只……唉,这么大个山,到哪儿去找呀?这几天天气不稳定,气象报告说会有大雷雨,我心想,它们最怕打雷,一定会乖乖回家的。然而,等了一天又一天,仍然不见踪影。

第四天上午,我越想越不妙,印了8张它们的照片,到附近的公车站与里民活动中心张贴"悬赏找狗"的海报,也跟里长拜托,希望有人跟我联系。那天我也干脆把其他的狗都关起来,大门开个缝,心想它俩累了,可能会溜回家来吧。但是过了两天,仍然无影无踪。当晚开始起风,打雷下雨,我的心一直往下沉,想着它俩一定吓坏了,又饿又冷,我的整颗心开始发慌,做什么事都不能专心。

周六那天,仁喜带着其他4只狗出去,边遛边找仍找不到。到了周日,仁喜与我开始唉声叹气了!糟糕,已经7天了!仁喜开着车在山里找,我在家附近的马路上,见人就问:"你们有没有看到一只黄狗一只黑狗?"有人说:"有耶,好像看过一只黄狗,前几天就在附近!"我问有没有看到黑色的?他们都说没有……

——那天我们找到天暗了才满心沉重地回家。

到了周一,上班前,我又在马路上到处问人,并且拦下邮差先生请问他,他说:"有,有看到一只黄色的,再往山里面一些!"我心里想:"糟糕,怎么都没有说看到黑色的?是不是狗链被树缠住了?会不会卡到不能呼吸了呢?"我伤心得开始哭起来。下午有个整脊的治疗课程,我趴在按摩床上治疗时又哭了,从默默落泪到号啕大哭,吓坏了医生与护士。结束诊疗出来后,我一路哭着回家,像个失神的疯子。

我生日的前一天,仁喜与我下班后去参加一个结婚晚宴,心里的大疙瘩仍转来转去,两人都慌慌的坐不稳。晚宴后来不及回家换衣服,一身盛装的在山里喊着:"Simbaaaa!Kuroooo!"但没有扩音器,声音不够大,没什么效果,我的心又沉到海底了。

生日那天,就要去日本了,仁喜得提早去东京张罗细节,与我唱完《生日快乐歌》就急着去搭早上的班机。我茫然地想,我下午一走,更没有机会找狗了;但我不能丢下它们不管呀！于是灵机一动冲到里长办公室借扩音器，下定决心要尽全力找到狗狗。里长提醒我说："去找土地公啊！"

对哟，我怎么都没想到向神明求救呢？这山上有很多土地公庙啊！于是，途经一个土地公庙，我就停下来合十祈祷："土地公呀，土地公！您知道狗狗在哪里吧？请保佑它们，它们一定又累又惊吓，求求土地公开恩！"

我把车开到山上比较高的地方，拿出扩音器向山谷喊着："Simba！Kuro！"又把车开到半山腰处："Simba！Kuro！"……

如此上上下下找了几回，我觉得要找完这整座山，可能要耗到下午，会赶不上班机，心想是否明天上午再赶去日本？打电话给旅行社，想延后班机，回答却说这几天机位都满了！

正在那心绪混乱之际，来了一通电话："你的狗在大树下！"我惊喜地问："哪棵大树？哪棵大树？""就是大树下呀！""什么树？""卫星站那边的呀！""那里树那么多！""那个餐厅呀！""你是说有个餐厅叫'大树下'吗？""是呀！"我问清楚位置，立刻开车去离家五公里的"大树下"餐厅。

到了餐厅停车场，门口有些人，像是住在这附近，"请问你们有没有看到狗狗？"一位中年先生说："有呀，咦，怎么今天没看到？"我跑往斜坡上的餐厅去问，老板与老板娘也说："有呀，这几天都在这，我们客人都好喜欢，逗它玩，还照相呢！我都给它吃剩菜呀！奇怪啊，今天没看到！就窝在那个屋檐下呀！不过我们周二休息，没开门。咦！前天还在旁边一直绕一直绕，你看我还留了剩菜，今天要给狗吃……"

我哭着问："是一只两只？"答案是"两只！一黄一黑"！确定是两只！Kuro没有被缠到！我激动得心揪了起来，想象两个小仇家相遇时的画面，一定相互拥抱，且一路上相互照应，我猜一定是Simba照顾Kuro，哥哥照顾弟弟，心中有一种莫名的安慰。老板说："它们一定在附近啦！"我说："谢谢你们，我找到了回来谢谢你们。"

回到车子边，我拿出扩音器，大声地对着山谷喊："Simbaaaaa！Kurooooo！Simbaaaaa……！Kurooooo！"

我非常激动，大声地叫喊，大概这两个名字后面都拖了个aaaa或oooo，扩音叫声显得特别长，声音传入山谷，又浅浅地传回来！如此一再地喊叫，很像歌仔戏苦旦拖着一个哭音尾声，附近的人都跑出来看我，让我更有临场感；传回的声音突然振动了自己的心弦，所有的委屈一起涌上心头，想起那首《如果云知道》的歌词："如果可以飞檐走壁找到你，爱的委屈不必澄清，只要你将我抱紧……"我的眼泪一波一波地流出来。

我上车再往前开了几百米："Simbaaaaa！Kurooooo！呜呜呜呜！Simbaaaaa！Kurooooo！呜呜呜呜呜呜！"就这样，停车扩音哭喊了几次，到了一座较大的土地公庙前，我再度拿出扩音器喊，喊完就冲进庙里，看到人家拜跪的矮凳，拉出来往上一跪，不能抑制地继续大哭。我跟土地公说："谢谢土地公！它们都活着！它们一定很慌，请保佑它们平安，保佑我快快找到它们！"旁边一位老先生，指了指香炉，要我烧香拜拜。他好心地帮我点了7支香，要我3支供天，4支供诸神。我一边哭，一边照做，祈求土地公赐福保庇狗狗平安。

离开那个土地公庙后，我继续往不同方向的山谷喊叫，路上又经过两个不同的土地公庙，我也都停下来，继续哭诉狗儿走失的故事，请土地公务必保佑。

那时的我已慌得神魂散乱，不知车开到哪里了，但我还是见到人就问。好巧啊，问到一个先生竟说："我就是刚才打电话给你的人呀！奇怪！昨天还看到耶！"我问过他的姓名电话，请他帮忙再找，继续开着车，心想现在连我都迷路了，狗狗又怎么找得到回家的路呢？何况这几天下大雨，可能把它们留下的印记冲刷掉了。

我慌张无神地在山里继续绕，绕啊绕的，又绕回"大树下"的巷口，远远看到有人向我招手，开近一看是老板娘与老板。

我停下车，老板娘说："唉哟！山里收讯不好，你电话都不通！"我哭叫着问："找到了吗？"她说："在内湖，你快来打个电话！"我掩面大哭大叫，"呜呜！呜呜！找到了！找到了！"大概我哭叫得太大声，她说："你不要叫，不要叫，我们餐厅有客人，你这样人家以为发生了什么事！"老板则在一旁咕哝地说："他还不还你都不知道呢！"

老板娘拨通了电话，我激动地拿起话筒，没等对方讲话就说："谢谢！谢谢你！呜呜！谢谢你！我要谢谢你，你在哪里？呜呜呜呜！"对方愣了一下说："对呀！我还来不及打给你，你就打来了！你放心，两只狗，一黄一黑，我照顾得很好，喂它们最好的饲料，让它们安全温暖……"

大概我这歌仔戏苦旦唱得好，吵到了或是感动了"大树下"餐厅的老板，翻阅那一周的订位记录，一一打电话给来店里吃过饭的客人，问他们有没有看到一黄一黑两只狗。周日晚上的客人王兄说，他吃饭时拍了两只狗狗的照片，周一放在爱狗社群脸书，注明这两只可爱的狗狗可能走失或被弃养；陈兄看到这讯息，兴起做生意的念头，周二一早就上山把狗狗抓走，立刻转贴在另外一个爱狗人脸书，说明要放送（即半卖半送）。王兄又正巧看到这则放送讯息，立即打电话告知陈兄："这两只狗是有主人的，请不要转卖。"餐厅主人从王兄处得知讯息，也打给陈兄说明，陈兄则说，狗是他捡到的，是他的！……

我打通陈兄电话时，他还来不及说话，已经被电话这一头的我夸张的哭声吓到了，且我的第一句话就说要谢谢他，陈兄只好改口说他还来不及打给我，我就打去了……我约他在内湖小学门口见面，给了他点钱，带回了Simba与Kuro。

话说惹了大麻烦的Simba与Kuro，见到我时并不像灵犬莱西认祖归宗地奔向我，甚至连尾巴都没摇一下，只是一脸疲惫与困惑地看着我。

——我知道，它们一定也吓呆了。

后来王先生也来电关心，也惊讶地说："怎么会这么巧！"我想谢谢他，他客气地说不要。

满怀欣喜地载Simba与Kuro回家后，我火速赶往机场。到了出境处的自动辨识系统前，屏幕出现一张奇形怪状的脸，机器一再说"请重新辨识""请重新辨识"。啊，机器认不得我了；我看着机器里的脸孔，连我自己也认不得啊！

在那寻找Simba与Kuro的9天里，我经历了自责，惭愧，伤心，失落，希望与幻灭，点燃与再熄，惊喜与感恩……哭了又哭的眼睛，肿得像熊猫，脸部的肌肉则僵硬得不知如何协调组合，难怪机器一再要我"请重新辨识"！

终于上了飞机，吃了晚餐，空姐送来甜点蛋糕，我拿起蛋糕，疲累地跟自己说了一声："生日快乐！"

日本回来后，我一一致谢所有参与协助的人。特别要谢谢的则是里长提醒我去找土地公。

土地公是福德正神，属于民间信仰中的地方保护神，是具有福德的善神，也是与人民较亲近的神祇。在寻找狗狗的过程中，我感觉土地公冥冥中确实帮了忙，暗中指点迷津，让一切巧合借着脸书出现。土地公们似乎也有脸书，威力强且疆界大，一邻一里地从阳明山联结到内湖，帮失神到近乎疯狂的我找到心爱的两只狗狗。

台北虽然早已进入现代化都会，到处仍可看到大大小小的土地公庙。逢年过节或造桥修路，邻里众人总虔诚地供奉水果香烛，祈求并感谢土地公的保庇。自从那次狗狗走失事件后，每当我经过任何一处土地公，必都合十微笑，感谢并请土地公保佑这块土地上的一切生命。

人口数字

1925 户口调查结果，本岛总人口3993408人。

1935 8·28 总督府发表台湾地方有权选举者计252382人。
12·31 总督府发表台湾现住人口达5315642人。

1950 5·15 本省户口至今年3月为止，计1332905户，有7454886人。

2015 年的一家人

1956 9·16 "行政院"决定今日为普查基准日,进行户口普查计划。零时全省联播电台播出,12响钟鸣后,15万多名普查员同时进行访查。台湾全岛到处灯光齐明,交通一律中止,各家门户通宵开放,以接受普查人员的访问查询。11月2日省政府普查处发表初步统计,今年台湾常住人口有931万余人,男比女多17万余人。

1978 7·27 "内政部"公布,台湾地区人口总数为 16949539 人。

1985 1·18 "内政部"指出,截至去年10月底,人口已逾1900万。

2018 "内政部"资料人口数 23588932 人。

文字来源:《台湾全记录》《维基百科》

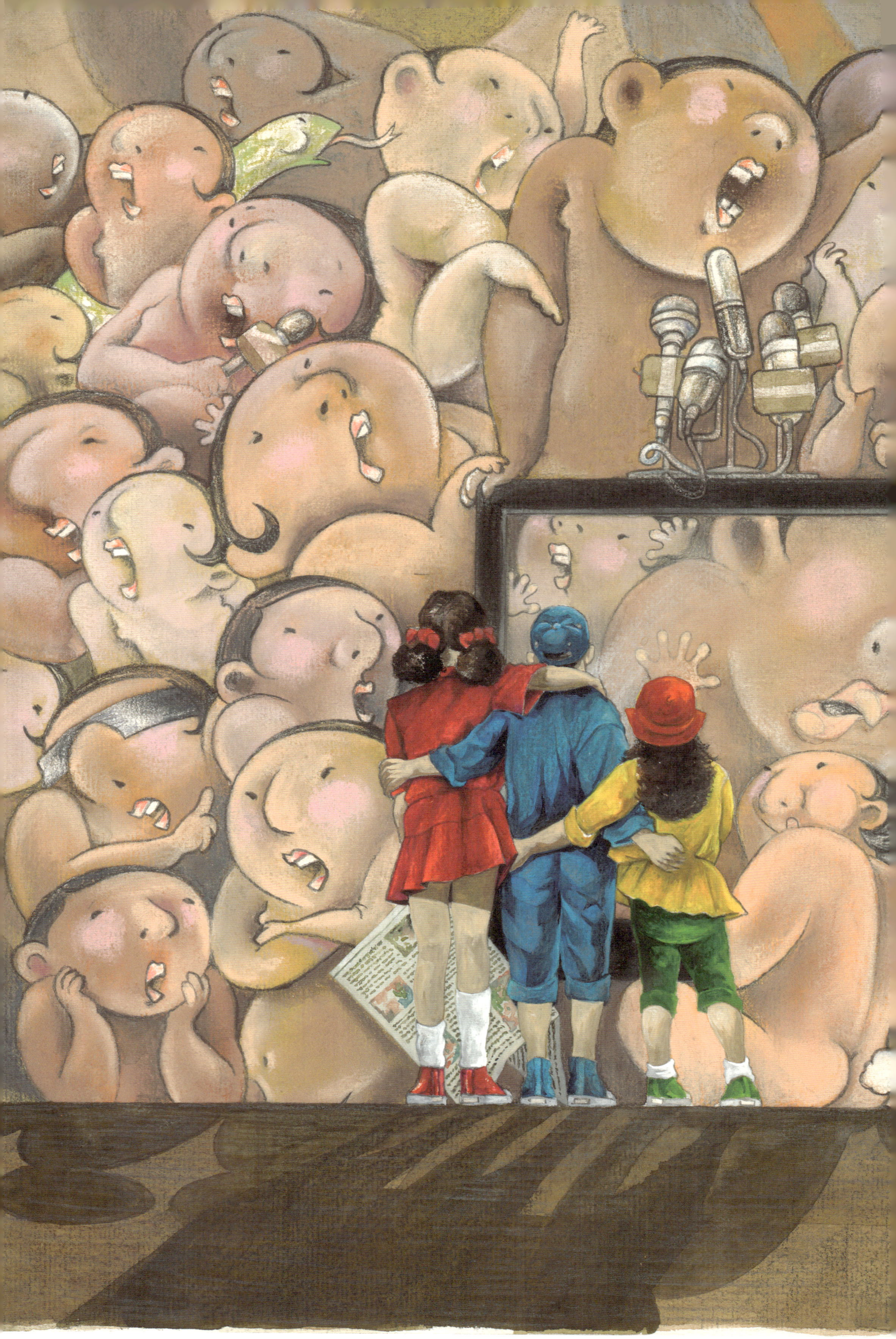

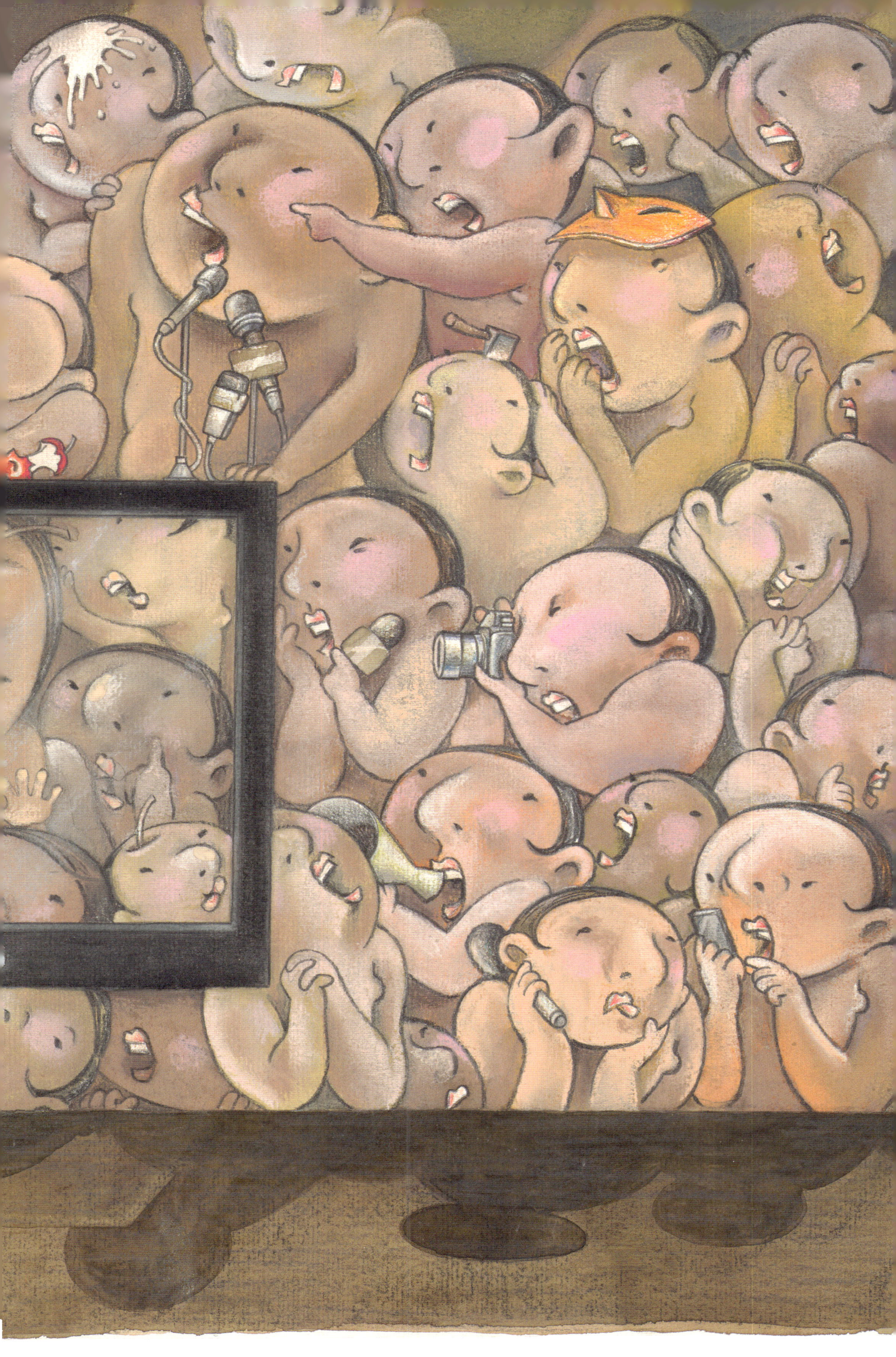

食衣行住

老台北的舌头记忆

林君立

爷爷抗战胜利后就来台湾，早年住过中山北路"红宝石酒店"的巷子（即今"明福台菜"那条）。我是晚辈，没赶上那个年代的风华。但我出生的和平西路宿舍，日据时期是酱油厂，发酵用的大木桶，当时还堆在我家后面的废屋里。由此可见，我们一家爱吃，是有因缘的。

1949年，国民党蒋介石集团撤退来台，从大江南北跟着来的军队和百姓汇聚在台北盆地，他们的口音不同，口味也不一样，各自发展地方特色，遂使台北成为台湾饮食文化最多样的美食天堂。

先从早餐说起吧。

小时候，我们家早餐习惯吃稀饭。那时有卖酱菜的小贩，清晨拉车摇铃穿街走巷，买几样酱菜就是一餐；尤其红糟腐乳，撒点糖滴上麻油，总能稀里呼噜地喝下好几碗。有时也买几根油条蘸酱油，或者再加一块刚做好的板豆腐拌着吃，热乎乎别有一番滋味。

仁爱路三段幸安小学旁的巷子里，有家山东人开的豆浆店，离外公家很近，我们如去外公家，想吃烧饼油条咸豆浆，就去那家店一解口腹之欲。

但我最期待的早餐是星期六，爸妈带我去衡阳路的"三六九"吃面和小笼包。那个年代还没"鼎泰丰"，也没周休二日和捷运，一趟早餐吃下来，上课总会迟到，爸妈却无所谓，还为此向学校请假呢。周六的早餐，因而成为我童年生活最有味道的回忆。

至于中餐和晚餐，我们家尽量不外食。请的欧巴桑会协助买菜洗切打杂，妈妈则依照祖母的江浙口味料理：熏鱼、烤麸、油爆虾、八宝辣酱、鸡骨酱、黄瓜酿肉、狮子头、大汤黄鱼、烧划水……都是我家常吃的私房菜。

随着在台湾的日子渐长，我家的料理也开始融入台式风味，例如色拉凉笋、海瓜子炒九层塔等，也是餐桌上常见的菜色。偶尔我们也去江浙菜老店，吃乌贼鱼烧肉、卤香瓜蒸鱼、肉丝笋丝炒枸杞头、烂糊肉丝（注1）、肚肺汤（注2）……遗憾的是，老厨师凋零，这些功夫菜几十年没吃了，再过几年，恐怕知道的人更少。

当时也有不少家常小馆。与衡阳路垂直的桃源街牛肉面，早年是最便宜又好吃的面馆。熟客进门，用四川话对跑堂的喊一句"汤宽，面少，轻红"，特别有味道。跑堂的负责点菜也兼收账，常常手里握着一大沓钞票；不过这画面已不多见了。

比面馆稍高一级的客饭馆子，能点菜吃饭还免费供应白饭，"大胃王"可尽量吃饱。仁爱路三段的忠南饭馆与罗斯福路三段台大附近的重顺川湘料理，是历史最久口碑也好的客饭馆子。当时常吃的粉蒸排骨或粉蒸肥肠，在小笼屉里蒸，铺底的地瓜因为吸饱了鲜美的肉汁，吃起来入口即化、香气十足，很受欢迎。还有一道必点的干煸四季豆，厨师花时间干炒煸香，很入味；现在为了抢时间，常将四季豆快火炸枯，口味不可同日而语。

那时的客饭馆子有送菜到府的服务，我们去新生南路的外公家，他常叫客饭馆送菜，让全家大小打牙祭；那跑堂的拎着木头匣子，里面叠着外送到府的菜，盖子一开香气四溢。——如今，那样式简单的木匣子，也成为喜好收藏老东西的人四处寻觅的珍品了。

至于大饭馆，碰到婚宴喜庆或重要节日才有机会跟着父母去开眼界。当时中华路第一百货公司楼上的"五福楼"，是我家最常去的馆子，点的一定是家里少做或不会做的菜，例如酱爆青蟹、网油裹蒸鲥鱼、虾子大乌参、冰糖甲鱼、椒盐樱桃（田鸡腿）等。仁爱路三段名人巷内的"叙香园"也是著名的江浙馆，花样更多。

我家也爱吃西菜，如小统一牛排、Zum Fass的德国菜。现在"大陆工程公司"的大楼，当时是"大陆游泳池"，旁边有间西餐厅，我虽然从不游泳，却常去那家西餐厅用餐。位于民权东路与中山北路交叉口的美琪大饭店，因为美丽的"蜂巢式"外墙而备受瞩目，我在那里第一次吃到新鲜的春天白芦笋，印象很深刻。——美琪大饭店在1989年转售上海商业银行，已从台北人的记忆里消失。

1972年，蒋经国任"行政院长"，力倡简朴，推动"梅花餐"，宴客至多五菜一汤；如果餐饮花销过了一定额度，就要额外征税。初时雷厉风行，颇具成效。时间一久，就出现了上有政策下有对策的现象，开始有人把同桌吃餐，变成搭桌吃饭，避免超过征税额度。

我外公是南方人，年轻时在北平读大学，也爱吃北方菜。当时台北的北方馆，包括真北平、一条龙、致美楼，都是我们经常光顾的餐厅；烤鸭、蒸饺、烙饼、锅贴，都保持传统的老味道。母亲的干爹干妈是东北人，他们喜欢的会宾楼和悦宾楼对我反而没有吸引力，除了炸小丸子，没什么记忆深刻的菜。

朱记馅饼粥，也是北方口味，1973年从仁爱路三段起家，生意鼎盛，我曾在朱记见过宋府家宴，那时宋达将军坐主位，宋楚瑜还是英俊帅气的小生呢。除了独立店面，近年朱记也走进百货公司开分店，颇有一追鼎泰丰的气势。高记是南方口味，主打上海点心生煎蟹壳黄，那时还没那么红火，蟹壳黄可以特别定制，平时两元一个，额外加重油酥则要价四元。

广东人爱吃，无所不吃。在台北说到广东菜，就不能不提位在林森北路近长安东路的枫林小馆，他家的炸仔鸡又香又酥脆，是小孩们的最爱。再往中山北路走去，大同公司附近有家安乐园餐厅，除了拿手的广东蒸鱼，还有我最爱的堂灼猪肝汤：跑堂的将滚烫的汤头熟练地淋在生红的猪肝片上，瞬间烫得嫩熟，猪肝鲜脆，好不爽口。可惜，跑堂的上了年纪退休，这特殊的猪肝汤也随着退席了。

客家菜也是广东菜的一环，我印象比较深刻的是中山北路一段铁路边的天桥饭店（那时尚未铁路地下化），我第一次在那里吃到酿豆腐，从此立下我对酿豆腐滋味的高标准。至于台菜，台南担仔面是我从小吃到大的老店。这店在万华夜市里的华西街，生意极好，有一次因为店里客满，我们被安排到后巷许老板家里吃。他家不像店里装潢得那么华丽豪气，但地上也延续店里的风格，铺了深绿大理石。最有趣的一次，小时候跟大人去店里吃海鲜，桌旁靠墙放着整篓荔枝，我忍不住嘴馋，一边吃海鲜，一边从竹篓的孔洞挖荔枝吃，许老板不与小孩计较，由着我放纵好玩。

除了上馆子，家里有时也叫福州菜或西餐外烩。那时西式外烩流行一道虾吐司，面包酥松，虾泥鲜嫩，金黄色吐司上点缀一小片青绿的香菜。切好炸透的吐司微卷，小孩恰能手拿，是小孩过渡到成年人饮食的教育菜。几年前，我曾在上海一家米其林星级的客家馆吃到此菜，味道远不如小时的外烩。

在没有泡面也没有小七的年代，晚上肚子饿了，只能以开水泡饭，要不就得等推着摊车来卖面的小贩。新生南路与仁爱路交会的巷内，有个卖馄饨面的小摊，老板敲着竹板招徕客人。他总是戴着一顶渔夫帽,身上套着不知是灰得发黑还是黑色洗淡了的灰围裙,大家都叫他矮子。我家最常吃矮子的麻酱面:碗里先搁上一小坨猪油,淋上酱油和麻酱,用下面的水调匀,接着把煮好的面条沥干再捞到碗里,用长竹筷迅速拌和,最后撒上葱花和榨菜末;一碗香喷喷的麻酱面呼噜下肚,吃了满足好入睡。

随着时代的变迁,台北已经成为一个国际都会,不仅是中华饮食文化荟萃之地,各国的料理也在台北街头随处可见。但是,对我来说,在那个民风淳朴的年代,每一个味觉的记忆,都与生活里的一景一物相连,鲜明地刻画在我的脑海里。

注1 黄芽菜笋丝炒肉丝,烧得特别烂,也可以做春卷的馅。

注2 上海传统名菜,使用猪舌、猪肺、猪肚、猪大肠、猪脚等材料,以高汤、料酒、葱姜、香糟卤小火慢炖,吃前撒上蒜叶,淋上一勺糟卤即可。

民主食堂
阿才的店

杨升儒

"阿才的店"是大杯喝酒、大口吃菜的台式热炒名店，早年被誉为"民主圣地"，声名远播海内外20余年；连日本NHK电视台都慕名派记者来台采访，连续五天在店内跟拍录像。

台式热炒店，兴起于经济繁荣的80年代。当时的上班族，白日忙于工作，下班后需要平价且可酒足饭饱的应酬场所；拜快速瓦斯炉发明之赐，标榜现炒现上的平价热炒店，发展为最具台湾特色的夜间食堂。

热炒是台湾多元饮食文化的缩影，菜色多样：台菜是大宗，有现捞海鲜，还兼容川菜、客家菜、日本料理等菜系。为了配合啤酒滋味，料理方式以爆炒、油炸、氽烫、清蒸、炉烤为主。

热炒店对时代潮流嗅觉敏锐，近年增添许多异国风味，菜单琳琅满目，标榜能满足每一个人的胃。

呼朋引伴吃热炒，啤酒干杯博感情。在台湾，啤酒就是要一群人爽快畅饮，热炒店无拘无束的气氛正是最佳场所。也因为热炒店是啤酒业者兵家必争之地，酒促小姐的美丽身影也成了热炒文化一景。

在鼎盛时期，台北稍有人潮的街头，都可看到热炒店的喧闹身影。近年因为当局严格取缔酒驾，营运受到一些冲击。

"阿才的店"，历史已近30年，最近也已传至第三代经营。1990年11月18日开张时，坐落在金山南路、仁爱路口巷弄内的一排老旧楼房中，若没留意它那微亮的灯箱招牌，很容易就错过；往往是里面传出的拼酒声浪，才会吸引过路人的目光。

"阿才的店"第一代老板，是80年代党外杂志《前进》周刊的摄影记者余岳叔。《前进》周刊当时很火红，创办者林正杰号称"街头小霸王"。余岳叔背着摄影机，不时跑街头四处采访，结识了一群媒体同业和各路人马，自嘲只会摄影不会写文章，是个"了然锈才（闽南语）"。和他一样好酒的圈内朋友于是送他一个绰号叫"阿才"。

为了让酒党朋友有个畅快喝酒痛快聊天的聚会场所，阿才集资创办了"阿才的店"，请来同为酒党的摄影家侯聪慧设计。走进店内，你会看到50年代的灰白磨石子地，搭配复古风的桧木桌与板凳；二楼则特设一个和式平台矮桌，可容纳大群的客人。

"阿才的店"经常播放各路闽南语老歌，墙上挂满50年代美女照片、电影海报，最切中要点的名句则是：

"集中意志全力喝酒、团结一心保卫酒党。"

余岳叔筹备开店时，找来刚退伍的表弟阿华（刘建华）协助掌厨。阿华本来是川菜师傅，不太会做台菜；兄弟俩不断钻研，台式风味的名菜一道道出炉。

循着阿才老板的"酒脉"而来的顾客，多是党外、社运、艺文、新闻界名人，也有不少曾经参与"野百合学运"的学生。阿才每天上班必逐桌敬酒、陪喝，自称"一年醉三百天"。

如此过了三年，钱没赚到，身体却赔进去了。阿才不堪其累，终于决定把店顶给阿华。——那时的阿华，台菜手艺已经不在话下了。

1993年阿华接手后，店名仍叫"阿才的店"；他身兼老板、大厨、总招待，炒完菜得空也和阿才一样，带着啤酒"走摊"，与来客畅论时事，无所不聊。人情味与酒浓，"阿才的店"生意越发兴隆。在菜色上，阿华也不断求新求变，吸引更多酒友上门。

阿华研发的招牌菜，有三道最为出名。其一是"油条蚵仔"：新鲜蚵仔加点甜椒、青葱、九层塔、金针菇，快炒勾芡后，淋在切段的酥脆老油条上。这是熟客必点的下酒菜；若不敢吃蚵仔或过敏，还可点油条虾仁。其二是"牛三宝"：牛筋、牛肚、牛腩与西红柿炖烩而成，嚼劲适中，酸甜咸口味兼具，让人回味无穷。其三是"炸肥肠"：肥肠洗净过白醋，卤过后风干一天，肠内塞入青葱，入锅油炸，香气四溢；起锅切段后蘸点胡椒盐入口，外皮酥脆肥肠软嫩，也是许多熟客口齿留香、每去必点的名菜。

阿华主持"阿才的店"20余年，早年训练小舅子大鹩协助掌厨，后来儿子卤肉也出师了。但因长年喝酒，过于劳累，身体出了状况，不像以前常在店里露面，引起一些老客人关切。负责外场的华嫂才透露，阿华扁桃腺癌开刀，在做化疗，需要多休息；而且店址面临都更，也许必须停业。

2018年2月28日，"阿才的店"正式停止营业，让熟客惆怅不已。许多人期待这间有着特殊历史记忆与象征的"食堂"，能够再现生机，继续为饕客、酒客服务。

幸而不负众望，2018年5月26日，"阿才的店1993"老店新开，新址就在老店对面的仁爱路二段26号，店长则由阿华的长女Eva接手。

全新的店面尽量保留老店风味，许多桌椅与摆设维持旧貌，但内部更为宽敞明亮舒适，多了一些现代文青风格。老店二楼的和式矮桌区，也在新店面的地下室重生，让老顾客非常暖心。

Eva自称从小在"阿才的店"长大，对这家店的感情很深，接手之后也跟上时代潮流，在脸书成立"阿才的店（1993）粉丝专页"，宣称："专业收留感觉口渴，感觉饿的人。"希望能让顾客在网上述说心得，"口舌交流"。

"阿才的店"曾被赋予特殊的民主符号，有许多传奇故事。Eva成立粉丝页的初心则回归餐厅的基本诉求：你渴了，饿了，欢迎你来喝几杯，饱食一顿，交流感情。

衣

切不一样

吕芳智

台北繁花盛开,什么事物都在改变,早前我们在乎的是纪律、规范、流程、次序与价值观等,现今一切不一样了。20世纪90年代有一句广告界最不负责任的台词"只要我喜欢,有什么不可以",这个自以为是却误导很多什么根底也没有的年轻人离经叛道,背离处世既有的脉络,深深影响台湾各行各业的规矩。我相信,举凡创意、事业、为人等,不是你喜欢就可以的,行业有行业的规则,做人有礼教道德的制约;如果你有过人的创意与工作能力,以尊重的态度做自己,这个"只要我喜欢",才是社会乐见的。

台湾这几十年的流行事业,就把贴上自我名字的服饰,认为是品牌服装;而什么最夯,文创最哈的,就狂拿来当成品牌签贴,在"只要我喜欢,有什么不可以"的口号下,让这品牌设立的起跑线越来越低,没有门槛,演变得粗糙简单,便宜行事,虽然一个一个品牌如雨后春笋般地浮现,但也有如昙花一现般的,总无法持久长存。反观日本的各个产业,就是依循纪律与传统为首,再衍生出多少惊艳全世界共同"喜欢"的艺术。

时尚在台北这个繁华时髦的城市,繁复得令人眼花缭乱,近年来国际精品林立,专门店一家一家开,还有选品店代理国外一些设计师品牌,一个个冒出来,时尚品牌H&M、ZARA、UNIQLO、GU铆劲开店,虽然Forever 21已经退场,但可细数台北时尚精品依然火热得很,消费者可以随意选择。反观我的青春年代,想在台北穿得时髦,走在流行尖端,要找裁缝师,说好听些是"高定",高级定做的意思,那时候的成衣市场并未开展。

回想当时想要抢头香,想穿得时髦有型,则要有出境采买的门路或找委托行,这景象如同现在跑单帮,去韩国东大门批货模式类似。当时我们爱批的货,悉数是从日本来的,日本流行什么,我们也跟着流行什么,"哈日"的狂热,举凡在生活的方方面面。那时虽然台湾的纺织制造技术在国际上是赫赫有名的,也成为不少品牌代工圣地;但唯独在设计方面,还落后先进国家一大截,相对的则代表我们应当拥有大进步空间才是,但是成衣市场的演变却非如此。当时所谓的品牌如雨后春笋般地冒出来,可惜其中有一半以上并非专科设计师出身,对设计也一窍不通,只是曾经待过百货的柜姐或采购业务,凭借着顾客喜好的敏锐度,就拿着从日本采购回来的样本,来请工厂阿姨加工生产,抄袭意味浓厚,没有树立起自我的风格与成就。

设计师品牌要出头，总有很多辛酸的故事，也都是披荆斩棘，才能生存下来的。其实当初我创立自己的品牌，起头也备受煎熬，我不相信有任何一个设计师品牌可能是轻松的。但我想自己是幸运的，在不同的时空抓住了机会，开始了自我品牌。一路走来，我深信竞争虽是多变的，但机会是永远握在自己手里的。

我会投入服装设计，是一个因缘巧合。本来是计划去巴黎念导演圆梦，为了积存留学费用，而投入制作服装赚钱。当时选择手染是我的绝活，我还是一个穷学生，手染是服饰业的入门，只是需要纯棉材质，所以很取巧的，去买三枪牌纯棉白T恤回来染色。这一做居然做出了小成果，收入可观，也为自己的设计师品牌踏出一小步。

顺利靠手染T恤储蓄，我跑去巴黎圆梦，但没多久就觉得自己不适应当地的生活，因此绕了一圈，又回到台北，我相信自己内心深处，还是爱恋着时尚界的。于是我正式地用自己的名字创立了品牌，生产一系列的服装。当时我把店面开在南昌街，生意兴隆，开花结果般地开展了这一个事业。当时其他百货设柜品牌势力，大多区分成少女、淑女服饰类别，鲜少是像我一样用设计师品牌单挑，当时的顾客，是属于小众市场范围，所以也是一条另类的道路。当时，有些人还沉迷在日本流行消费文化，对一些西方时尚，尚还存有一段距离时，我所走的这条独立设计师路，辛苦之外，却也创造了一片天。那一个年代，我的衣服被拷贝得满街都是，拷贝的卖得多过于我的正版货，我设计的一套洋装，居然卖出了近千套，让我存了第一桶金，也买下了人生的第一个房子。

当服装设计师最开心的时候，就是作秀发表会时，可以零距离感受台下观众，对你的设计所有的各种指教。我曾参加过百货举办的联合秀，也有半官方单位的邀约，集结许多品牌和设计师参与，借此提升台湾时尚设计力。两相对照，现在和过去发表形态，现在的设计师应该是幸运许多吧。在20世纪90年代的我们，是很期待纺织业和设计师之间合作渠道可以畅通，期待纺织厂商可以提供设计师发挥创意的布料，而设计师能够替纺织布料找到新出路，但惋惜的是早期纺织的研发能力还在累积能量中，创作者也还在逐步壮大自己的实力，一切都需要时间长期培养磨合。经年累月后，现在台湾的纺织不只代工出名，研发能力更是提升不少，各路人马对时尚设计跃跃欲试，让这朵时尚之花开得茂盛。

因为繁花盛开，时尚秀也五花八门，现代的看秀场地多如中正纪念堂、凯达格兰大道、桃园机场、台北市政府广场，都能拿来当舞台。回顾早期奋斗的设计师们，要在台北办秀，却没有适用的场地。想起1997年选在台北新舞台办的时尚秀，一波数折，申请时被主办方驳回，他们的理由是因为时尚秀不属于"艺术"范畴，事后经过我多方争取，晓以大义，表明服装是时尚更是艺术的一环，新舞台才开放我们办秀，那是新舞台第一次借给了"设计师"办时尚秀。

时尚确实是艺术，我也不愿意为了"秀"而秀，但令人难忘的是，几场与美术馆的跨界合作，让我们的艺术跳脱了时尚奢侈品的联想。在1998年的"高雄国际雕塑节"，我们在高雄市立美术馆与日本品牌ISSEY MIYAKE，以及时尚教父洪伟明带领的凯渥模特经纪团队，一起擦出时尚艺术的火花，这一场命名为"柔软的雕塑"的时尚秀，正呼应了雕塑艺术节主题，服装是雕塑的变形，一个可以贴合身体律动的软性雕塑，非常成功地让时尚与艺术融为一体，轰动一时。另外在关渡美术馆举办的"锦．衣．游．春"艺术服装系列，展出10套取材10位来自亚洲不同领域的艺术家作品，另外有12套独立创作作品，此展览以时尚秀暖场揭开序幕。在美术馆的邀约，与设计师群的结合，让衣服不只是时尚产物，更具有艺术的永恒价值。

外界提到衣（时尚），我和事业伙伴洪伟明两人的名字常会绑在一起，我设计衣服，伟明负责造型统筹与秀场规划。任何产物，都需要对外发表，而一场好秀，更需要秀好衣，所以我俩的默契与结合，的确是密不可分的。

现在的世道不若过往，服装界的成名可以是瞬间，人人都有机会，就像任何行业一样，自己的底蕴需要再三琢磨，努力研发创新，才能在这一条路上走得长久。

衣
然故我

洪伟明

台北街头从没舍弃热闹，你看到年轻人敢追求自我，穿着自己喜爱的潮服，会甘愿漏夜排队买喜爱的品牌。新世代很勇敢也很大胆，不亚于那些年我们曾经的青春岁月。现在流行时尚是你要什么很容易，没有太多约束，随时都能做自己，回过头看，我们想做自己是要风险，可能要冠上"叛逆"标签，付出一定代价。迷你裙、喇叭裤，国外有多流行啊，穿起来多时髦，可惜我们正青春狂妄时，有宵禁，连服装头发都有禁忌；穿上街若被警察逮到了，是会把喇叭裤管剪破；头发留太长，可是会被带到警局训斥管束。想当初我（高中时期）被警察拦查过，自认明明头发已经够短了，但还是被剃了一道，让你逼不得已把头发重新理得更短，由我爸从警察局领回家时，我得到一个扎实巴掌，我着实记到现在。

早期禁止奇装异服，规范得很是严苛，一件桃红色西装，看起来如此耀眼，穿上它随时会被警察哔哔，年轻的时候就是那么疯狂，即便到现在也一样，风格依旧故我。我们不曾为了忌惮禁东禁西，忘了一颗爱美的心。不时尚毋宁死，不够美绝不屈服，是这种心情吧。

小时候最盼望亲戚从当时的美军福利社带东西回来，想喝正宗可口可乐，坊间还没法买到，只有美军福利社有，市面只有台湾产的荣冠可乐，我很期待亲戚的"补给"时间。从那时候开始，也慢慢认识国外的服装，还有流行时尚杂志，那是我的信息补充站。

我对外总说因为爱跳舞，想在跳舞时穿着跟别人不一样的衣服，所以我都自己来设计，这是其一的理由。对现在的年轻人而言，想要买件精品，或找设计师品牌，可到选品店或上网手指消费。但在我那年代，20世纪50年代到70年代，没有所谓的成衣，衣服全是定做款，没有品牌可言。所谓的舶来品除了美军福利社，另外得靠委托行跑单帮，买日货回来，想不一样，真得自己来，看着杂志，自己摸索设计，挑布找裁缝，有些老师傅对我们要穿的样式还感到疑惑。二十世纪七八十年代，要在台北找到像我们这般闷骚的，还真寥寥可数。

循着记忆里的那条线，找到那时我们的流行。记得当时衡阳路上最有名的布店，一间叫鸿翔，另一间叫翔泰，要做衣服，我们会往这儿来裁布料；小花园手工鞋、如贝的定制旗袍都是当时最夯的时尚踩点，尤其是如贝的手工刺绣亮片，不只我自己做衣需要，帮歌手打造舞台装时，我都请如贝刺绣，欧阳菲菲上红白歌唱大赛的亮片装就是在如贝做的。要说台北最热闹的街道，西门町跟衡阳路聚集许多流行名店，消费购物就要往这儿走。

对照现在年轻人在台北逛的百货可多元着呢，信义区各式百货林立，新光、微风，诚品也从书店转向复合型商场，时尚品牌进驻，东区则是选品店与特色小铺林立，往哪走都可以找到自己所好。就连西门町区，纵然有段时间没落，经过重生，繁华依旧。其实老台北叫得出名号的百货公司也不多，从早期的大千、洋洋到芝麻百货（后期改名为中兴，因经营问题2008年结束营业），就数这几处热闹，我年轻时对时尚的热爱，把兴趣转成工作，和日后转战时尚秀活动与模特经纪，有部分就从百货的联合秀开始。

当年的芝麻百货可以说是流行圣地，台湾首个"本土"时尚秀概念，就是诞生于芝麻百货的"流行的预言"。对照现在时尚秀满天下，前有纺拓会与"经济部"主导的TIS台北魅力展，后有"文化部"指导的台北时装周，另外还有Fashion Taipei把花博当基地，培植着台湾新创设计师品牌。

在20世纪80年代的台北，没有多少有规模的大秀，只有棉花工会和羊毛局为了营销自己的纺织布料，才有所谓的时尚秀，这也算是台湾Fashion秀最早的起源，也堪称较大型的秀，地点就选在圆山大饭店，不若现在有花博馆、凯达格兰大道和台北市政府广场等可拿来当办秀场地。有一点更不太一样的是，纺拓会办的秀不是全找台湾设计师合作，是由自己的设计团队裁衣，真要说那时候台湾的设计师品牌还没有真正成熟。

在"流行的预言"，有幸担任统筹规划，集结百货各楼层专柜厂商统一走秀，负责协调每家厂商服装，一家出30套，共有10家参与，包含诠释展演的模特儿在内。这时间点，我还没正式成立凯渥，台湾也还没有所谓的模特经纪公司，所有使用的模特，有多半是朋友辗转介绍，甚至借调香港模特来台北走秀。一口气走下来，总共300套衣服，加上每个厂商有各自的诉求，一场秀足足有3小时那么长，长到让观众席有些人体力不支狂打瞌睡，这算是趣闻。

有趣的不只这桩，大多人认为我是靠模特经纪起家，早期帮艺人做造型奠定名气，绝对没有人想到我也是服装设计师。1978年我和几位好友，包含现在的好伙伴吕芳智总共5位，我们5人各自设计、造型搭配出流行服饰，接受当时流行杂志《流行通信》特别企划专访，我们用自己的名字做出了现在设计师品牌会做的事。而当年电视唯一介绍时尚的节目《新姿剪影》，电视台请我去做节目统筹造型，碍于不能秀厂商名字，才转而用秀人名方式，谁能料到人名也是个品牌开端，同名品牌的发酵，慢慢地在台北、在台湾被重视。

从一个时尚不毛之地到蓬勃发展，从委托行跑单帮的到直接代理，从Joyce到永三小雅，国际品牌陆续在地扎根，我们对衣的要求、穿的品位日渐重视。什么样的场合就该有怎样的衣范儿，真正的重要社交晚宴，衣着不可随便，可惜那时候大家对正式服装还是个问号，什么是evening gown可能都摸不着头绪。替TFDA设计师协会筹备募款时，我便想到这点，将时尚和晚宴结合。好友苏瑞华特地帮我取个响亮名词"时尚飨宴"，用晚宴用餐形式来筹募款项，邀请名人共襄盛举，所有出席的人必须盛装走星光红毯，比照时尚最经典的Met Gala模式，所以每个人在造型上万万不可马虎，要正装亮相。这活动算是成功打响了TFDA，同时也引起大家对时尚、对衣着品位有更好奇的心态。

时尚其实是很多面貌的，不单只有模特走台步，不局限设计师创作，时尚也是生活的一部分，也是艺术。我们该算是台北时尚圈早期耕耘的一群人吧，敢穿、敢现、敢忠于自我本色。这份热情我们更想把它渲染扩大，让更多人知道。1998年高雄市立美术馆那场时尚与艺术邂逅的经典大秀"柔软的雕塑"，至今仍然难忘，即便发生地不在台北，仍想拿它出来说说，毕竟在20世纪90年代跨入21世纪时，是在地最具规模的大秀。黄永洪的舞台设计，罗曼菲开场献舞，我负责造型统筹，模特一人一造型，脸上画着刺青，和吕芳智设计的服装共同演出，我们想说的是时尚没有什么不可能，我们用衣、用品位开创了一波先锋。世代交替的现在，视野不若过去狭隘，心胸更开阔了，想必新世代也正用他们的思维创造一片天出来。

台北好行

王德频

  春天的傍晚，开完会，跳上公司楼下的YouBike，沿着郁郁葱葱的敦化南路和仁爱路，骑到华山Legacy和老友们一起听罗大佑的演唱会。仁爱路两旁杜鹃正艳，凉风徐徐，茂盛的路树中雀鸟争鸣，公交车专用道上电子站牌显示着下一班公交车的到站时间，简洁的太阳能站亭透着一丝科幻感，伴随着放学、下班的人群……

  这段不长不短的骑乘，在结束了一天的工作后，更觉惬意与珍贵。

  小圆桌边人手一杯红酒，台上坚持原味的不插电乐团振奋地奏出1984年脍炙人口的《超级市民》，当主唱沙哑的嗓音随兴唱出"淹水淹得我们踮脚尖，塞车塞得我们灰头又土脸……"，35年前没戴安全帽的摩托车骑士，奋勇穿梭在台北公交车阵中的景象，又鲜活地在眼前躁动起来……

  交通规划与经济成长一向相辅相成。1974到1984年间，随着十大经济建设的推动，台湾民众所得年增率以平均约17.5%的数字成长，最高甚至超过33%。1984年，台湾的人均生产毛额首次站上3000美元，私人运具也随之快速增加。

  在那个没有网络与捷运的年代，城市因着经济起飞而快速增加的移动需求，从日渐壅塞的道路上发出呼喊。在那样的时空背景下，台北地区的大众捷运系统及台北市铁路地下化就此展开规划，终于带给台北一个全新的地貌。

  那个地面上仍有火车行驶的台北市，站在平交道边听着当当的警示声伴随着缓缓降下的栅栏，数着这次的火车有几节车厢，总有一种期待的乐趣。前一阵子在一部印度电影看到追火车的景象，不禁想起初中时也有类似的经验。那时，火车行经北投王家庙附近，或许因转弯而减缓速度，没在车站赶上车的学生，可以在一段助跑之后跳上车；那追车的画面惊险又惊喜，回想起来，不禁莞尔。

2008年9月，最后一班在台北市地面行驶的太鲁阁号，带着我们的记忆驶向历史。现在的台北，少了数车厢的乐趣和追火车的惊险，却也增加了人口密集空间所需要的效率与安全。

——铁路地下化后的地面，变成横跨七个行政区的"市民大道"；它已成为台北都会区重要的东西向交通动脉。

开车虽然自由方便，我跟父亲最爱搭乘的交通工具还是台北捷运。父亲总爱喜滋滋地亮出他的敬老悠游卡，跟我分享他的感动："这么干净舒适便捷的车程，从淡水到台北101竟然只要22块！"

而且，中山站还有诚品地下书街的书香，伴随着下班时分刚出炉的面包香呢！

台北捷运，营运已逾20年，日运量超过200万人次，有着难能可贵的效率与清洁。手扶梯上的通勤族，还会自动整齐地站在一边，贴心地给赶时间的人们留出通道。我在纽约搭乘经常停驶维修、纸屑异味四溢的地铁，总会特别想念在台北搭乘捷运的舒适美好。

台北捷运是台湾第一个捷运系统，我们在毫无经验的状态下，和这个曾是古台北湖的巨兽角力，与英、美、德、日各国顾问携手，整合复杂的专业工程界面，克服地段选择及地质恶劣等挑战，累积了重要的经验，成为未来城市高速轨道运输持续发展的养分。它不但彻底解决了长久以来台北交通堵塞的问题，也大大缩短了台北市与卫星城市之间的通勤时间，并且促进了经济的成长。

台北的公交车，也随着捷运而改善，如今大大不同了。从前等公交车赶上课，常常在等了度"秒"如年的半小时后，一次来了两部拥挤得连门都难以打开的公交车，司机无奈地跟我们这群心急如焚的学生摇摇手……看着公交车扬长而去，大家只好收紧书包背带，赶紧朝学校方向狂奔。

到了儿子女儿这一代，搭公交车上学悠闲多了。手机App会提醒再过5分钟车到站，该出门了；贴心的App还顺便告诉他们，来不及的话，下一班车就在七站之外，可以从容地出门。老人家现在也大多人手一机，想到哪里吃饭饮茶看风景，也都可以查路线查时间，轻轻松松坐上免费公交车。

路口监控系统、全球定位系统、智能汽车讯息交换系统、各种提供交通现况的应用程序，这些急速的发展，让网络世界的讯息交通与实体世界的运输交通相辅相成，大大减少了等待公共交通工具的时间，也降低了塞车的窘况。这些都为整个城市省下大量的时间，成为城市发展的重要资源；城市运转的速度也随之越来越快了。

台北还有两个通往全台湾主要轨道的共构车站：台北车站与南港车站；它们同时拥有高铁、台铁、捷运，让台北人借着轨道运输，能够通往全台湾各个主要城市与乡镇。我小时候跟妈妈坐火车到斗六阿公家，香味扑鼻的台铁排骨便当，是旅程中最令人期待的享受；听着咕噜咕噜的轨道声，看着窗外的田园景观，让人有说不出的悠闲与平和。

如今，台铁依然四通八达，高速铁路却是另一个台湾奇迹，神奇地把台湾变成一日生活圈；最快能在105分钟之内，把人从台湾的最北端载到最南端。台湾高铁总长349.5公里，沿线有51个地震侦测站，并且是台湾第一个以BOT方式进行的公私合作先驱。它在动工兴建之后，克服了1999年的9·21强震与各种政治角力，在政府部门与民间企业一群勇于任事者的高瞻远瞩下，为后代子孙留下了一条再造台湾经济荣景的动脉。

美国加州高铁，最近闹得沸沸扬扬，传出打算停止兴建；它的兴建期间与兴建费用，每公里平均预估都远超过台湾高铁。我每次乘坐准点率高达99%以上的台湾高铁，总在心里大大地感谢那些让梦想成真的英雄。

城市旅行，我喜欢使用当地的公共交通工具，以便更亲近当地的人与生活。在伦敦，一张Oyster card能搭公交车、捷运、交通船、火车；从市区经泰晤士河到格林尼治欣赏绝美落日。而在我的家乡台北，印着常玉画作的悠游卡，低地板公交车上礼让长者的孩子、区间车上努力用功的学生、捷运上逗着童言童语可爱阿孙的爷爷、高铁上打着计算机拼经济的工作者、河滨公园骑着微笑单车伴随夕照欣赏水鸟的人们；这些美好的景象，在我旅行各地时，也经常在脑海里浮动。

我们曾一起走过，一起让台北变得更美丽便捷。真的，台北，好行！

城市的协议

姚仁喜

我出生于台北。我对"城市"的第一印象，当然就是台北。虽然记忆已经相当模糊，但我依稀记得这一辈子住的第一个房子，那是在新生南路巷子内的一座日式小平房，我在那栋房子里大概度过了3年的岁月。

有关这个房子，有2个场景还留在我的脑海里：一是大哥仁禄常在院子中跟隔壁的同龄小孩"阿毛"隔着围墙丢球，你丢过来，我丢过去。我们的母亲照顾我们无微不至，甚至有点过度保护，加上当时社会上族群尚未完全融合，因此虽然有个邻居玩伴，可是我们互相从未见过面，就只隔着墙丢球，互相听得见而已。

这墙，一直在我的空间经验上占了重要的地位。当时的台北，有很多这种尺度的围墙，高约一米五。平常走在街巷中，你不会看进去各个私人的院子。但是如果有必要，譬如按了铃没响应，或邻居有事相互照应，稍微踮个脚，就可以看见里头的状况，超越那个无形的"私密"范围。

这种尺度的围墙，我认为是一种相当文明的表征。它是一个城市，或一个邻里中，基于一种共识、信任，所产生的——引用路易·康（Louis Kahn）之语——协议（agreement）。（注：街道是一个协议的房间，小区之室，其墙面属于各个捐献者，提供给城市作为公共的使用。——路易·康）

记忆中，台北有很多这种尺度的街巷，包括我幼时常去的、在九条通的外婆家。近年来，偶有机会在东京大街小巷闲逛，比如在表参道、青山通后方的巷弄里，不论新或旧，还是可以看到不少这种尺度的围墙建筑。至于台北，这种光景已经所剩无几了。

新生南路的第二个记忆场景，是有一天爸妈都出门了，大概是超过了预期回家的时刻。大哥仁禄坐在入口玄关，巴巴地望着院子大门，就啜泣起来了。根据父母事后的描述，当他们抵家开门时，看到我们兄弟俩并肩坐在玄关，我拍着仁禄的头，一直说："不要哭、不要怕……"

现在很少有这种具有高低差的玄关了。那么简单的一个空间、一个落差，造就了一个巧妙的过渡空间。那是年幼的我们，在父母不在时，能够去到的安全范围内的最边陲。那是我们最外面的"里面",一个安全的观察所在,一个期盼、等待、内外之间的场所。现在的住宅,在寸土寸金的功能主义挂帅下,这种空间不复多见。

这种空间极其重要,它是私密范畴与公共范畴的接口,是主动表达沟通意愿的象征。以现在的楼房住宅来说,阳台的属性最接近。但是,如果我们仔细观察,现今的台北,很少有人在阳台上喝个茶、聊个天的,充其量只是拿来种种植物,大多数还把阳台都围入室内。住宅成为一个绝对封闭的堡垒,没有中介的场域,没有跟外界沟通的期盼,小区性在空间语言上因而暗哑。

我记忆中的第二个居所,是靠近圆环、位于南京西路一栋街屋(TOWN HOUSE)的二楼。这是成长中印象最多的一个地方,也是父亲在家庭相簿中留下最多回忆之处。我们住在那个街屋的二楼,长形的平面中,朝南京西路的最前方是一个有个废弃火炉的大空间。它有三扇大窗,窗上有格铁栅栏杆,我常两手抓着它、两脚从中伸出,就这么坐在窗台上,看着街道上人来人往的城市百态。在20世纪50年代,圆环一带非常热闹,由于当时汽车少,所以街上各式各样的活动都有,绝无冷场。我在那个窗户"座位"上常常可以坐上很久,节庆时观看迎神队伍、七爷八爷,台风过后看着人们在及膝的"汪洋"中游荡,夜晚看着小贩在街边摆出各种商品,偶尔也获得父母同意,到我们正下方的街边去捞金鱼,浪费掉几毛钱。

这个街屋南北纵深约莫20米长,东侧是巷子,有个可以横拉关闭的直梯通往地面层的大门,我们4个小孩都曾滚下过这个梯子,无一幸免,还好那是一座木制的楼梯,对我们智力的损伤不大。前面的大房间是客厅,是工作间,也是我们小孩睡觉的地方。我从小多病,常常无法上学,母亲为了要我追得上学校的课程,这个空间每周两三个晚上也就变成了老师来给同学补习的临时教室。街屋中间有一间阴暗的储藏室,其中有个很陡峭的梯子通往阁楼,我从来不曾上去过,却在幼小的心灵中,填充了各种阴暗的想象。厨房在最北侧,有个老式的穴灶,还有个不小的半户外露台。每个月,家人会在一张小台上摆上食物供品,供奉"床母"。每当端午近了,曾祖母总会坐在那儿好几天,一径地包着粽子,包好的粽子一串串挂在空中,节庆的气氛也就愈来愈浓厚。这个露台就是我们小孩的"院子"了，打水仗、玩沙……就在此处。街屋中间是一个长廊，旁边依序是两个卧室及餐厅，由于我们家是边间，所以长廊采光良好。这约莫20米长的街屋，前方面对大街、侧面面临小巷、后面有个露台，对小小年纪的我，那是一整个大世界了。

现在台北新的住宅，似乎很少再见到这种平层（FLAT）或街屋了。反观，很多城市，例如伦敦、旧金山、波士顿等地，街屋却是构成城市街廓的重要形态。街屋的密度高、尺度低，所以可以构成城市中亲切的街道尺度。街屋的前方跟街道对话，后面可以有私密的小庭院，中间还可以穿插中庭。目前，迪化街还遗留了一些这种住宅，但已经极为稀有。

我上了初中时，全家搬到了父亲的台湾银行宿舍。那是一批所谓的"美军宿舍"，是当年越战时，美军顾问团所建的一批美式平房，位于中山北路三段，也就是现在台北市立美术馆旁的花博场地。虽然是所谓的"洋房"，但现在想起来，所有的设备都还是非常基本，例如，我每天下课后都到屋后的热水炉去劈柴烧柴，但是，搬入这样一个像电影上一般的家，客厅就是客厅、卧室就是卧室，全家人都兴奋不已。爸妈还让我们自己选择墙壁油漆的颜色，我也第一次知道了所谓的"窗帘"的用途，全家人还为了小小的客厅如何摆设家具七嘴八舌。也许这趟搬家种下了我们三兄弟来日都选择念建筑的种子。

这个二三十户的小小区有个整体的围墙，每户都有院子，但是户与户之间没有围墙。由于居住者同构型高，所以公共空间都和谐共享。在我们家客厅就可以看到对面陈家的客厅，大家也不以为意，没有匆匆拉上窗帘的需要。多年以后，我在加州伯克利大学念书时，寄住在一个二层洋房的一个房间里。也许是大学城的关系，那里的各个房子之间也没有围墙，走在街道上，可以跟在门廊或院子里晒太阳的陌生人打招呼。

逐渐地，随着人口增加与经济成长，台北市的住宅形式却逐渐减少，我们看不到有新建的住宅像迪化街或圆环一带的街屋，青田街、丽水街一带原有低矮的尺度，也被一栋栋高耸的豪宅取代，甚至像民生小区这种非常亲切尺度的住宅小区也不多见了。

原因之一，是我们平面式、纯粹量化、一致化的都市计划概念。台北的住宅区只有四种，基本上只是建筑密度以及容积率的数字规范，没有对个别区域历史、人文特色做出有企图的延续与保存。然而，都市是立体、有历史的有机体，要让都市健康地发展，又要延续人文脉络，就不能用简化单一的规范来打发。每每走在东京南青山一带的巷弄里，我就不禁感叹，他们的都市计划对这些区域的巷弄建筑的规范，即使时时有建筑物拆旧更新，但街道尺度、区域特色都得以保留，而且常有令人惊喜之作出现。从这些巷弄走出来到大街，又可以见到摩登的高楼矗立，这是他们对于高密度都市对容积率需求的平衡手段。反观台北，巷弄之间，新的楼房可以耸立冲天，而大街上，法令对高楼的种种限制，导致兴建出不高不矮、齐头式的楼房。难怪许多外人批评台北的天际线乏善可陈。

原因之二，是我们在房地产起飞的20世纪80年代，允许了"预售"的制度，住宅变成一种期货的交易，因此天花乱坠的广告词语取代了真实的建筑，住宅的面积、价值超越了生活的需求。加上一些落后又不知为何无法改变的法令，例如最荒唐的"售坪"不等于"实坪"，造成住宅建筑种类的商业化及单一化，形态的单调化。再加上主管单位为了便于"管理"，干脆制定更多的"一致化"的规定，例如：格栅的形式、花台的形状、楼层的高度……不一而足。台北的住宅建筑不需要建筑师、只要输入各种规定就能用计算机程序设计出来的一天，可能快要来临。

在这个全球化的时代，许多地方特色逐渐地正在被磨灭之中。城市样貌也是如此，快速的房地产兴起常常是城市特色的最大杀手，人们对生活想象的匮乏，也是让城市逐渐失去特色的原因。常有人问我，旅行那么多，最喜欢的城市是哪些？呈现在我脑海里的，都是反映当地人文历史特色的场景，例如巴黎的玛黑区、巴塞罗那的歌德区、京都的二宁坂等。

也许，就是因为许多台北老的记忆一一地失去，一些老旧的甚至破旧的区域，像是华山酒厂、阳明山"美军宿舍"、仁爱路"空军总部"等，由于民众不愿意再失去过往的记忆，主事者又没有能力赋予新生命，在这种矛盾之下，只好将这些地方凑合着留下来用。然而，试看：在华山破败又漏水的设施，能匹配台北年轻人日益精彩的饮食、音乐、艺文展览多久？阳明山美军宿舍区建筑物，号称"保留"，但由于当年兴建非常简约，加上年久失修，现在出租给餐饮业者各自修建营业，当年"美军宿舍"的建筑与空间的风味已经荡然无存。那是一块树木葱郁的地方，又靠近大学城，我常想，如果用艺文、餐饮的主题，好好利用建筑与户外空间，不是可以打造成具有台北特色、类似东京代官山茑屋书店的环境吗？记忆的保存方式很多，但是一些完全变了样的假古董绝对不是回忆的选项。仁爱路"空军总部"旧址，就把旧的房舍随意整理一下，改称为"创新基地"。这个名称，不禁让我想起作家阿城的名言："凡是宣称的，必是匮乏的。"

城市是一个必须生长的有机体，不是一个不可改变的古董。我们不可能怀旧地保留所有的一切，但我们也要思考如何经营城市的成长，而不至于造成完全的断裂。毕竟，城市的建筑、街道、广场等空间，就是居民的生活意愿、情趣与理想的表达。21世纪的台北，已经具有独特的市民个性、成熟的文化以及丰沛的能量，但是台北的居住空间与公共空间的呈现，以及相关的法令规范，距离作为一个重要的亚洲城市，还太贫乏，还有好长的一段距离需要追赶。

台北人，我们要的是什么？我们要抗拒的是什么？

参考书目

第 12-13 页

图转绘自《台湾历史画帖》/ 台湾博物馆出版

文字来源：《艾尔摩莎：大航海时代的台湾与西班牙》/ 萧宗煌、吕理政统筹策划 / 台湾博物馆出版

第 14-15 页

文字来源：吴聪敏，2003，《台湾经济发展史》，台大经济系

《看见老台湾》/ 张建隆 著 / 玉山社出版事业股份有限公司出版

《近世台湾鹿皮贸易考：青年曹永和的学术启航》/ 曹永和 著 / 远流出版事业股份有限公司出版

第 16 页

比照图绘自《图说清代台北城》第 18 页 / 徐逸鸿 绘著 / 猫头鹰出版社出版

文字来源：《台番图〈番社采风图〉》"中央研究院"历史语言研究所傅斯年图书馆收藏

《维基百科》

第 17 页

图转绘自《法国珍藏早期台湾影像：摄影与历史的对话》/ 王雅伦 著 / Berthaud、约翰·汤姆逊 (John Thomson) 摄影 / 雄狮图书股份有限公司出版

第 18 页

图转绘自《壹玖壹壹：从鸦片战争到军阀混战的百年影像史》/ 刘香成 著 / 约翰·汤姆逊 (John Thomson) 摄影 / 五南图书出版股份有限公司出版

文字来源：《壹玖壹壹：从鸦片战争到军阀混战的百年影像史》/ 刘香成 著 / 五南图书出版股份有限公司出版

《台湾全记录》/ 锦绣出版事业股份有限公司出版

第 19 页

图转绘自《打拼：台湾人民的历史》/ 财团法人公共电视事业文化基金会 著 / 玉山社出版事业股份有限公司出版

文字来源：《打拼：台湾人民的历史》/ 财团法人公共电视事业文化基金会 著 / 玉山社出版事业股份有限公司出版

第 20 页

上图比照图绘自《图说清代台北城》第 46 页 / 徐逸鸿 绘著 / 猫头鹰出版社出版

下图转绘自《20 世纪中国人的山河岁月》/ 徐宗懋 著 / 宣相权 摄影 / 天下文化出版股份有限公司出版

文字来源：《壹玖壹壹：从鸦片战争到军阀混战的百年影像史》/ 刘香成 著 / 五南图书出版股份有限公司出版

第 21 页

图转绘自《壹玖壹壹：从鸦片战争到军阀混战的百年影像史》/ 刘香成 著 / 南怀谦神父 (Father Leone Nani) 摄影 / 五南图书出版股份有限公司出版

第 22 页

图转绘自《图说清代台北城》/ 徐逸鸿 绘著 / 猫头鹰出版社出版

文字来源：《台湾全记录》/ 锦绣出版事业股份有限公司出版

第 23 页

上图转绘自《看见老台湾》/ 张建隆 著 / 照片来源：《日本地理风俗大系》第 15 卷 / 玉山社出版事业股份有限公司出版

下图转绘自《壹玖壹壹：从鸦片战争到军阀混战的百年影像史》/ 刘香成 著 / 佚名，华盖创意 (Getty Images) / 五南图书出版股份有限公司出版

文字来源：《台湾全记录》/ 锦绣出版事业股份有限公司出版

第 24 页

比照图绘自《图说清代台北城》第 22 页 / 徐逸鸿 绘著 / 猫头鹰出版社出版

第 24-26 页

文字来源：黄清琪《台北在哪里？——天龙国的身世，超完整解说》。网址：https://reurl.cc/OOyov（青刊社地图工作室）

第 27 页

图转绘自《台湾放轻松 3：在野台湾人》/ 庄永明 著 / 洪缎 提供 / 远流出版事业股份有限公司出版

第 28-29 页

文字来源：黄育志《北门沧桑，两刘恩怨》。网址：http://www.tonyhuang39.com/tony0162.html

第 30 页

文字来源：黄育志《北门沧桑，两刘恩怨》。网址：http://www.tonyhuang39.com/tony0162.html

《台湾全记录》/ 锦绣出版事业股份有限公司出版

第 31 页

图转绘自《台湾世纪回味 Vol.2 生活长巷》/ 庄永明 著 / 照片来源：《台北古城深度旅游》/ 远流出版事业股份有限公司出版

第 32 页

图转绘自《壹玖壹壹：从鸦片战争到军阀混战的百年影像史》/ 刘香成 著 / 佚名 / 五南图书出版股份有限公司出版

第 33 页

图转绘自《看见老台湾》/ 张建隆 著 / 照片来源:《台北古今图说集》, 台北市文献会出版 / 玉山社出版事业股份有限公司出版

第 34 页

图转绘自《台湾全记录》/ 锦绣出版事业股份有限公司出版

第 35 页

下图转绘自《壹玖壹壹:从鸦片战争到军阀混战的百年影像史》/ 刘香成 著 / 约翰·汤姆逊 (John Thomson) 摄影,藏于英国伦敦维尔康姆图书馆 (Wellcome Library, London, UK)/ 五南图书出版股份有限公司出版

第 36 页

上图转绘自《台湾名胜风俗写真帖》/ 杨孟哲 提供 / 照片来源:《穿越时空看台北:台北建城 120 周年:古地图 旧影像 文献 文物展》/ 台北市政府文化局出版

下图转绘自《法国珍藏早期台湾影像:摄影与历史的对话》/ 王雅伦 著 / 坦诺先生收藏 / 雄狮图书股份有限公司出版

文字来源:《法国珍藏早期台湾影像:摄影与历史的对话》/ 王雅伦 著 / 雄狮图书股份有限公司出版

第 37 页

图转绘自《攻台图录:台湾史上最大一场战争》/ 郑天凯著;吴密察审订 /《北白川宫能久亲王御遗迹》, 台湾"中央图书馆"分馆提供 / 远流出版事业股份有限公司出版

文字来源:《攻台图录:台湾史上最大一场战争》/ 郑天凯著;吴密察审订 / 远流出版事业股份有限公司出版

宋彦升《被视为台北城门户的承恩门, 为什么会两度险遭政府拆毁?》,《自由时报:自由评论网》。
网址 https://talk.ltn.com.tw/article/breakingnews/2218925

第 38 页

图转绘自《看见老台湾》/ 张建隆 著 / 照片来源:《日本地理大系台湾篇》/ 玉山社出版事业股份有限公司

文字来源:黄清琪《台北在哪里?——天龙国的身世, 超完整解说》。网址:https://reurl.cc/OOyov (青刊社地图工作室)

第 39 页

图转绘自《穿越时空看台北:台北建城 120 周年:古地图 旧影像 文献 文物展》/ 高传棋 编著 / 南天书局 提供 / 台北市政府文化局出版

文字来源:《穿越时空看台北:台北建城 120 周年:古地图 旧影像 文献 文物展》/ 高传棋 编著 / 南天书局 提供 / 台北市政府文化局出版

第 42 页

图转绘自《图说清代台北城》/ 徐逸鸿 绘著 / 猫头鹰出版社出版

第 45 页

图转绘自日本时代吉田初三郎于昭和十年(1935 年)所画的《台北市鸟瞰图》

第 55 页

图转绘自《台湾世纪回味 Vol.3 文化流转》/ 庄永明 著 / 张照堂 摄影 / 远流出版事业股份有限公司出版

第 63-64 页

两图皆转绘《攻台图录:台湾史上最大一场战争》/ 郑天凯著;吴密察审订 /《台湾治绩志》, 台湾"中央图书馆"分馆 提供 / 远流出版事业股份有限公司出版

第 69 页

上图转绘自《法国珍藏早期台湾影像:摄影与历史的对话》/ 王雅伦 着 / 约翰·汤姆逊 (John Thomson) 摄影 / 雄狮图书股份有限公司出版

第 70 页

图转绘自《看见老台湾》/ 张建隆 著 / 照片来源:《日本地理大系台湾篇》/ 玉山社出版事业股份有限公司出版

文字来源:《台湾全记录》/ 锦绣出版事业股份有限公司出版

第 71 页

图转绘自《看见老台湾》/ 张建隆 著 / 照片来源:《台湾介绍最新写真集》/ 玉山社出版事业股份有限公司出版

文字来源:《台湾全记录》/ 锦绣出版事业股份有限公司出版

第 72 页

文字来源:《维基百科》

第 73 页

图转绘自《古地图看台北》/ 秋惠文库策画 高传棋 著 / 玉山社出版事业股份有限公司出版

文字来源:《台湾全记录》/ 锦绣出版事业股份有限公司出版

第 74 页

图转绘自典藏单位:暨南国际大学人类学研究所

第 75 页

图转绘自《看见老台湾》/ 张建隆 著 / 照片来源：《日本地理大系台湾篇》/ 玉山社出版事业股份有限公司出版

文字来源：《看见老台湾》/ 张建隆 著 / 玉山社出版事业股份有限公司出版

第 79 页

图转绘自照片，网址：https://www.sinkasiraya.com/ 日本时代台南住吉秀松（住吉组）家族老照片上色 / 天野朝夫先生提供

第 84 页

图转绘自《典藏艋舺岁月》/ 张苍松 著 / 照片来源：台北市文献会 / 时报文化出版企业股份有限公司出版

文字来源：《典藏艋舺岁月》/ 张苍松 著 / 时报文化出版企业股份有限公司出版

第 85 页

文字来源：《维基百科》

第 90 页

文字来源：《台湾全记录》/ 锦绣出版事业股份有限公司出版

第 93 页

图转绘自照片，网址：http://pr.ntnu.edu.tw/newspaper/index.php?mode=data&id=38601 /《阮 ê 青春梦：日治时期的摩登新女性》/ 郑丽玲 著 / 玉山社出版事业股份有限公司出版

第 97 页

图转绘自《台湾世纪回味 Vol.1 时代光影》/ 庄永明 着 / 国图台湾分馆 提供 / 远流出版事业股份有限公司出版

第 98 页

图转绘自《看见老台湾》/ 张建隆 著 / 照片来源：《台北古今图说集》，台北市文献会出版 / 玉山社出版事业股份有限公司出版

文字来源：《看见老台湾》/ 张建隆 著 / 玉山社出版事业股份有限公司出版

第 99 页

上图转绘自《看见老台湾》/ 张建隆 著 / 照片来源：《台湾写真帖》/ 玉山社出版事业股份有限公司出版

下图转绘自《看见老台湾》/ 张建隆 著 / 照片来源：《台北古今图说集》，台北市文献会出版 / 玉山社出版事业股份有限公司出版

第 100 页

图转绘自《台湾全记录》/ 锦绣出版事业股份有限公司出版

文字来源：《维基百科》

第 101 页

上图转绘自《看见老台湾》/ 张建隆 著 / 照片来源：《台北古今图说集》– 台北市文献会出版 / 玉山社出版事业股份有限公司出版

文字来源：《台湾全记录》/ 锦绣出版事业股份有限公司出版

下图转绘自《看见老台湾》/ 张建隆 著 / 照片来源：《台湾绍介最新写真集》/ 玉山社出版事业股份有限公司出版

第 102 页

图转绘自《看见老台湾》/ 张建隆 著 / 照片来源：《台湾怀旧》，创意力出版公司 / 玉山社出版事业股份有限公司出版

文字来源：《看见老台湾》/ 张建隆 著 / 玉山社出版事业股份有限公司出版

图转绘自照片，来源：台北市文献会

文字来源：辜公亮文教基金会

图转绘自照片，来源：《维基百科》

文字来源：《维基百科》

图转绘自《看见老台湾》/ 张建隆 著 / 照片来源：《日本地理风俗大系》第 15 卷 / 玉山社出版事业股份有限公司出版

文字来源：《看见老台湾》/ 张建隆 著 / 玉山社出版事业股份有限公司出版

图转绘自《台湾人档案之一：浮沉半世的影像与回忆》/ 应大伟 著 / 许朝卿 提供 / 创意力文化事业有限公司出版

第 103 页

图转绘自《西门红楼百年故事书》/ 邱莉慧 著 / 高传棋 提供 / 台北市政府文献委员会出版

文字来源：《维基百科》

第 104 页

图转绘自《典藏艋舺岁月》/ 张苍松 著 / 照片来源：雷光兴提供 / 时报文化出版企业股份有限公司出版

文字来源：《典藏艋舺岁月》/ 张苍松 著 / 时报文化出版企业股份有限公司出版

第 105 页

上图转绘自《台湾全记录》/ 锦绣出版事业股份有限公司出版

文字来源：《台湾全记录》/ 锦绣出版事业股份有限公司出版

下图转绘自照片，网址：http://blog.udn.com/a102753325/20725070

第 106 页

图转绘自《台湾西方文明初体验》/ 陈柔缙 著 / 照片来源：《日本地理大系第十一卷台湾篇》（昭和五年）/ 麦田出版社出版

文字来源：《台湾西方文明初体验》/ 陈柔缙 著 / 麦田出版社出版

第 107 页

图转绘自《20 世纪中国人的山河岁月》/ 徐宗懋 著 / 宣文杰 摄影 / 天下文化出版股份有限公司出版

第 108 页

图转绘自照片，来源：bubble's weblog

文字来源：《台湾全记录》/ 锦绣出版事业股份有限公司出版

第 110 页

图转绘自《典藏艋舺岁月》/ 张苍松 著 / 照片来源：陈晃次提供 / 时报文化出版企业股份有限公司出版

文字来源：《典藏艋舺岁月》/ 张苍松 著 / 时报文化出版企业股份有限公司出版

第 121 页

图转绘自《20 世纪中国人的山河岁月》/ 徐宗懋 著 / 秦炳炎 摄影 / 天下文化出版股份有限公司出版

第 123 页

图转绘自《20 世纪中国人的山河岁月》/ 徐宗懋 著 / 苏培基 摄影 / 天下文化出版股份有限公司出版

第 124 页

上图转绘自《20 世纪中国人的山河岁月》/ 徐宗懋 著 / 天下文化出版股份有限公司出版

文字来源：《台湾全记录》/ 锦绣出版事业股份有限公司出版

第 128 页

图转绘自《台湾史 100 件大事（下）》/ 李筱峰 著 / 照片来源：Horace Bristo 于 1954 年出版的 Formosa – A Report in Pictures / 玉山社出版事业股份有限公司出版

第 129 页

上图转绘自《20 世纪中国人的山河岁月》/ 徐宗懋 著 / 邓秀璧 摄影 / 天下文化出版股份有限公司出版

下图转绘自《20 世纪中国人的山河岁月》/ 徐宗懋 著 / 秦凯 摄影 / 天下文化出版股份有限公司出版

第 131 页

图转绘自《打拼：台湾人民的历史》/ 财团法人公共电视文化事业基金会 著 / 新竹市政府文化局 提供 / 玉山社出版事业股份有限公司出版

文字来源：《打拼：台湾人民的历史》/ 财团法人公共电视文化事业基金会 著 / 玉山社出版事业股份有限公司出版

第 133 页

上图转绘自《怀念老台湾》/ 康原 撰文 / 许苍泽 摄影 / 玉山社出版事业股份有限公司出版

文字来源：《怀念老台湾》/ 康原 撰文 / 玉山社出版事业股份有限公司出版

第 134 页

图转绘自《台湾世纪回味 Vol.3 文化流转》/ 庄永明 著 / 黄伯骥 摄影 / 远流出版事业股份有限公司出版

文字来源：《台湾世纪回味 Vol.3 文化流转》/ 庄永明 著 / 远流出版事业股份有限公司出版

第 135 页

图转绘自《台湾世纪回味 Vol.3 文化流转》/ 庄永明 著 / 黄伯骥 摄影 / 远流出版事业股份有限公司出版

文字来源：《台湾世纪回味 Vol.3 文化流转》/ 庄永明 著 / 远流出版事业股份有限公司出版

第 136 页

下图转绘自《台湾世纪回味 Vol.3 文化流转》/ 庄永明 著 / 霍剑平 提供 / 远流出版事业股份有限公司出版

文字来源：《台湾世纪回味 Vol.3 文化流转》/ 庄永明 著 / 远流出版事业股份有限公司出版

第 141 页

图转绘自《台湾世纪回味 Vol.2 生活长巷》/ 庄永明 著 / 杨基炘 摄影 / 远流出版事业股份有限公司出版

文字来源：《台湾世纪回味 Vol.2 生活长巷》/ 庄永明 著 / 远流出版事业股份有限公司出版

第 142 页

图转绘自《台湾世纪回味 Vol.3 文化流转》/ 庄永明 著 / 陶晓清 提供 / 远流出版事业股份有限公司出版

文字来源：《台湾世纪回味 Vol.3 文化流转》/ 庄永明 著 / 远流出版事业股份有限公司出版

第 143 页

上图转绘自《台湾世纪回味 Vol.3 文化流转》/ 庄永明 著 / 陶晓清 提供 / 远流出版事业股份有限公司出版

文字来源：《台湾世纪回味 Vol.3 文化流转》/ 庄永明 著 / 远流出版事业股份有限公司出版

下图转绘自《台湾世纪回味 Vol.3 文化流转》/ 庄永明 著 / 庄永明 提供 / 远流出版事业股份有限公司出版

文字来源：《台湾世纪回味 Vol.3 文化流转》/ 庄永明 著 / 远流出版事业股份有限公司出版

第 152 页

图转绘自照片，网址：https://reurl.cc/ypr3D

第 166 页

图转绘自姚任祥提供之照片

第 194-199 页

图转绘自照片，摄影师：jerome@anyday.com.tw